観光に消費されない
まちのつくり方

高坂晶子

増補改訂版

オーバーツーリズム

OVER-
URISM

学芸出版社

はじめに

現在、観光産業は日本経済の数少ない有望分野と目され、政府の成長戦略においても観光振興策が重要政策課題の一つに数えられている。そのスタートは、小泉純一郎首相（当時）が「住んでよし、訪れてよしの国づくり」をキャッチフレーズに「観光立国」を宣言し、訪日外国人観光客（インバウンド）の誘致を柱に据えた2003年に遡る。もっとも、2003年当時、実際に観光客を迎える地方の側の、同宣言に対する反応はおおむね冷淡であった印象がある。その頃は地域振興策といえば第二次産業の製造拠点の誘致と公共事業が中心であり、景気動向や社会情勢の影響を受けやすい観光産業への地方の期待感は必ずしも大きくはなかった。

しかしながら、その後のインバウンド観光の隆盛は周知の通りで、今や日本は世界的なデスティネーション（旅の目的地）の仲間入りを果たしつつある。多くの自治体が内外の観光客の誘致に力を入れ、観光を梃《てこ》とした経済振興を地域経営の基軸に据えるケースも少なくない。外資も含めた民間企業の観光ビジネスに対する投資活動も活発で、インバウンドに人気の高い地域では、ホテルやアミューズメント施設の建設ラッシュが生じている。少し前までは地方圏の地価といえば下落の一途を辿っていたが、今や一部地方では都市圏を凌ぐ急上昇を見せる様子がメディアを賑わせている。

他方、多くの観光客が訪れることで、受け入れ側の貴重な自然環境や住民生活が損なわれるオーバーツーリズム現象が発生し、一部で社会問題化していることも事実である。実際、観光庁「持続可能な観光先進国に向けて」（2019年）所収のアンケートによれば、主要観光地を擁する地方自治体214のうち、回答を寄せた138自治体すべてが「観光客の増加に関する課題の発生」を認識している。

改めて観光の意義を考えると、所得の向上や雇用の創出といった経済効果のみならず、交流人口の増加やシビック・プライドの涵養、国際理解の促進といった幅広いメリットがある。とりわけ少子高齢化に悩む地方圏にとっては、コミュニティを支える観光への期待は高く、極めて重要な産業分野といえる。このような観光の位置づけを考えると、オーバーツーリズムはいたずらに忌避して済む問題ではなく、正面から向き合うべきハードルといえよう。現状、オーバーツーリズムに直面していない地域でも「余所事」として看過せず、情報収集や発生を想定したシミュレーションなど、真摯な対応が望まれる。

本書はこのような問題意識から、オーバーツーリズムのさまざまな背景や実態とその対策について述べたものである。執筆に際しては、主に以下の2点について留意した。

一つは、国内外の事例紹介にとどまらず、オーバーツーリズムへの対処方法についてもできる限り具体的に明示するよう努めた。現在進行形のテーマを取り上げる場合、明快な解決方法を見出すのはたやすいことではない。しかし、「何が起こっているか」だけでなく、何が問題であり、現時点で「何ができるのか」まで示すことは、社会的課題に相対する場合に極めて重要と考えている。

このため、本書では筆者なりのオーバーツーリズムへの向き合い方を盛り込むように心掛けた。

もう一つは、オーバーツーリズムをめぐる世界の動きに注目し、そこに解決の可能性を見出そうとした。具体的にはSNSの影響力と活用方法、ICTを駆使した問題解決策、旅行者と事業者、受け入れ側住民すべてのマインドセットの刷新である。オーバーツーリズムを深く知るにつけ、決定的な打開策が容易に見出せない状況が次々に露わになった。その一方、世界で重ねられる試行錯誤のなかから、解決に向けた方向性が生まれつつあるように思われた。この方向性の下で、観光と社会、コミュニティとの関わり方に新たな局面がもたらされるのではないか、と期待している。

本書の1〜3章は観光の現状、オーバーツーリズムの定義や世界的に問題化した経緯といった総論的な記述が中心となっている。内外の具体例は4、5章、新しい動きは6章以降にまとめている。全体像を把握したい読者は通読していただければよいし、個別テーマに関心を持たれる読者は各部分から目を通していただき、関連部分を読み進んでいただければ幸いである。

近年、地域と観光の関わりが深まり、本分野に興味を持たれる層の広がりを実感している。特に2019年末からのコロナ禍の下で、観光はいったんは不要不急と言われたが、中断が長引くにつれ、実は地域を支える重要な営みであることが改めて認識された。増補改訂版の執筆にあたっては、甚大な打撃を受けた観光が再興を期すなか、コロナ禍による社会変化にどのように対応していくかにも注意を払った。本書が観光ビジネスや地域資源の活用に取り組み、オーバーツーリズムへ対処しようとしている方々のご参考となることを願っている。

目次

I
オーバーツーリズムとは

1章
訪日外国人観光客の急増とその背景

1 世界で爆発的に増える旅行者

近年、全国の観光地で訪日外国人観光客（インバウンド）の姿を見かける機会が増えている。京都や富士山といった著名な観光地はいうに及ばず、一見観光とは縁遠いような街にも、外国人は積極的に足を運んでいる。２０００年代初頭、インバウンドの中心は、旅行会社が催行する団体ツアーの利用客であった。しかし、最近は自ら手配して友人や家族など少人数のグループで行動するＦＩＴ（Foreign Independent Tour または Free Individual Traveler、個人旅行者）の比率が高まっている。海外を訪れる旅行者の急増は日本に限ったことではなく、世界的に海外旅行者数の伸びは顕著である。その理由として主に3点を指摘できる。

第一に、各国の経済成長によって海外旅行の可能な中間所得層が厚みを増したことである。国連の「世界観光機関（ＵＮＷＴＯ）[*1]」によれば、コロナ禍前の２０１９年における全世界の海外観光客数は前年比４％増の約15億人で[*2]、過去10年にわたって成長を遂げ、２０１０年の約１・５倍の規模に達した（図１）。一方、２０１９年の観光収入は１・５兆米ドルにのぼったものの、伸び率は前年の８％に対し２％と大きく減速した（図２）。同機関の長期予測では、世界の観光客数は２０３０年までに18億人に達すると見られ、特に、日本を含むアジア・太平洋地域は、世界の五つの国際観

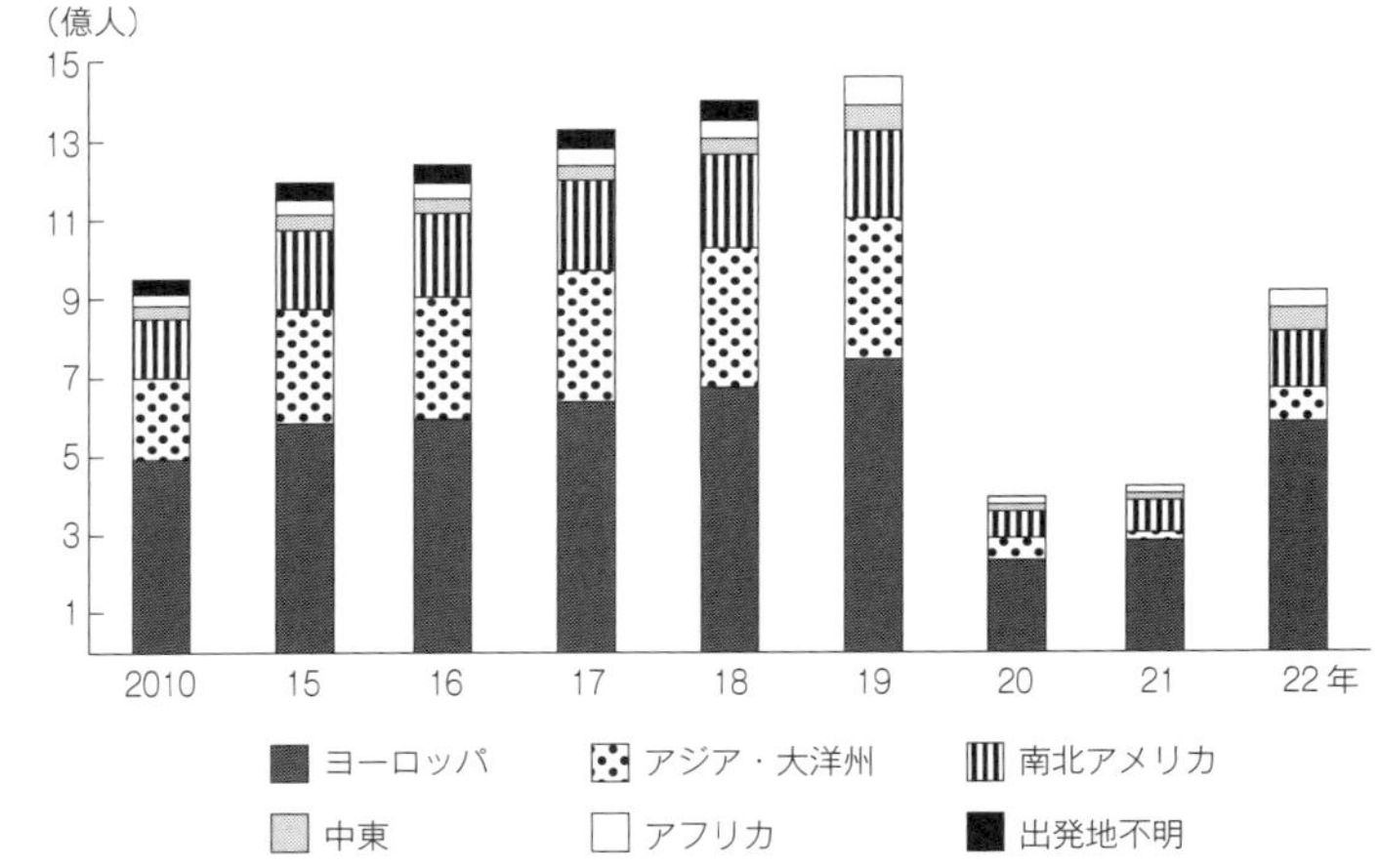

図１　世界の海外観光客数の推移（出発地別）
（出典：UNWTO「International Tourism Highlights」（2019年）日本語版、観光庁「観光白書」2020～2023年版に基づき筆者作成）

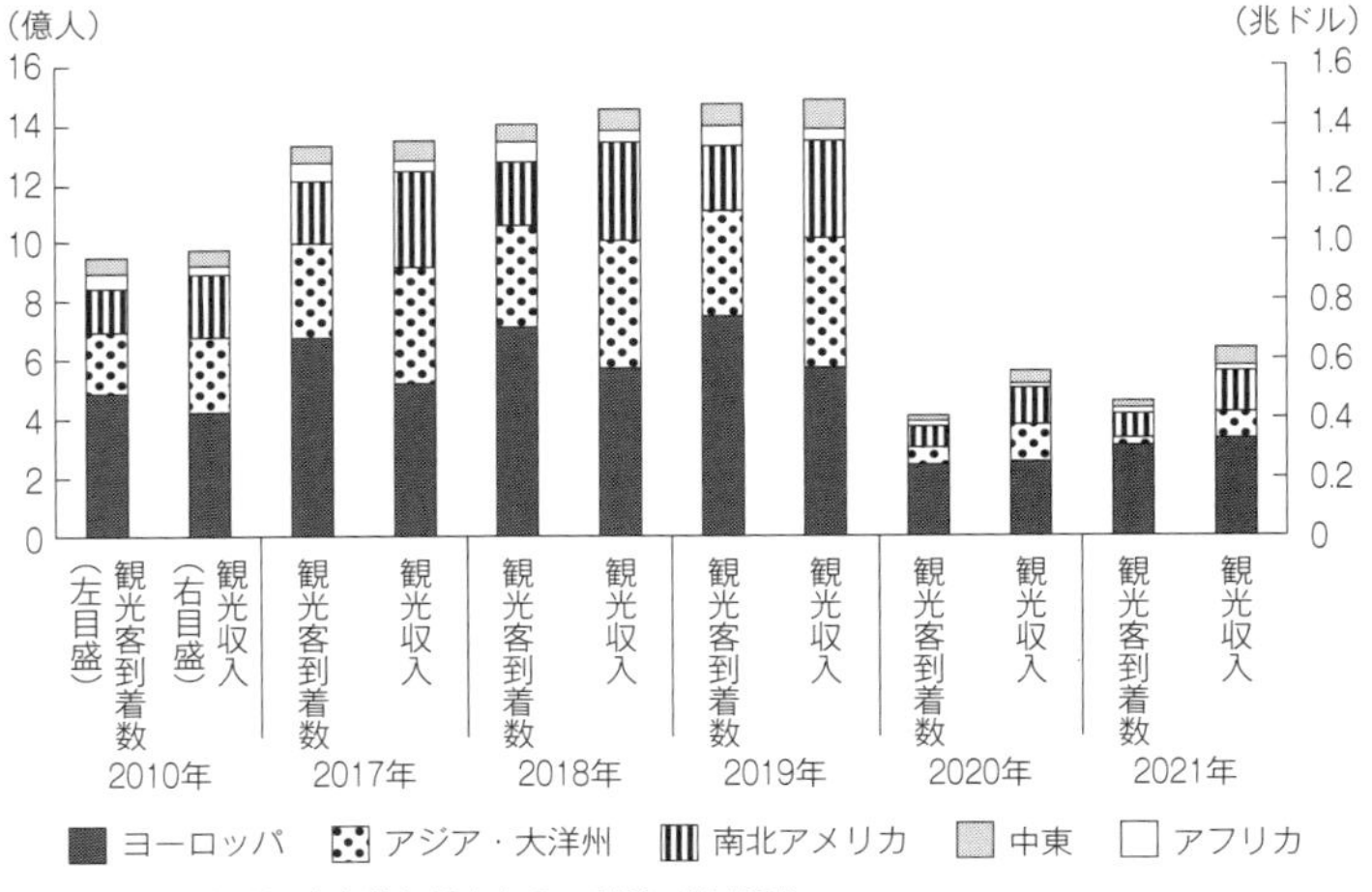

図２　世界の海外観光客数と観光収入の推移（地域別）
（出典：UNWTO「International Tourism Highlights」（2019年）日本語版、観光庁「観光白書」2020～2023年版に基づき筆者作成）

光市場（アフリカ、米州、アジア・太平洋、ヨーロッパ、中東）の中で、最も高い伸びが期待される。２０１９年時点で、アジア・太平洋地域を訪れた観光客数は前年比５％増の３・６億人を記録した。また、同年にアジア・太平洋地域から出発した観光客が、世界の総客数に占める比率は26％と拡大基調にある。*3 ただし、同地域のコロナ禍からの脱却は遅れ気味で、回復が待たれる状況である。

第二に、情報技術（ＩＣＴ）の発展と普及により、旅にまつわる情報収集や手続きが飛躍的に容易になったことである。ＩＣＴを活用して移動手段や宿泊先を簡単に予約したり、旅先の事情について、自治体や旅行会社等が発信するオフィシャルな情報のみならず口コミも含めて積極的に参照する旅のスタイルは、今や当たり前となっている。このような行動はＯＴＡ（Online Travel Agent、オンライン旅行会社）に支えられており、移動から宿泊、イベント予約、体験など複数の手配を即時、かつワンストップで行える。

第三は、格安航空便（Low Cost Carrier：ＬＣＣ）の普及である。遠方まで安価に移動できる手段が登場したことで、人々が（海外）旅行に出かけるハードルが下がり、特に若い世代から強い支持を得てＬＣＣは世界的に普及し、大きな新規市場が開拓された。

2　成長著しい日本のインバウンド市場

世界の旅行市場における日本のポジションを見ると、ＵＮＷＴＯ調査では２００７年から２０１７年の間にインバウンド数は3・4倍となっており、世界全体の倍以上の伸びを示している。[*4] 成長するグローバル市場にあって、日本は特に成長著しい旅の目的地（デスティネーション）といえる。背景には、新たな旅先として日本が広く認知されてきたことに加え、国をあげて観光客の誘致に取り組んだ影響が伺える。以下、インバウンドを軸とした観光の現状を見てみよう。

日本を訪れた外国人旅行者（インバウンド）数の最多記録は（２０２４年5月時点）、コロナ禍前の２０１９年の３１８８万人である。[*5] 図3は２００７年以降のインバウンド数と出国日本人数の推移を示している。経済危機や天災といった特殊要因を除けば、２０１９年までのインバウンド数は右肩上がりに増え、特に東日本大震災の翌年の２０１２年から２０１７年までは連続して2桁成長を遂げた。ＵＮＷＴＯによれば、２０１９年の日本のインバウンド受け入れ数は世界全体で12位、アジア地域では中国、タイに次いで3位であった。

しかし、この勢いはコロナ禍で中断を余儀なくされた。２０２１年のインバウンド数は２０１９年比99・9%減の25万人まで激減し、前述のＵＮＷＴＯによるインバウンド受け入れランキングでも順位外となった。もっとも、２０２３年5月に新型コロナウイルス感染症が5類感染症に移行する頃から日本のインバウンド観光は順調に推移し、２０２３年の来訪者数は２０１９年比79%まで回復した。２０２４年のインバウンド数は、史上最多の３４００万人超になるとの予想もある。

海外へ向かう日本人旅行者（アウトバウンド）は、２０１９年に２０００万人を超えたが、コロ

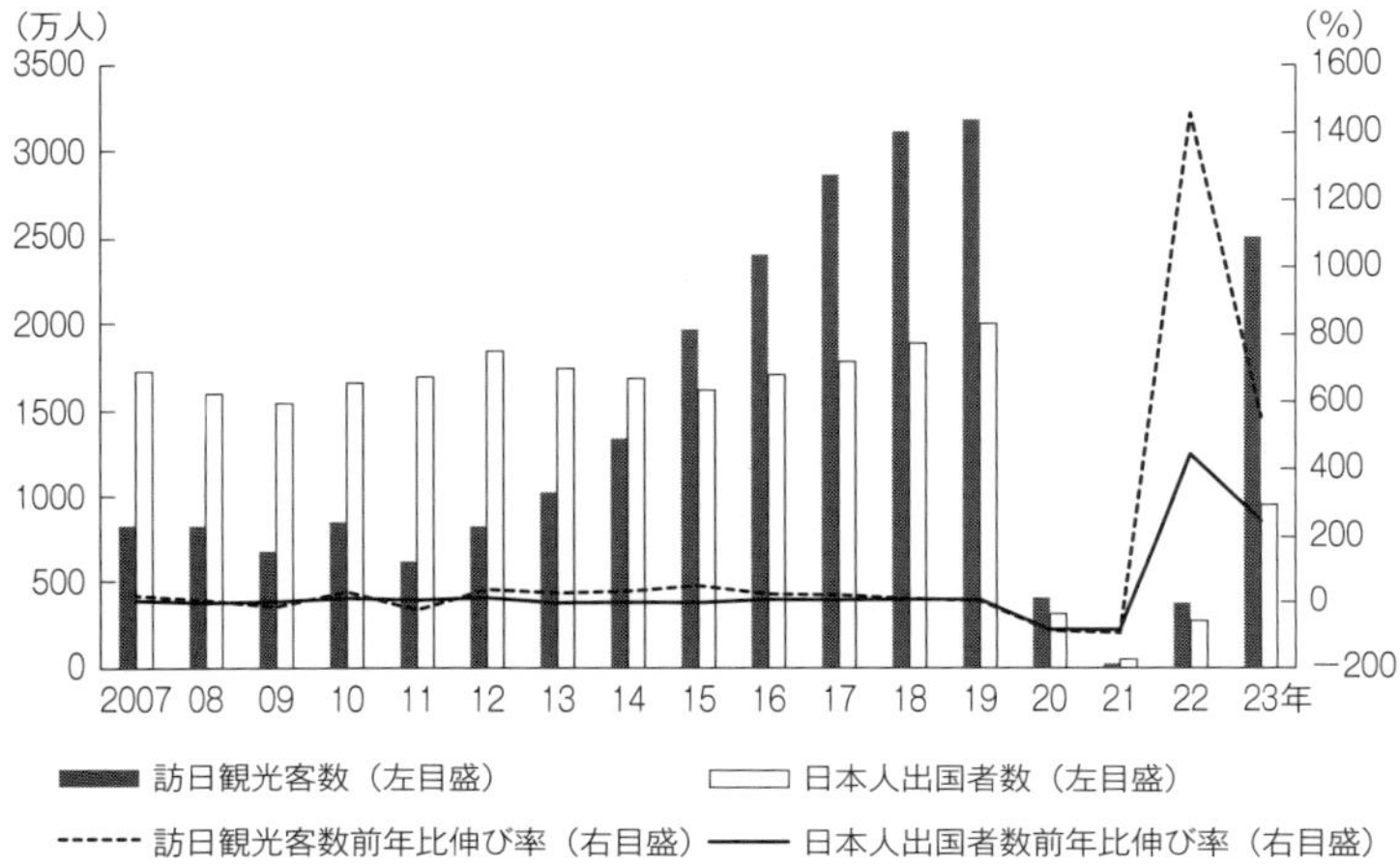

図 3　訪日観光客数、出国日本人数の推移
（出典：観光庁「訪日外国人観光客数・出国日本人数」に基づき筆者作成）

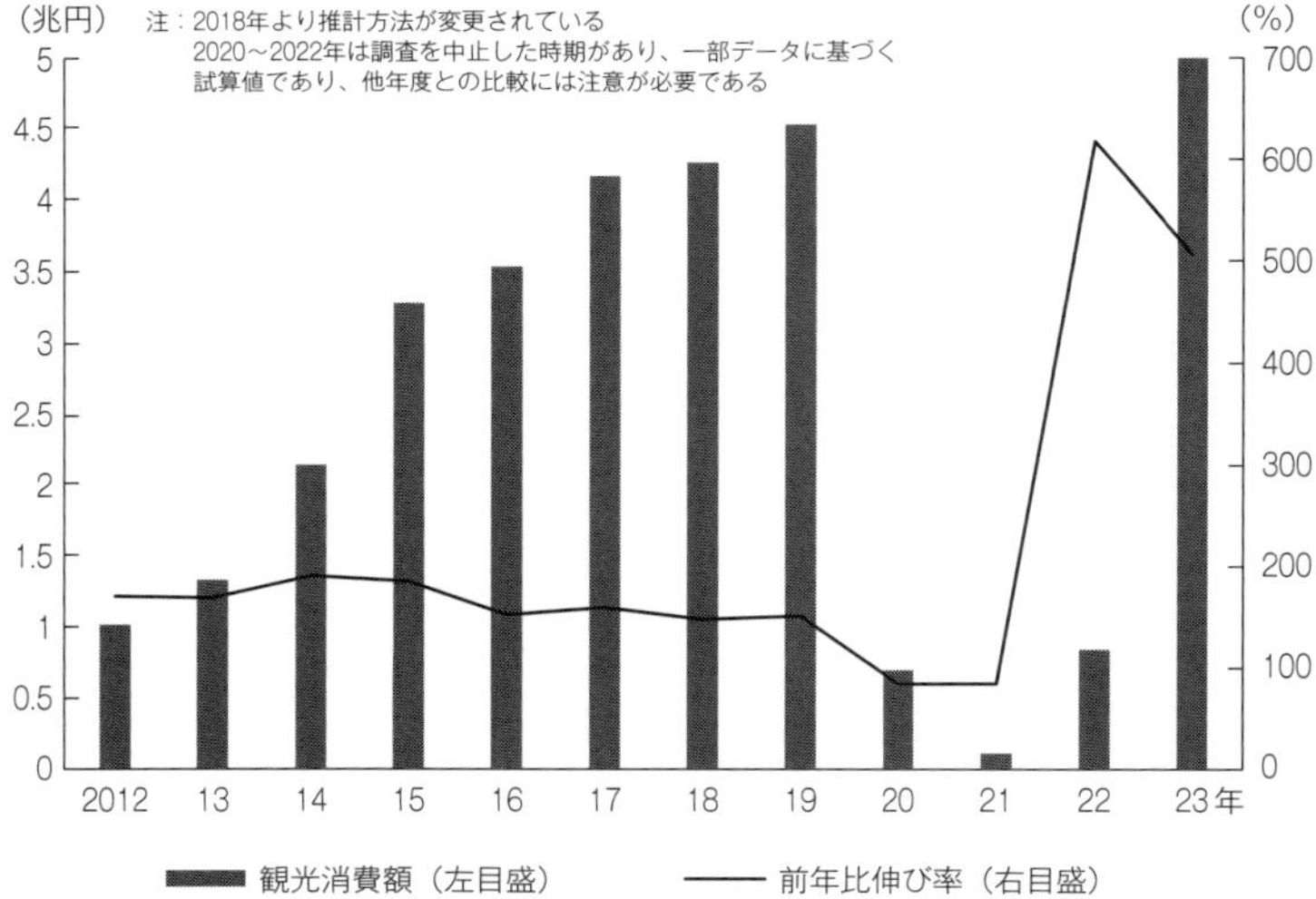

図 4　インバウンドの観光消費額の推移（出典：観光庁「訪日外国人消費動向調査」に基づき筆者作成）

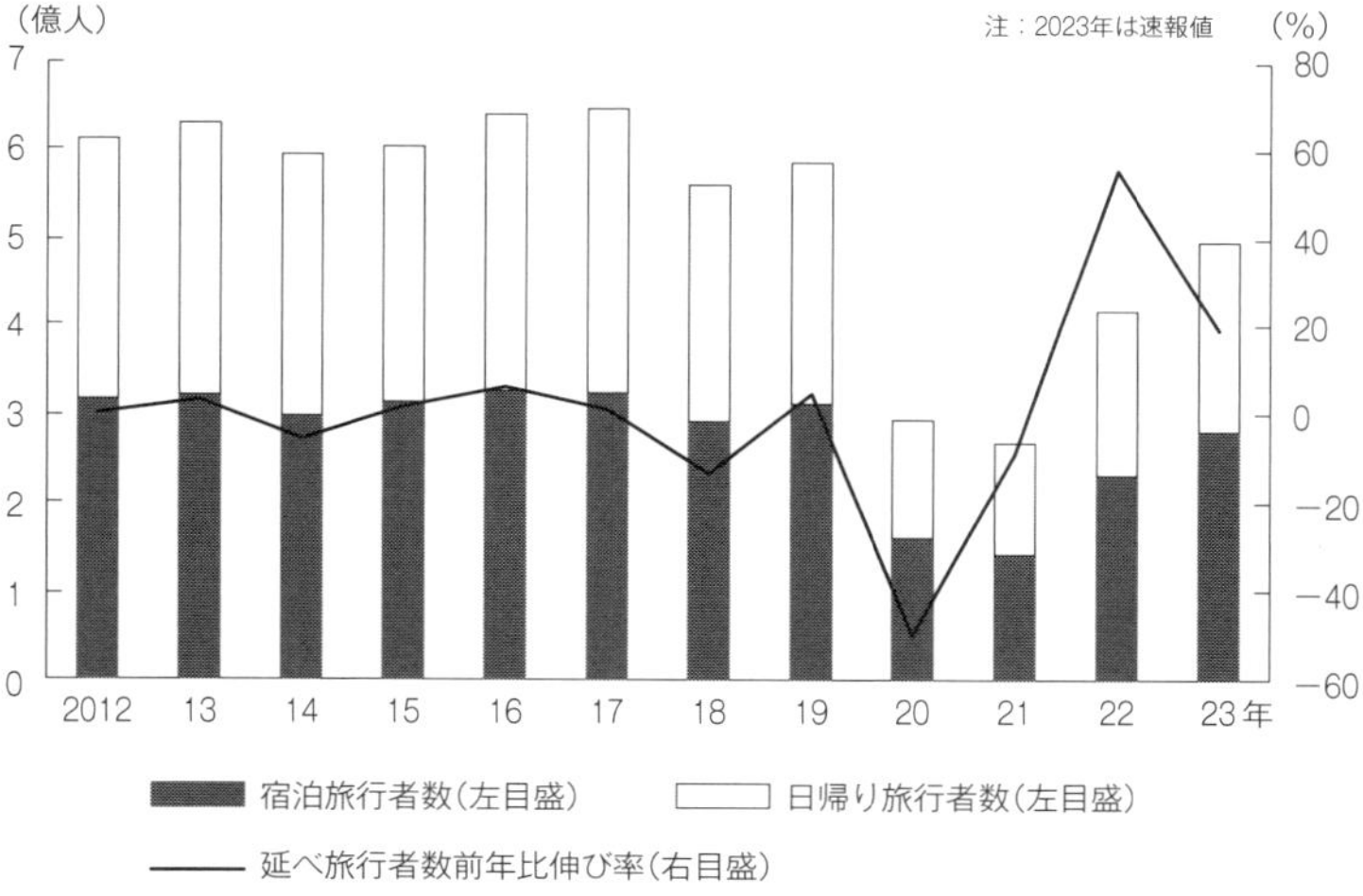

図５　日本人の国内旅行者数（延べ人数）の推移
（出典：観光庁「観光白書」2023年版、観光庁「旅行・観光消費動向調査」（2023年）年間値に基づき筆者作成）

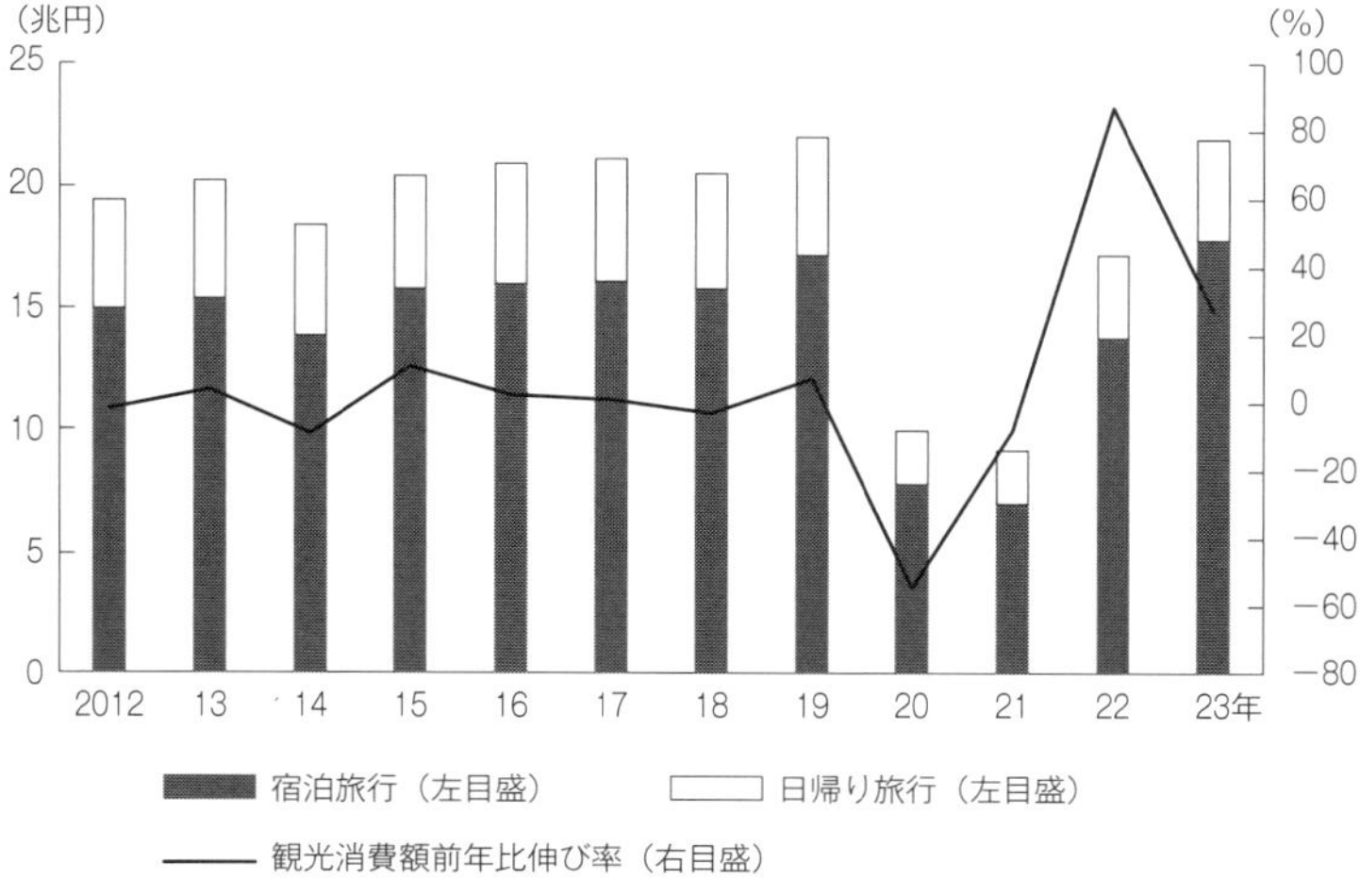

図６　日本人の国内観光消費額の推移（出典：観光庁「観光白書」（2023年）に基づき筆者作成）

ナ禍で激減し、円安等の影響もあって回復はほかばかしくない。２０２３年のアウトバウンド数は２０１９年比52％減の９６２万人にとどまり、同年のインバウンド数の４割に満たない。[*6] ２０１５年にインバウンドがアウトバウンドを逆転して以来、それが加速している。

次に旅行消費を見てみよう。コロナ前のインバウンド旅行消費額は来訪者数に比して伸び悩んでいたが、２０２３年には２０１９年比10％増の５兆３千億円、１人あたり旅行支出額は２０１９年比34％増の21・３万円に達した[*7]（図４）。政府が２０２３年３月末に決定した第４次観光立国推進基本計画の目標値を早くもクリアしている。これらを２０２３年度の製造業の製品別輸出額と比較すると、自動車（17・９兆円）、半導体等分子部品（５・６兆円）に次いで３番目に相当する。[*8] 今やインバウンドの観光消費は主要輸出産業と肩を並べる規模の外貨を取り込む、日本経済の柱の一つとなっている。日本人の旅行消費額は、２０２３年には２０１９年とほぼ同額の22兆円に達した[*9]（図６）。２０２３年の国内の延べ旅行者数が２０１９年比15％減の５億人にとどまったにもかかわらず[*10]（図５）、旅行消費額が同水準となった背景には、公的な旅行支援や物価上昇の影響が伺えよう。

３　アウトバウンドからインバウンドへ、政策の転換

活気づくインバウンド市場であるが、外国人が日本を盛んに観光して回るようになったのは、そ

れほど昔のことではない。政府の動きを振り返っても、戦後すぐはインバウンドの誘致に取り組んだものの、その後はもっぱら日本人に対して旅行を勧奨する施策がとられていた。

高度経済成長が続いた1960年代には、国際社会から寄せられる「日本人の働き過ぎ」批判、「エコノミック・アニマル」イメージを払拭するため、政府は国内旅行やレジャーを奨励して余暇の充実を図った。1980年代に工業製品の大量輸出によって貿易黒字が年々増加し、欧米各国から批判を浴びると、政府は黒字を還流する目的で日本人に海外旅行を奨励する施策をとった。

それが一転して海外からの誘客中心となったのは、1990年代以降に続いた経済停滞からの脱却を目指したためであった。2003年、当時の小泉首相が新たな成長産業として観光を取り上げ、「住んでよし、訪れてよしの国づくり」をキャッチフレーズに「観光立国」を宣言した。同宣言を機に、政府は「ビジット・ジャパン・キャンペーン」と銘打って、海外からの誘客策や日本の魅力を対外的にアピールするプロモーション活動に力を注いだ。

ビジット・ジャパン・キャンペーンの開始にあたり、政府は「2010年のインバウンド数を2003年の倍の1千万人」とする目標を立てた。この目標は2008年に世界を襲ったリーマンショックや重症急性呼吸器症候群（SARS）の流行等の影響で未達成に終わった。しかし、その後の誘客努力に為替（円安）要因が重なったことから、2013年のインバウンド数は1千万人を突破した。さらに市場の活況は続き、2014年のインバウンド数は前年比29％増の1341万人、2015年は同47％増の1941万人と急速な成長を遂げた[*11]（図3）。

	2018 年実績値	2020 年目標値	2030 年目標値
インバウンド数	3119 万人	4000 万人	6000 万人
インバウンド消費額	4.5 兆円	8 兆円	15 兆円
地方圏の外国人宿泊者数	3636 万人泊[注]	7000 万人泊	1.3 億人泊
外国人リピーター数	1938 万人	2400 万人	3600 万人

表 1　インバウンドに関する政策目標と実績値（出典：観光庁資料に基づき筆者作成）
注：旅行者 1 人が 2 泊した場合 2 人泊とする

観光消費額に関する当初の政府目標は「2010年に2・5兆円」であったが、こちらは客数よりも遅れ、2015年に達成された[*12]（図4）。背景には円安の進行があり、とりわけ買い物消費については、中国人観光客が電化製品やブランド商品から薬品、化粧品まで大量に購入する様子がニュースとなり、「爆買い」が年間の流行語大賞に選ばれたほどであった。

その後、買い物消費の勢いはやや衰えたものの、代わって娯楽施設やサービスの利用、各種アクティビティなどの「コト消費」が活発になった。インバウンドの消費支出に占める娯楽等サービス費の割合を見ると、2012年は1・1％であったが、2023年には5・1％となっている。[*13]

政府が観光、特にインバウンド誘致に注力してきた背景には、観光が、すでに成熟段階に達した日本経済に残された、数少ない有望成長分野という事情が働いている。製造業や金融サービスなど他産業の本拠地が東京に一極集中しがちであるのに比べ、観光は全国の地域が広くメリットを享受できることもあり、政府は観光振興に向け、大胆にアクセルを踏みこんでいる印象が強い。たとえば、免税範囲の拡充やビザの発給要件などの規制緩和は他の産業分野に比べて迅速かつ広範囲に行われ、インバウンド向け施設の整備補助等も機動的に打ち出されてきた。

観光分野を重視する政府の姿勢は担当組織や実施態勢にも表れている。２０１３年からは全閣僚が参加する「観光立国推進閣僚会議」の下、「観光立国実現に向けたアクション・プログラム」各年版（～２０１５年）や、４次にわたる観光立国推進基本計画が策定されてきた。また、２０１５年に有識者を交えて設置された「明日の日本を支える観光ビジョン構想会議」（～２０２３年）の下、「明日の日本を支える観光振興ビジョン」（２０１６～20年）が策定された。これらの計画等は観光庁予算とそれに基づく施策体系の基盤となっている。

政府の計画には各種目標が明記されている（表１）。当面の目標が盛り込まれた第４次観光立国進基本計画（２０２３～25年）によると、インバウンドの人数については２０２５年までに２０１９年の水準超え、観光消費額については早期の５兆円超えをそれぞれ目指すとしている。先行計画と比べ、第４次計画の目標値は謙抑的で、達成年次も明示されていない。その背景として、コロナ禍収束前に同計画が策定され、回復状況が見通せなかったこともあるが、政府が人数などの量を重視する方針から、質の高い観光を目指す方向に舵を切りつつあることが影響している。

4　コロナが襲った日本の観光業界

２０１９年末に流行が確認された新型コロナウイルス感染症の影響で、人々の移動や交流が厳しく規制された。世界の観光に大きなダメージがもたらされ、日本も例外ではなかった。代表的事象として、関連事業者の倒産・廃業、観光ビジネスの人手不足が挙げられる。

宿泊業を例にとると、行動規制がスタートした２０２０年の倒産件数は１１８件と7年ぶりに１００件を突破した（東京商工リサーチ調べ）。その後、雇用調整助成金や無利子融資といった公的助成に支えられ、２０２１年から連続して倒産件数そのものは減少したが、コロナ禍を理由としたケースは引き続き相当数にのぼる。背景として、日本で主流の小規模家族経営の宿泊施設では、高齢化に伴う事業継承が難渋しがちで、コロナ禍をきっかけに廃業を決断するケースが少なくない。

他方で、外国資本の大手ホテルチェーンが、東京や京都といった主要観光地だけでなく、地方圏にも活発に進出するケースが増えている。これらチェーンはデスティネーションとしての日本の将来性や資産価値を冷静に評価し、コロナ禍の下でも積極的に投資を続けてきた。外資系ホテルの料金は国内の従来の価格帯を上回るが、既存ホテルの設備や仕様に不満を抱いてきた一部インバウンドの間で好評を得ている。これに対抗するため、国内勢が施設の改装や建て替えに踏み切るケースも増え、折からの物価高、建築費・人件費の高騰と相まって、最近の宿泊料は全般に上昇傾向が著しい。こうした事態に、国内旅行者の間からは不満の声も聞かれる。

人手不足についても宿泊業を例にとると、従業者数は旅行需要が低調となった２０２０～21年にかけて大幅に減少した。２０２２年10月の水際規制緩和を受けて回復は急ピッチで進んだものの、インバウンド観光が好調な現状、人出不足感は根強い。実際、2023年10～12月期の宿泊業、飲食サービス業の雇用人員判断D.I.*14はマイナス75と、全産業のマイナス35を大幅に上回る。

交通分野の人手不足の影響も深刻である。空港のグランドハンドリング要員や通関職員の不足が続いて地方への航空路線が再開できない、あるいはタクシーや観光バスの運転手不足のため、ツアーの造成に支障をきたす、修学旅行の旅程見直しを迫られる等のケースが報告されている。

人手不足の背景には、コロナ禍で露呈した業界の不安定さに加え、勤務条件の厳しさ（休日出勤が多い、勤務時間が長い等）や給与水準の低さ等が嫌気された事情がある。目下、事業者は人材確保に努めているが、人手不足の解消には時間がかかると見られる。

観光業界のこうした状況をオーバーツーリズムの原因とみなす意見があるが、その見方は必ずしも適切ではない。確かに、バス等の乗員不足が輸送力の増強を妨げて乗客の積み残しや混雑が続いたり、スタッフ不足の宿泊施設がサービスに手間取ってトラブルとなるケースは少なくない。しかし、その一方で、乗員を確保できてタクシー等の稼働台数が増えれば交通渋滞が増幅される、あるいはスタッフ不足でフル稼働できない宿泊施設が受け入れ態勢を整えれば、さらに多くの観光客が滞在してオーバーツーリズムが深刻化する、といった展開も考えられる。

人手不足は、顧客満足度向上のため解決が急がれるだけでなく、観光産業の成長や高付加価値化といった長期的視点からも重要な課題であり、性格を異にするオーバーツーリズムと安易に結びつけて論じることは好ましくない。オーバーツーリズムは一般的、普遍的な解決策を見出しにくく、地域ごとに対症療法的な取り組みが求められるのに対し、人手不足については、一般にとりうる解決策がすでに指摘されている。具体的な人手不足対策としては、ⓐ長年の課題である観光産業の低生産性を克服して収益を上げ、それを原資に処遇を見直して人材を確保する、ⓑ観光におけるＩＣＴ利用を進めて業務を効率化・省力化し、余った人材を、真に対面サービスが必要な部門に投入する、ⓒ外国人人材を育てて戦力化する、などが考えられる。オーバーツーリズムとは切り離す形でこれらの対策を着実に実行し、人手不足を早急に解決することが望まれる。

5　観光の効用

最後に、日本社会にもたらす観光の効用を整理してみよう。

一つは、日本経済への寄与である。インバウンドによる旅行消費（5・3兆円、２０２３年）は形を変えた輸出として日本のＧＤＰを押し上げている。電機・精密機器などの輸出産業がかつてのような対外競争力を失うなか、観光は日本の貴重な外貨獲得手段である。インバウンドは日本滞在中に消費するだけでなく、日本で知った商品を自国に戻っても引き続き購入する傾向がある。このため、化粧品などインバウンドの好む商品の近隣国への輸出額は伸びているし、オンラインを通じた越境ＥＣ（Electronic Commerce、インターネット通販サイトを通じた国際的な電子商取引）

の売り上げも無視できない。観光庁の試算によれば、日本への旅行をきっかけとした越境ＥＣによる日本製品の購入額は年間6千～8千億円に達するという。[*15]

観光客の受け入れ環境を整備する目的で、ホテルの建設や情報通信関連の設備投資も創出されている。観光ビジネスが生み出す投資効果は大きく、とりわけ人口減少下で活気を失いつつある地方に波及している点は特筆に値する。実際、２０２３年に地価が上昇した地域には、インバウンドに関わる市町村が複数含まれている。代表格は日本を代表する山岳スキーリゾートを擁する長野県白馬村で、地価上昇率は30％にのぼった。[*16]

もう一つは、交流人口の増加である。日本社会は今後人口の減少が続き、とりわけ地方圏については「消滅可能性都市」が取り沙汰されるなど、自治体そのものがなくなる可能性すら指摘されている。観光客が深刻な人口減少に悩む地方圏を訪れ、商品の購入、交通機関や観光施設の利用、宿泊・外食等をすることは地域経済を活性化する一助となる。

実際、観光庁の試算では、観光客8人で住民1人あたりの年間消費額と同等の経済効果が見込まれている。[*17] 地方のコミュニティを維持していくうえで、外部から人を呼び込む観光の役割は極めて重要である。この点について地方圏の期待も大きく、日本銀行の各支店が行った聞き取り調査によると、「インバウンド需要で売り上げの維持・拡大を図りたい」「インバウンドに地元産品を知ってもらいたい」「将来的には輸出の増加につなげたい」等の声が寄せられている。[*18]

歴代の政権は、成長戦略の柱、地域活性化の切り札として観光を極めて重視している。最近の国の経済戦略「骨太の方針（経済財政運営と改革の基本方針）２０２３」でも、観光には多くの紙幅が割かれている。日本が引き続き観光立国を目指すうえで、政府の積極姿勢が寄与する部分が少なくないといえよう。

＊1　２０２４年からUN Tourismに名称を変更したが、本書では旧略称を使用。
＊2　コロナ後の詳しい動向については9章参照。
＊3　観光庁「観光白書」２０２０年
＊4　ＵＮＷＴＯ、観光統計資料、２０１８年
＊5　日本政府観光局「訪日外客数（２０２３年12月および年間推計値）」２０２４年１月、観光庁「観光白書」２０２１年
＊6　観光庁「出国日本人数」２０１８年
＊7　日本政府観光局「訪日外客数（２０２３年12月および年間推計値）」２０２４年１月、観光庁「観光白書」２０２１年
＊8　日本政府観光局「訪日外客数（２０２３年12月および年間推計値）」２０２４年１月、観光庁「観光白書」２０２１年、財務省「貿易統計令和５年度分速報」２０２４年
＊9　観光庁「旅行・観光消費動向調査」２０２４年
＊10　観光庁「観光白書」２０２４年
＊11　日本政府際観光局「訪日外客数（２０１５年12月および年間推計値）」２０１６年
＊12　観光庁「訪日外国人消費動向調査」２０１６年
＊13　＊8に同じ
＊14　アンケート調査における事業者の回答について、「人員が過剰」から「人員が不足」を引いたもの。マイナビナビキャリアリサーチＬａｂ宿泊業レポート（２０２４年2月）
＊15　観光庁「訪日観光をきっかけとした越境ＥＣによる購買規模推計」２０１７年
＊16　国土交通省「地価公示の概要」２０２３年
＊17　観光庁「観光交流人口増大の経済効果」２０１７年
＊18　日本銀行「地域経済報告―さくらレポート（別冊シリーズ）」２０１９年6月10日

2章

オーバーツーリズムの影響

1 オーバーツーリズムの定義

近年、京都や鎌倉では、急増・集中する観光客が騒音や大量のゴミ、混雑・渋滞などさまざまなトラブルをもたらし、地元住民や自治体を悩ませている。あるいは、世界遺産に指定された小笠原諸島では、島外から持ち込まれた外来動植物が繁殖し、稀少な固有種の生存が危ぶまれている。このような現象は「オーバーツーリズム（観光公害）」と呼ばれ、日本に限らず、世界の有名観光地で発生し、社会問題化しつつある。

「オーバーツーリズム」という用語に対する厳密な定義は存在しないが、多くの場合、国連世界観光機関（ＵＮＷＴＯ）が定める「環境容量（Carrying Capacity）」というコンセプトを使って説明される。「環境容量」は、「ある観光地において、自然環境、経済、社会文化にダメージを与えることなく、同時に観光客の満足度を下げることなく、一度に訪問できる観光客数の最大値」と定義される。

オーバーツーリズムとは、この『環境容量』を超えて、観光客あるいは観光関連の事業者が、自然や景観、伝統的建築物などの観光資源を過剰に利用（overuse）する」ことを指す。ちなみに、ＵＮＷＴＯ自身は、２０１８年に公表したレポート「Overtourism?」において、協働する大学が行ったオーバーツーリズムの定義を引用している。そこでは、オーバーツーリズムとは「デスティネーション全体又はその一部に対し、明らかに市民の生活の質又は訪問者の体験の質に悪い形で過度に及ぼされる観光の影響」と定義されている。

オーバーツーリズムの用例を見ると、アメリカの旅行・観光情報の専門メディア「Skift」のウェブサイトに掲載された2016年8月の記事が初出とされる[*1]（諸説ある）。その後、オーバーツーリズムという用語は、ニューヨーク・タイムズ等欧米の主要紙でも使用され始め、2018年にはイギリスのデイリー・テレグラフ紙がワード・オブ・ザ・イヤーの候補に挙げるまでに普及した。

日本の用例を見ると、「オーバーツーリズム」よりも「観光公害」の方が先行して使用されてきた。過去に観光公害が頻繁に使用されたのは1970年代で、国内でリゾート開発ブームが起きた時期であった。日本経済新聞によれば、当時、地方圏のリゾートに押し寄せた都市住民の振る舞いに地元住民が眉をひそめる様子を紹介し、併せて、世界的にも先進国の観光客の言動が開発途上国でトラブルとなっていることも取り上げている[*2]。

このように、当時の日本では、「観光公害」とは、「開発が進んだ都市部や先進国VS都市化していない地方圏や開発途上国」という捉え方であった。しかし近年は、観光地一般に殺到する国内外の観光客と地元自治体・住民、すなわち「観光客・観光事業者VS住民・自治体」といった図式で説明されることが多い。同時に、オーバーツーリズムの発生地は、豊かな自然が残る地方圏や途上国に限らず、開発の進んだ都市部の観光地も含むようになっている。

オーバーツーリズムに関する報道が盛んになるにつれ、研究対象に取り上げられる機会も増えつつある。海外では２０１７年に公表された、マッキンゼー・アンド・カンパニーと世界旅行ツーリズム協議会（ＷＴＴＣ、旅行・観光関連の民間企業が加盟する世界的団体）の共同研究が先駆けであり、ＵＮＷＴＯも２０１８年に「Overtourism?」と題するレポートを公表している（前述）。国内では国土交通省の研究機関である国土交通政策研究所が、２０１７年から2年越しで本分野の研究を行っている。国土交通省本体も２０１９年に「環境と観光の両立のための持続可能な観光客受入手法に関する調査業務」報告書を公表している。

2　オーバーツーリズムと持続可能な観光の違い

「オーバーツーリズム」に似た言葉として「持続可能な観光」がある。ＵＮＷＴＯは、「訪問客、業界、環境および訪問客を受け入れるコミュニティのニーズに対応しつつ、現在および将来の経済、社会、環境への影響を十分に考慮する観光」とウェブサイトで説明している。「オーバーツーリズム」が観光のもたらすトラブルやデメリットといった負の側面を強調するのに対し、「持続可能な観光」は観光の望ましいあり方や目指すべきゴールを重視するという違いはあるものの、ともに観光資源の過剰な利用やコミュニティとの関係悪化を問題視する点では同根といえる。

オーバーツーリズムに代えて「持続可能な観光」を使う動きもある。日本では主に報道ベースで観光公害＝オーバーツーリズムという図式が定着したが、「公害」という表現が強いネガティブ・イメージを与えるため、使用を避ける傾向が見られる。２０１８年11月には、自民党の観光立国調査会が、「観光客の集中等により地域の生活環境が悪化する状態を、『観光公害』と表現しない」よう求める声明を出した。観光による経済効果は大きく、「公害」の持つ負の印象は馴染まないというのが声明の趣旨で、報道機関や業界関係者に働きかけを行った。

現在、所管庁をはじめとする公的組織は、もっぱら「持続可能な観光」を使用している。たとえば、観光庁でオーバーツーリズムを担当する組織は「持続可能な観光推進本部」であるし、前述の国土交通政策研究所の報告書のタイトルは「持続可能な観光のあり方に関する調査研究」である。

本書では「持続可能な観光」ではなく「オーバーツーリズム」を採用しているが、その理由は以下の通りである。持続可能な観光という用語は、国連が長年にわたり取り組んでいる「持続可能な環境と開発」の文脈に連なることから、自然環境や天然資源・生態系の維持・保全が想起されやすい。ところが、近年脚光を浴びているのは、むしろ観光（客）によって住民の日常生活や街の雰囲気が損なわれるケースである。オーバーツーリズムの影響範囲が自然環境や景観だけでなく、生活環境や日常の活動にまで拡大してきた現状が背景にある。

都市部のオーバーツーリズムが脚光を浴びるようになった理由として、観光のスタイルの変化を指摘できよう。伝統的な観光旅行というと、富士山のような傑出した観光資源を中心に周遊するスタイルが主流であった。しかし最近は、たとえ有名観光地でなくても、住民の日常の暮らし、街の佇まいや商店街の活気、折々の祭りや行事等を求めて観光客が訪れ、住民と同様の体験を好んで行う「コト消費」が人気を博している。今や観光客は、一般住居に宿泊する民泊等を足がかりに地域社会に立ち入るようになり、住民と接する機会が格段に増えている。さらに、観光客の興味の対象が、いわゆる名所旧跡に限定されず、幅広い対象、たとえば地元御用達の商店や住民にとってはありふれた風景に向かい、盛んに写真を撮影したりするため、受け入れ側のストレスが高じる傾向も指摘できる。

本書ではこのような近年の動向、すなわち、観光が景観や自然環境のみならず、一般市民の生活にも弊害をもたらし始めていることに注目し、「オーバーツーリズム」を採用する。

3　オーバーツーリズムで何が起きているのか

オーバーツーリズムが発生した場合、具体的にどのようなトラブルが生じ、関係者はどんな迷惑を被っているのであろうか。以下、表1に沿って、オーバーツーリズムが影響を与える分野別に問題を見てみよう。

問題の例	具体的内容・影響
観光資源関連	
自然・景観の毀損	環境汚染、植生・生態系の変容・破壊
建物・遺跡等の破損	落書き、破損、周辺地域の開発による景観・雰囲気の毀損
地域社会関連	
渋滞	公共交通が利用しづらくなるなど利便性の低下、経済活動を阻害
混雑	生活環境・販売活動等への悪影響、観光地としての評判の毀損
ゴミ	処理費用の増加、処分地拡大の必要性
騒音	健康被害、生活環境への悪影響、観光地としての評判を毀損
悪臭	同上
住民生活関連	
治安の悪化	ギャンブル、麻薬、観光客の不品行等の横行
コミュニティの衰退	賃貸住宅をホテル・飲食店へ転用、住民の転居・追い出し
日常生活への被害	庭への立ち入り、プライバシー侵害（覗き等）
経済関連	
観光以外の産業の衰退	経済構造が脆弱化
物価の高騰	家賃の高騰も含む
経済活動への妨害	農漁業被害、商店のターゲットが住民から観光客向けにシフト
伝統・文化関連	
文化・習俗の変容	商業公演・展示等による伝統・季節性の喪失・形骸化
生活習慣の変容	生活の西洋化による健康被害
ホスピタリティの低下	住民感情の悪化、排斥行為（デモ、落書き、観光バス襲撃等）

表１　オーバーツーリズム現象の具体例（出典：地域事例に関する新聞報道等に基づき筆者作成）

(1) 観光資源への影響

観光資源全般に対して観光客が与える負の影響である。その資源が天然由来であるか人工物であるかは問わない。具体的には、ⓐ自然環境や天然資源を汚染したり、稀少動植物の盗伐といった生態系を損なう問題行為を行う、ⓑ遺跡や建造物に対して落書きなど直接的、意図的な破壊行為を行う、ⓒ観光資源本体は保全するものの、周辺を開発したり、多数の観光客が訪れることで景観や生態系を変容させる、ⓓ観光資源に付随する形で、案内や注意・警告を記した掲示板や休憩所・トイレなどを設置する、である。

これらの結果、㋐景観や澄んだ水・空気、森林や湿地帯などの魅力が損なわれたり、生態系が破壊される、㋑周囲の雰囲気を含め、伝統的建築物や街並みが損なわれる、等の問題が生じる。

ⓒの観光資源周辺の開発をめぐっては、しばしば住民生活との兼ね合いが問題となる。ドイツのエルベ渓谷は、川沿いの都市ドレスデンを中心に古城が点在し、歴史と自然が一体化した美しい景観が高く評価され、２００４年に世界遺産に登録された。しかし、旧市街を訪れる観光客が増えるに伴って渋滞が深刻化し、対策として橋を新設する計画が具体化した。世界遺産を所管するユネスコは、架橋によって景観が大きく変われば、世界遺産登録が抹消される可能性が高いことを指摘し、トンネルなど代替策の検討を促した。しかし、トンネルの建設費用が橋の建設費用を大幅に上回ることもあり、渋滞に悩む住民は討議を重ねた末、直接投票を行って橋を建設することを選択し

た。これを受け、２００９年にエルベ渓谷は世界遺産リストから削除された。

(2) 地域社会への影響

観光資源周辺の地域社会に与える負の影響である。具体的には、ⓐ観光客や車両の増加と集中によって、公共交通機関や街なかでの混雑・渋滞が生じる、ⓑゴミが大量に排出され路上等に放置される、特に排出量の多い地域では処理が間に合わない、ⓒ水質が汚染される、ⓓ悪臭が生じる、ⓔ緊急車両が入れないような狭小道路に面して観光施設が立地する、等が挙げられる。

これらの結果、㋐住民の通勤・通学・通院が困難になる、物流が滞る、緊急自動車の到着が遅れる、㋑ゴミが散乱して景観を損ねるうえ、処理費用がかさむ、㋒飲料水が不足したり、農漁業に悪影響が出る、㋓悪臭により、快適性（アメニティ）や衛生状態が損なわれる、㋔消防設備や通報システムが不備な施設で失火し、周辺地域に類焼する、等の問題が生じる。

ⓐの例として、鎌倉市の道路事情を取りあげよう（5章参照）。12世紀の幕府開設を機に発展してきた鎌倉市は、山が海に迫った地形であるため、市内には狭いうえに屈曲した道路が多く、渋滞対策として、自家用車による市内観光は規制されている。公共交通機関の利用が推奨され、バスも運行しているが、沿線の風景やレトロな外観と相まって人気の高い江ノ島電鉄を利用する観光客は多く、繁忙期には長い待ち時間が発生する。この結果、通勤や通学、通院等に江ノ島電鉄を利用し

ている沿線住民は乗車困難に陥るケースが常態化している。

(3) 住民生活への影響

観光地周辺に暮らす地域住民の生活を脅かす事態である。具体的には、ⓐ観光客が過度の飲酒やドラッグ、ギャンブル等の迷惑行為を行う、ⓑ夜間に路上で騒ぐなど騒音を発する、ⓒホテルや飲食店など観光客向け施設が開発されて、一般家屋やアパート、緑地等が取り壊される、ⓓ観光客が一般家庭の庭に勝手に立ち入ったり、住居を覗き込む、ⓔ観光客が撮影した住民や住居の写真・動画をソーシャル・メディア（以下、ＳＮＳ）に掲載、拡散する、等が考えられる。

これらの結果、㋐治安や風紀が悪化し、住民の不安感が高まる、㋑開発地域から住民が転出し、昔ながらのコミュニティが崩壊する、㋒静かで落ち着いた生活環境が失われる、㋓住民のプライバシーが侵害される、等の問題が生じる。

ⓔの例として、観光地と生活の場が近い京都市や金沢市の場合、観光スポット周辺が学校の通学路と重なっているため、観光客の撮影する写真や動画に、児童・生徒が映り込むケースが増えている。保護者や学校関係者の間では、児童・生徒の画像がＳＮＳを通じて拡散し、誘拐など犯罪行為に巻き込まれかねないとして、安易な撮影を行わないよう求める声が高まっている。

(4) 経済的影響

観光地の経済活動に対する負の影響である。具体的には、ⓐ観光が主要産業となる代わり、他の産業が勢いを失う、ⓑ観光客向けに割高な価格が設定された（観光地価格）商品が多くなり、家賃・地代を含めて物価が高騰する、ⓒ地元客から観光客にターゲットを変更した商店（街）が日常生活用品に力を入れなくなる、あるいはウィンドーショッピングの観光客で混雑する商店街を地元客が敬遠し、結果的に商店経営が立ち行かなくなる、ⓓ農漁業生産の現場に観光客が立ち入り、土壌・水質汚染、感染症などが生じる、等が挙げられる。

これらの結果、以下の問題が生じる。㋐観光依存度が高まることで地域経済の脆弱性が増す。観光は平和産業といわれ、さまざまなリスク要因の影響を受けやすい。具体的には景気後退、国際情勢（例：テロや戦争が発生すると飛行機への搭乗者は減少）、二国間関係（例：日韓関係の悪化により、2019年8月の韓国人観光客は前年比半減）等のリスクが挙げられる。㋑観光以外のビジネスや研究・開発業務に携わる人材が域外に転出し、地域経済の多様性が損なわれる、㋒家計を圧迫する、㋓日常的な買い物に支障をきたし、「買い物弱者」が生じたり、悪くすると高齢者が栄養失調に陥る、㋔農作物や漁獲物が被害を受け、収穫量や売り上げが減少する。

ⓒの例として、京の台所として著名な錦市場の例を挙げよう。江戸初期からの歴史を持つ錦市場では、古くからの商店もインバウンド向けビジネスに軸足を移すようになっている。その結果、地

元客が伝統食材など目当ての商品を入手できない状況が生じている。同様な例は、スペイン・バルセロナの市場や、オランダ・アムステルダムの小売商店でも見られる。

(5) 伝統・文化への影響

観光地の伝統や文化に対するダメージである。具体的には、ⓐ本来は(数)年に一度行われる祭礼や行事を商業目的で恒常的に展示・公演する、ⓑ観光客の持ち込んだ生活習慣や道具が地元の日常生活に入り込む、ⓒ観光客に対する忌避感が高まったり、住民感情が悪化する、等が挙げられる。

その結果、㋐祭礼や行事の持つ季節性、あるいは文化や宗教的、民族的な意味あいが失われ、形骸化、変質する、㋑観光地に古くから伝わる習慣や食生活をはじめライフスタイルが変容する、㋒観光客を迎える雰囲気や接する態度(いわゆるホスピタリティ)が劣化する、等の問題が生じる。

ⓑの例として、ミクロネシアなど西太平洋の群島では、観光客に提供される肉中心の食事が地元社会でも好まれるようになった結果、伝統的な食材や料理方法、会食の習慣が徐々に失われ、西洋風の高カロリー・高脂肪の食生活によって、糖尿病や心臓病など住民の健康障害が増えている。

4 オーバーツーリズムによるダメージ

オーバーツーリズムからダメージを受けるのは、まずもって観光資源の周辺地域とそこで暮らす住民である。しかし、一見するとオーバーツーリズムの発生責任を問われかねない観光客も、実はダメージを受けている。また、観光の直接的な受益者である観光ビジネスの関係者であっても、ダメージから逃れることは難しい。

このように、オーバーツーリズムの発生源とその受け手の関係を単純に割り切ろうとしても容易ではない。今後、対策を講じようとする場合には、こういった複雑な関係、立場への理解が必要となろう。以下、関係者別に、受けるダメージの実態について見てみよう。

(1) 地域社会・住民へのダメージ

観光地周辺のコミュニティや住民は、オーバーツーリズムの直接的かつ主要な被害者である。前節に挙げたさまざまな問題は、コミュニティや住民にとって大きなリスクとなる。もちろん、居住地（観光資源の近くか否か）、年齢（高齢者か、若く活動的な世代か）や属性（自動車で移動することが多い成年か、自動車を持たない層か）によって、受けるダメージの内容や深刻さは一様ではない。とはいえ、観光由来のダメージという点では共通である。

地域社会にとってオーバーツーリズムが深刻なのは、日常生活が損なわれるだけでなく、生活基盤の一部である観光資源自体が変容してしまうことによる。人気観光地であっても、観光資源に対する保全や観光客の行動に対する適度な規制を怠ると、次第に観光地としての魅力が褪せ、来訪者までもが減少する可能性は常に存在する。

(2) 観光客へのダメージ

騒音や渋滞・混雑、悪臭等は住民のみならず、観光客にも等しく体感されてストレスや疲労につながる。むしろ、地元事情に疎い観光客の方がダメージに弱く、ストレスが高まる恐れがある。たとえば、深刻な渋滞に遭遇した観光客が、適切な迂回方法を見つけられない場合などである。

オーバーツーリズムが観光客に与えるダメージは他にもある。たとえば、多くの人々が観光資源を訪れるため、寺社や遺跡の荘厳な雰囲気や、秘境の神秘的な様子が台無しになる場合である。日本政策投資銀行と日本交通公社が実施したアンケート調査によれば、欧米からの観光客の多くや、アジアでも若年層は、旅の目的として異国での非日常体験を望んでいる。*3 しかし、至る所で団体旅行と遭遇するため、落胆するケースもあるという。これらを観光地側の落ち度とするのは無理があるものの、観光客の満足度にマイナスであることは否めない。

(3) 観光ビジネスへのダメージ

まず、観光客を惹きつける資源そのものが破壊・毀損される事態は、観光ビジネスにとって大きなダメージである。セールスポイントに傷がつけば、観光客を誘致することは難しくなる。

これに加えて、観光地の雰囲気や住民の態度がビジネスに打撃を与えるケースもある。具体的には、前節で挙げたオーバーツーリズム現象によって、住民の間に観光への忌避感が募り観光客に対してよそよそしくなったり、さらに悪化すれば、スペイン・バルセロナやイタリア・ベニスなどのように、住民が観光客の立ち入りを拒んだり、退去を求めるなど直接的な排斥行為に至る例もある。

観光客は期待して訪問先に足を踏み入れるため、もしも、そこで地元の反感やトラブルに遭遇すると、落胆のあまり、悪い印象を強く記憶する恐れがある。特に短期滞在では、楽しい体験や地元住民との交流で記憶を修正する機会が少ないため、悪い印象が固定化しやすい。このような事態は、ＳＮＳが広く普及する現在、要注意といえる。すなわち、悪い印象はネットを通じて急速、広範に拡散するだけでなく、ネット上に長く残るため、観光地に風評被害をもたらす危険性は深刻かつ長期化するからである。今後のオーバーツーリズム対応には、このような環境変化も織り込むことが望まれる。

＊1　ＵＮＷＴＯ「『オーバーツーリズム（観光過剰）』？都市観光の予測を超える成長に対する認識と対応」日本語版、２０１９年
＊2　日本経済新聞「春秋」２０１７年９月４日
＊3　日本政策投資銀行、日本交通公社「ＤＢＪ・ＪＴＢＦアジア・欧米豪 訪日外国人旅行者の意向調査」２０１９年

イタリア・ベニスに入港する大型クルーズ船、船を降りた観光客であふれるサンマルコ広場
(©iStock.com / andyparker72)

ベニス市民が起こした、大型クルーズ船の航行禁止を求めるデモ(©iStock.com / RobertKovacs)

3 章

オーバーツーリズムのタイプと対策

本章ではオーバーツーリズムが起こる観光地のタイプ分けを試みたうえで、それぞれの特徴を踏まえた対応がとられているかについて見ていく。

表1はタイプ分けした各観光地の特徴と、よくとられる対応をまとめたものである。

1 オーバーツーリズムの発生地のタイプ

(1) 人気観光拠点型

本タイプには、観光目的のほか、娯楽や休養のための滞在先として、多くの人々から選ばれる都市や地域が分類される。代表例として、ヨーロッパではパリやベニス、アメリカではニューヨークやバハマ、マチュピチュ（ペルー）、アジアではアンコールワット（カンボジア）やバリ（インドネシア）、日本では京都や日光などを挙げることができる。

①多様なタイプ

人気観光拠点と一口に言っても、その性格や位置づけは千差万別である（表2）。

まず、柱となる観光資源については、景観などの自然由来のものと、遺跡や寺社、城郭のように

タイプ	代表例	特徴	可能な対策
人気観光拠点型	ベニス（イタリア） バルセロナ（スペイン） 京都	アクセスが便利なため、観光客数の総量規制は困難 インフラや周辺開発も進んでおり、分散の選択肢が多彩	周辺観光地への誘導 入場規制（人数・期間限定、事前登録・予約） 高額な入場・利用料 一定範囲内の立ち入り規制
リゾート型	モルディブ ツェルマット（スイス）	アクセスが不便なため、総量規制は一定程度可能 インフラの未整備、狭小な面積等により汚染の蓄積、過剰開発の恐れ	アクセス手段（船便等）の制限 高額な入場・利用料・宿泊料 一定範囲、期間限定の立ち入り禁止 行動規制（ボートの停泊、マイカー進入）
稀少資源型	富士山 ヒマラヤ山脈（ネパール） ガラパゴス諸島（エクアドル）	資源の稀少性、毀損された場合の修復・清掃等の困難さのため、限られた観光客数であっても、慎重な管理が必要	アクセス規制（入場許可制） 高額な入場・利用料、税の賦課 行動規制（外部植生の持ち込み禁止等）

表１　オーバーツーリズムの発生地のタイプ（出典：新聞、ウェブ情報に基づき筆者作成）

有形物		無形物	
自然由来	人工物	エンターテインメント	アクティビティ
山、海、川、湖沼 砂丘、サンゴ礁 原野、森林、渓谷 滝、湿地、花、雪 奇観	遺跡、巨大建造物 寺社、教会、塔 城郭、庭園、橋梁 街並み、集落、運河 遊歩道、 商店街・モール	行事、祭礼、儀礼 演奏、オペラ バレエ、演劇 ミュージカル サーカス、ショー スポーツ試合	スキー、スケート スイミング、ダイビング、サーフィン ハイキング キャンプ、山登り カジノ、ゲーム イベント

表２　観光資源のタイプ（出典：新聞、ウェブ情報に基づき筆者作成）

人工的につくられたものがある。さらに、これら有形の資源とは別に、無形の観光資源をセールスポイントにする観光地も多数存在する。

無形資源はさらに、伝統的な祭礼や行事（ストラスブールやウィーンのクリスマスマーケット、奈良東大寺の修二会《しゅにえ》等）、演劇・オペラ・ミュージカルといったもっぱら鑑賞するエンタテインメント・タイプと、スキー、サーフィン、キャンプ、山登り、カジノなど実際に観光客が行うアクティビティ・タイプに分けることができる。

都市のタイプもまた多様である。人気観光拠点には、首都であるパリや北京、経済の中心であるニューヨークや東京のように、観光以外の機能も充実し、さまざまな面で存在感を発揮する大都市が含まれている。他方で、観光を主要産業とする比較的小規模な都市・地域も、それぞれの個性を誇っている。伝統的街並みが残るクラクフ（ポーランド）やアユタヤ（タイ）などの古都、島根県出雲市やリラ（ブルガリア）などの門前町、巡礼路サンティアゴ・デ・コンポステーラ（スペイン）や熊野古道（和歌山県）の宿場町、カジノを核に劇場などのアミューズメント施設を備えたラスベガス、マカオといった娯楽都市など多彩である。セールスポイントに応じて街の雰囲気や滞在環境は大きく異なり、多様な都市は旅行経験が豊富な人々に対しても新たな魅力を提供する。

②良好なアクセスとインフラ

人々の訪問意欲を掻き立ててきた人気観光拠点は、古くから道路や鉄道、航路等の整備が進んでおり、おおむねアクセスが良好である。遠路からの観光客は空路でアクセスするため、自前の移動手段を持たない点に配慮し、域内を周遊するバスやタクシー、観光船などの二次交通も充実している場合が多い。これらの交通手段を活用して、さまざまな旅行ツアーが催行され、多くの人々が人気観光拠点をベースに周遊する。

人気観光拠点には人々に快適な滞在環境を提供するため、観光インフラも充実している。美観スポットや名所旧跡を核として、美術館・博物館、ホテル・飲食店、劇場やコンサートホール、ビーチやスキー場、カジノ等が郊外にまで立地している。道路やライフラインは国や自治体が整備する場合が多いが、その他の施設や交通機関の建設・運営は民間ベースの場合が多く、これらの事業を担う関係者は観光地経営に相当な発言力を有する場合が多い。

③オーバーツーリズムへの対応

では、人気観光拠点の特徴を踏まえたオーバーツーリズム対応とはどのようなものであろうか。まず、本タイプでは、アクセスが容易なうえ地理的範囲も相対的に広いため、面的な規制は難しい。たとえオーバーツーリズムが深刻化したとしても、直ちに観光客の総量を抑制したり、立ち入りを制限するといった厳格な行動規制は現実的でない。

他方、周辺地域を含めて観光インフラの整備が進んでいることから、観光客に多様な過ごし方や訪問先を提示し、人気スポットに過度に集中しないよう促すことは比較的容易である。以上から、人気観光拠点型のオーバーツーリズム対応は、広域的に整備された観光資源を活用し、地域全体で受け入れることを目指す「分散」が基本となる。

(2) リゾート型

本タイプには、休養やリフレッシュの目的で、日常生活から隔絶された滞在環境を楽しむための観光地が分類される。ビーチリゾートではモルディブやプーケット（タイ）、スキーリゾートではツェルマット（スイス）やウィスラー（アメリカ）、避暑地では長野県の上高地、避寒地ではバハマ等が著名である。

①アクセスの悪さと小規模な設備

スポーツの拠点や避暑地は、前項の人気観光拠点型にも含まれるが、あえてリゾート型を独立させたのは、アクセスと規模が人気観光拠点とは異なるためである。リゾート型観光地は利用可能な交通手段が限られ、人気観光拠点型に比べてアクセスが悪く、わざわざ訪問しようという観光客は、ある程度の期間滞在する傾向がある。

また、島や山岳・高地などの地理的条件が災いし、大量の観光客を受け入れる容量が不足している。たとえば、宿泊施設等の建設適地が少ないため、必然的に小規模経営が多く、一度に大量の観光客を受け入れるマスツーリズムは成立しにくい。このように、リゾート型観光地ではスケールメリットを追求することが難しく、小人数の旅行者が比較的高額なコストで長期間滞在するスタイルが定着している。

②脆弱な適応力

リゾート型観光地のオーバーツーリズム対応を見ると、前述のように開発余地が少ないうえ、水資源や熱源（薪や外部から移入する燃料）などライフライン上の制約も大きい事情が関係している。制約の打開を図って観光開発しようにも、セールスポイントである澄んだ空気や質の高い雪、森林などの観光資源を毀損したり、水や土地に汚染を蓄積させるリスクがあり、慎重な対処が求められる。また、限られた客層をターゲットとしているため、景気後退や国際紛争等の影響が強く出やすい。

このように、リゾート型の場合、総じて観光客の絶対数が少ないため、オーバーツーリズムの主因といわれる観光客の集中・増加は比較的起きにくい。しかしながら、立地条件や旅行スタイルの面で脆弱性を抱えており、リゾート型のオーバーツーリズムへの適応力は高いとはいえない。それゆえ、さまざまな工夫をこらし、観光地としての存続を図ってきたともいえる。

③オーバーツーリズムへの対応

本タイプの主なオーバーツーリズム対応としては、アクセスの難しさと規模の小ささという特徴を踏まえた取り組みが中心である。観光事業者は鉄道や航路の便数を野放図に増やさない、あるいは予約日程や施設の稼働率に余裕を持たせることで、観光客の総量を抑制し、受け入れに伴う負荷を管理している。

同時に、リゾート型観光地では、旅行スタイルに合致したマーケティングに取り組んでいる。大きな市場から広く薄く誘客するのではなく、ハイエンドな滞在環境を利用することのできる客層を周到に選別して、重点的にプロモーション（広告宣伝、誘客活動）をするやり方である。たとえば、過去の上得意客の分析を踏まえて歓迎すべき客層を設定し、その嗜好や関心事項を調べ上げてプロモーションに反映させる。あるいは広告を掲載する媒体を、航空機のファーストクラスで流されるビデオや、クレジットカードの上位クラス向け会員誌に限定する等である。

(3) 稀少資源型

前の二つの観光地が、訪れる側のニーズや嗜好、滞在スタイルに着目したタイプ分けであるのに対し、稀少資源型は観光地・資源側に着目している。

人々を惹きつける観光資源は本来、珍しい、貴重である、美しい、面白い、興味深い等の特質を伴うが、本タイプはそれらのなかでも格別に稀少であり、いったん毀損された場合に元通りにすることは不可能に近い資源を擁している。具体的には、稀少動植物が生息する独自の生態系を誇るガラパゴス（エクアドル）や小笠原（東京都）、信仰の対象である富士山（静岡・山梨県）、隔絶された高地に独自の文化・宗教が残るヒマラヤ（ネパール）などである。

①旅行スタイルの制約

本タイプでは、観光資源の保全に高い優先順位があり、いわば「資源ファースト」の観光地といえる。当然、さまざまな制約があり、道路や交通機関などのアクセス手段、関連施設の開発や運営、見学ツアーやアクティビティなど観光ビジネスの自由度は、他の観光地タイプに比べて格段に抑えられている。

たとえば、稀少生物の生息地域は自動車通行が禁止され、舗装道路を建設できない、見学拠点となるビジターセンターの建築資材に化学製品を使用できない、見学ツアーは少人数に限定され事前に保全責任者への報告義務がある、専門ガイドの帯同が義務づけられる、等である。当然、事業者からは反発もあるが、稀少な資源が毀損されれば観光自体が立ち行かなくなるので、「資源ファースト」について一定の意識共有がなされている。

②オーバーツーリズムへの対応

稀少資源型におけるオーバーツーリズム対応は、前述のような観光事業者や自治体への規制にと

	観光地	観光資源	問題	住民被害	対策の契機	対策	罰則その他
人気観光拠点型	バルセロナ（スペイン）	美術館 教会建築	ゴミ、環境破壊 インフラの劣化	混雑、騒音 賃貸住宅からの追出し コミュニティの衰退	反観光客デモ 観光バス襲撃 市長選挙	民泊の規制 ホテル新設の禁止	違法民泊への罰金
	ベニス（イタリア）	運河 旧市街 宮殿	水質汚染 建造物の劣化 港湾の機能不全 漁業被害	特定地域への立ち入り禁止 悪臭	入市・入港制限を求める住民意見	中心部への立ち入り制限 訪問制限エリアの設定と事前予約制 クルーズ船の入港禁止	罰金 500 ユーロ
	ブルージュ（ベルギー）	古都 旧市街	騒音、混雑 生活環境の悪化	伝統的建造物の荒廃 物価・地価高騰	違法な客引き、宣伝等の増加	ツアー催行会社・ガイドの許可・登録制[注] マイクの使用制限	罰金 許可・登録証の停止・剥奪
リゾート型	パラオ	海洋 砂浜 サンゴ礁	環境破壊、ゴミ 水質汚染 文化変容	食の西欧化による健康被害 漁獲量の減少	被害の拡大 国際支援	観光客に環境保護誓約への署名を義務づけ	罰金、最大で 100 万ドル
	ボラカイ島（フィリピン）	海洋 砂浜	排水による海洋汚染 藻の大量発生	悪臭 漁獲量の減少 休業補償なし	汚染の拡大 大統領のリーダーシップ	島への立ち入りを6カ月制限 汚染の除去 排水処理施設の建設	沿岸警備隊・警官による警戒の強化
	ピピ島のマヤ湾（タイ）	サンゴ礁 熱帯魚など海洋生物	水質汚染 サンゴの消滅 生態系の破壊	漁獲量の減少	被害の拡大	観光客の入域禁止 1日あたり客数に上限設定 ボート停泊禁止	
稀少資源型	ガラパゴス諸島（エクアドル）	古来からの生態系 固有種	生態系の破壊 植生等の変化 海洋汚染	生活環境の悪化 観光資源の毀損	固有種の減少 汚染の拡大 外来種の侵入 移民の増大	立ち入り規制地域の設定 公認ガイド帯同ツアー 島外物質の持ち込み・残置禁止 生物の接触禁止	罰金 強制退去 レンジャーによる保護活動
	ヒマラヤ山脈（ネパール）	世界最高峰の山 山岳文化	ゴミ、環境破壊 水質・大気汚染 渋滞による遭難	生活環境の悪化 観光資源の毀損	山岳環境の破壊 文化の変容	入山許可制、入山料の徴収 未公開だった山への立ち入り解禁と誘導（分散）	

表 3　観光地のタイプ別に見たオーバーツーリズムと対応策の例（出典：新聞、ウェブ情報に基づき筆者作成）

注：家族・親戚・友人を案内したり、教師・学校による教育目的のガイドは規制の対象外

どまらず、観光客に対しても直接規制を課す点が特徴的である。人気観光拠点型の場合も観光客に対する働きかけを行うが、あくまで分散を促す誘導的措置であり、強制力は弱い。

これに対して稀少資源型の場合、観光客の振る舞いを厳しく制約することが広く認められている。たとえば、観光資源への接触や立ち入りの禁止、手荷物の持ち込み制限、衣服についた種子や土を落とすため、立ち入り前のクリーニング等が義務づけられている。観光客の心象を害しかねないこれらの措置を徹底するため、保全責任者は観光資源の稀少性、脆弱性と、自由を制約する必要性について、わかりやすく説明し、観光客の納得と同意を得るよう努め、現地に立ち入る前に、行動ルールの解説ビデオの鑑賞を義務づけたりしている。ツアーに帯同するガイドの職責に「顧客の違反行為の制止」を含め、ガイドがスムーズな対処方法を身につけることができるよう、研修も行われている。

なお、表3は、以上三つの観光地のタイプ別に、オーバーツーリズムへの対応状況を整理したものである。

2　オーバーツーリズム対応の具体的手法

観光客に対する働きかけを中心に整理すると、オーバーツーリズムへの対応は、以下の三つの手

対策		具体的内容	実施例	問題点・留意点
分散	季節的	訪問困難な施設・ 文物をオフシーズン 限定で公開	非公開社寺、 美術品、庭園 等の特別公開	分散困難な事情 （桜の見ごろ、雨季）
	空間的	主要観光資源以外を 訴求、特典の付与 二次交通の提供	エベレスト以外 の登山解禁	オーバーツーリズム現象 の拡散
	時間的	早朝・夜間のイベント 開催、特典の付与	朝茶事、ナイト ツアー、ライト アップ	住民生活へのダメージ 夜間運行等のコスト増
課金	高額 入場料	祭り・イベント等参加 料、観光ビザ発給 手数料、高級ホテル 限定の建設許可	ブータンの入国 時デポジット	料金に見合ったサービス の提供 一般参加が困難 →締め出し批判
	税金	拝観税 混雑税	京都の古都保存 協力税 ニューヨークの 渋滞税	一律徴収のため影響が広 範囲 観光地としての評判を毀 損
規制	行動規制	公認ガイド付きツアー に限定 入域前の消毒、シャ ワー等の義務づけ 事前レクチャーの受講 義務づけ	寺院見学や旧市 街ツアー ガラパゴス諸島 小笠原諸島	ガイド資格の明確化、 公認作業 ガイドの資質の管理、 予約等事務負担 入域管理、ゲート・柵の 設営
	立入規制	中心市街地への立ち入 り禁止	ベニス 正月の鎌倉市	観光客の立ち入り禁止区 域の線引き 住民への通行証の発行事 務
	入場規制	著名観光資源への立 ち入り上限規制 事前予約制 （身元確認つき）	アルハンブラ宮 殿（スペイン・ グラナダ） システィナ礼拝 堂（イタリア・ バチカン）	予約事務・身元確認作業 の負担 観光地としての評判を毀 損
	交通規制	パーク&ライド、 通行規制・禁止 市内駐車場の廃止	ツェルマット （スイス） オスロ （ノルウェー）	最終アクセス手段の確保 一般住民の利便性を侵害

表4　オーバーツーリズム対応の手法（出典：新聞、ウェブ情報に基づき筆者作成）

法に大別することができる（表4）。

(1) 分散

一般に、オーバーツーリズムの背景として「観光客数の増加」が挙げられるが、詳しく見ると、単に数が増えたというより、観光客が特定のタイミングで局所的に集中することが発生の引き金となる。この点に着目し、観光客が集中しがちな人気スポットやタイミングから余所に誘導することで、オーバーツーリズムの発生を抑える手法が「分散」である。

分散には主に三つの種類がある。

①季節的分散

繁忙期に集中する観光客を閑散期に誘導する手法である。繁忙期には、温帯地方の春や秋、熱帯地方の乾季など旅行に好適な期間のほか、桜をはじめとする草花の開花や紅葉、有名な行事や祭礼の時期が含まれる。季節的分散では、旅行を検討している潜在的客層やリピーターに対し、オフシーズン（閑散期）には別の魅力があることを訴求したり、特典や優待などのメリットを提供して誘導する。

たとえば、真夏や真冬などのオフシーズン限定で、通常は公開されていない寺院や歴史的建造物・庭園、文化財・美術品等を公開する方法である。JR東海が長年実施している冬の京都キャンペーンでは、毎年異なる寺社が秘蔵の文化財を公開するため、リピーターの獲得に成功している。

この他にも、交通費や施設利用料を割引したり、観光施設や飲食・小売商店で優待を受けられる単純な歓迎キャンペーン、閑散期の行事（節分や冬至など）への参加、地元を舞台にしたコンテンツ（映画やアニメ、漫画等）をテーマとしたスタンプラリー等が試みられている。特にストーリー性のある取り組みはコンテンツのファンを惹きつけるうえ、観光地に付加価値を付けてブランド化する効果も期待できる。

今後は、近年人気が高まっている「体験型観光」「コト消費」を活用した分散も一案である。無形文化財保持者をはじめとする熟練した職人から指導を受けて、漆芸や陶芸などの伝統工芸、織物や金属加工などの地場産業の製作を体験する特別企画を閑散期に開催すれば、個人客に加えて企業の研修・褒賞旅行を誘致することが可能であろう。

季節的分散の問題点としては、春の桜やねぶた祭りなど、強い誘因を持つイベント目当ての観光客については、あまり効果が期待できない点である。特別なコンテンツそのものが旅の目的であり、他への誘導を図っても観光客の反応は芳しくない。また、熱帯地方の雨季など、観光に著しく不向きな時期に誘導しようとする試みも効果は薄い。このため、分散策はもっぱらリピーター向けに行う場合に効果的といえる。対象となる観光客の属性、実行時期の気象要件等に目配りした対応が必要となる。

②空間的分散

著名なスポットに集中する観光客のボリュームを抑えるため、周辺の観光地や他のスポット（以下、代替観光地）への分散を図る取り組みである。移動を促す誘因としては、代替観光地に関する耳より情報やモデルルートの提示、シャトルバスなどアクセス手段の提供、各種割引や優待が一般的である。

空間的分散を成功させるには、主要スポットに匹敵する充実した内容を提供し、観光客の満足度を高めることが重要である。具体的には、代替観光地の知られざる魅力・過ごし方を掘り起して発信する、複数の観光地を貫くストーリーを描いてモデルツアーを造成し、新しい魅力を生み出す、代替観光地の名産である食材や工芸品、土産物を訴求し、通常よりも有利な条件で提供する、等が考えられる。情報や名産品を提供する観光案内所や休憩所、売店の整備、対応する人材のホスピタリティなど受け入れ態勢の整備は必須である。これらに留意すれば、代替観光地のイメージは向上し、新たなブランドの構築が図れよう。

空間的分散の問題点は主に以下の2点である。

一つは、季節的分散と同様、極めて人気のある観光資源からの分散を促しても効果は薄く、場合によっては逆効果になりかねない点である。例年大混雑する徳島市の阿波踊りの場合、2018年夏、メインイベントとして市内目抜き通りで行われてきた「総踊り」を中止し、市内に分散する他会場での演舞を鑑賞するよう観光客の誘導を図った。しかし、総踊りに愛着のある地元関係者の反発から阿波踊り全体の運営に混乱が生じたことが広く報道され、結果的に集客にマイナスとなった例がある。また、初めてこの地域を訪れる観光客（ファーストカマー）は、定番の観光スポットへの訪問意向が強く、代わりとなる観光資源へ誘導を試みても効果は薄い。

もう一つの問題点は、従来は人気スポット周辺にとどまっていた騒音、渋滞やゴミ投棄などの問題が、代替観光地にまで拡散してしまう恐れである。観光客に対して代替地の名産品の販売を強化するなど地元へのメリットにも留意しないと、代替観光地には混雑や喧噪だけがもたらされ、疲弊と不満が残る事態になりかねない。

③時間的分散

通常は観光客が活発に行動しない時間帯に、あえて観光を促す取り組みである。たとえば、早朝や夜間といった通常は閉館している時間に施設を開放し、観光資源の魅力を深く、ゆったりと味わってもらう。すでに動物園や水族館のナイトツアー、城郭や公園、街路のライトアップは広く普及しているが、オーバーツーリズム対策としては、さらに付加価値をつけて誘因を強めることが必要である。

たとえば、季節や施設にちなんだ飲食物を提供する、音楽・演劇・ショーなどエンターテインメントを披露する、名月や夜桜、虫の音の鑑賞や点前《てまえ》など伝統文化体験を用意する、等が考えられる。実際、京都市の二条城では、夏の早朝に特別あつらえの朝食を取って、城内の設えや著名な造園家が策定した庭をゆっくりと楽しむ特別鑑賞会が２０１７年から企画され、広く人気を博している。

時間的分散の問題点は主に2点ある。

一つは、一般に休息に充てられる早朝、夜間にも観光客を招き入れるため、観光資源の周辺住民の生活に騒音や交通量の増加等による負荷がかかる恐れがある。二つめは、一般的な就業時間以外の観光であるため、ガイドやサービス要員、警備員、移動に必要な交通機関等の人件費がかさむことである。もっとも、時間的分散の取り組みが観光ツアーとして人気を博すれば、商品価格に上乗せすることも可能となろう。

(2) 課金等経済的インセンティブ

課金や料金設定などの経済的インセンティブによって、観光客の総量規制を図る取り組みである。徴収した資金を観光振興策やインフラ整備に活用することもできる。

経済的インセンティブには、観光施設への入館料、観光資源の鑑賞料、祭りやイベントへの参加費、国立公園等への入域料、登山の入山料、観光ビザの発給手数料等が含まれる。これらを総量規制に活用するには、料金水準を高額に設定する代わり、同行者の数を抑えたり、滞在時間にゆとりを持たせる方法が一般的である。

こういった直接的なコントロールに対し、間接的に観光客数を規制する手法として、利用料の高額な施設を整備し、客層を絞る方法もある。たとえば、ブータンでは、世界的な高級ホテル・チェーンを誘致する傍ら、ビザ発給にあたり、宿泊・交通・ガイド費用の名目で一定額（2名ツアーでは1日1人あたり230～280米ドルのデポジット（事前支払）を求め、一定の所得水準以上の観光客を重点的に誘致している。

一般に経済的インセンティブという場合、税金も有力な選択肢である。ところが、税金で観光客の総量規制を実現しようとすると、制度設計が高いハードルとなる。総量規制を目的とする課税の場合、オーバーツーリズムの発生が危惧される地域の観光客に限定して課税する必要がある。しかし、出入国手続きを伴う国境なら難しくはないが、一般の観光地では、当地への観光客（＝ビジネスマンや学生、里帰り等ではない）であるか否か、を正確に特定することは至難の業である。

では、最近各地で導入されている観光関連税は、どのような位置づけなのであろうか。これらの税は観光客の抑制が目的ではないため、課税の方法・対象を幅広く設定している。たとえば課税方法を見ると、国の「国際観光旅客税」の場合、国内空港から出国する旅行者に対し、航空会社がチケットに税を上乗している。東京都、大阪府、京都市等の「宿泊税」では、ホテルや旅館が宿泊料金に上乗せして徴収している。

いずれの場合も、税の負担者が訪日外国人か日本人旅行者か、あるいは観光目的かビジネス目的かなどについては問わない。また、これらの課税目的は、観光客数の抑制ではなく、インバウンドの急増に伴う施設整備や行政対応の財源確保である。このため、税額を観光客の訪問意欲を削がない水準に抑えたり、煩雑な手続きなしに納税できるような工夫がされている。

なお、観光客数の抑制を目指すものではないが、オーバーツーリズム対応の財源を得るために創設された課税は存在する。山梨県富士河口湖町は２００１年、河口湖を訪れる釣り人の出すゴミ処理や休憩所・トイレ等の整備費用を捻出するため、「遊漁税」（法定外目的税）を創設し、現在も釣り客から徴収を続けている。

⑶ 規制

前述した「分散」と「経済的インセンティブ」が誘導的であるのに対し、「規制」はオーバーツーリズムの発生原因を直接的に抑えようとする手法である。

規制のメリットとしては、ⓐ原因と結果の因果関係が明確であり、活用しやすい、ⓑしくみや手法、規制の厳格さ等を変更することで、リターン（効果）の水準を細かく調整できる、等がある。

他方、デメリットとしては、観光客の振る舞いに直接制約や義務を課すため、忌避感を呼びやすい。稀少資源型観光地のタイプで見たように、規制の効果や必要性について、観光客が理解できるデータや丁寧な説明が求められる。

規制は４種類に大別できる。

①行動規制

観光客に一定の行動を義務づけたり、特定の行為を禁止したりするものである。たとえば、稀少な生態系の残る地域では、入る前にシャワーを浴びたり衣類や靴を消毒することを求めたり、域内の動植物に触れたり遺留物を残すことを禁止する措置がとられている。

他には、宗教施設や伝統芸能を鑑賞する前提として、その観光資源の由来や意義、地元社会から寄せられる尊崇や愛着についてレクチャーの受講が求められる場合もある。タイの寺院では、観光客のマナー違反が深刻化したため、寺院に向かうバスの中でマナービデオの鑑賞を義務づける措置がとられている。

②立ち入り規制

観光客が集中し、観光資源が毀損されたり、地域住民の生活が脅かされたりする懸念がある場合、一定範囲への立ち入りが規制される。対象となる資源は自然資源か人工物かを問わない。たとえば、ベニスの場合、中心市街地へ入る道にゲートを設け、一定の季節や時間には観光客の立ち入りが規制される。なお、地域住民には通行証が発行される。

③入場規制

立ち入り禁止には至らないものの、期間内に入場できる観光客数を規制したり、観光資源の公開時期を限定する手法である。対象は②と同じく自然資源か人工物かを問わない。規制の厳格さには幅があり、事前予約が必須なうえ、当日には予約票のほか身分証を提示しなければならないケースから、当日でも上限に達していない場合は、見学が許されるケースもある。

④アクセス規制

観光資源に対するアクセス方法を規制する手法である。観光地中心部への自家用車の乗り入れを規制し、周辺部の駐車場から中心部へは電車やバスによる移動を求める（パーク&ライド）、観光資源付近の桟橋に大型クルーズが接岸することを禁止する、中心市街地の駐車場を廃止したり地元住民以外の利用を禁止する、入退域ゲートを設置し、夜間の通行を禁止する、等の例が挙げられる。

最近は、一挙に大量の観光客がアクセスできるクルーズ船の受け入れをめぐり、アムステルダム（オランダ）やベニス（イタリア）が桟橋を市外に移すなど、上陸地点や頻度を再検討するケースが増えている。長野県の上高地は、自然保護のため１９７０年代からゲートを設けて夜間の入域を禁じており、オーバーツーリズム対応の先駆的事例といえる。

⑷ 啓発・情報提供

これまで紹介した手法は、観光客に働きかけて一定の行動を引き出すものであるのに対し、啓発や情報提供は観光客の行動変容に「期待」する働きかけである。取り組みの効果が一定せず、効果の判定も困難なことから、これまでの手法に比べ積極性、即効性を欠くことは否めない。しかし、それを以て啓発・情報提供の重要性が否定されるわけではなく、いわば「オーバーツーリズム対応の基盤」であり、分散、インセンティブ、規制等の手法を円滑に進めるうえで、インフラに当たる取り組みといえる。

京都市では参拝や街歩き、花街の風俗を鑑賞する際のタブーと求められる対応についてイラストを交えた小冊子を作成し、大学生や住民ボランティアの協力の下、インバウンドに配布している。他の有名観光地でも、絵文字（ピクトグラム）と多元語情報を組み合わせた禁止事項の掲示を増やしてインバウンドに啓発するケースが増えている。もっとも、掲示が多すぎたり、自然景観や伝統的建築物にそぐわず、旅情を損ねるという批判も一部では聞かれる。

3　決定打のないオーバーツーリズム対応

実際に行われているオーバーツーリズム対応を見ると、分散、経済的インセンティブ、規制の3手法を、随時組み合わせる方式が主流である。あるタイプの観光地にぴったりフィットし抜群の効果を発揮する「これだけやっておけば大丈夫」という特効薬的取り組みがあるわけではない。言い換えれば、決定的なオーバーツーリズム対応は不在であり、さまざまな手法を時に応じて組み合わせることで、問題を抑制し、ダメージ・コントロールを図るにとどまっている。

オーバーツーリズム対応の決定打が不在である理由として、主に3点を挙げることができる。

(1) 観光地の状況の多様さ

オーバーツーリズムに対処する際、各観光地が重視するポイントや優先する価値がさまざまであるため、対応もまたケースバイケースとなる。

まず、観光資源が自然物か人工物かによって対応は異なる。さらに、同じ自然物であっても、リゾート型の場合は観光客のアメニティや豪華な滞在環境を重視するのに対し、自然環境や生態系の保全を優先する稀少資源型の場合、快適性や利便性をある程度犠牲にしても、観光客の振る舞いを制約する。このように、観光資源の特性により効果的な手法はさまざまである。

また、観光地の地理的条件や人口・面積等の規模による差異も無視できない。アムステルダムとブルージュ（ベルギー）は、ともに運河が巡る中世以来の街並みが人気を集める観光地である。しかしながら、アムステルダムの場合は、遊覧船をはじめとする二次交通が充実しているため、付近の観光地に足を伸ばす選択肢が提供可能であるのに対し、ブルージュは市内の人気スポットを徒歩で散策し、街の雰囲気との一体感を重視する観光地である。このため、ブルージュではツアーの人数を制限したり、拡声器の使用を禁じるなど、生活環境を乱さない工夫がなされている。このように、観光地の立地条件によって、とりうるオーバーツーリズム対応には自ずから差異が生じる。

(2) 対応の選択肢の多さ

観光資源の保全と修復はオーバーツーリズム対応の重要要素であるが、実際に求められる作業内容や保全・修復の水準、施行方法や手続きはさまざまである。さらに、投下できるコストの規模も、対応を大きく左右する。

最高峰の稀少動植物や、唯一無二の生態系が観光資源である場合、保全・修復作業には高度な専門知識や技術の投入が必要となるうえ、作業手順や手続きにもさまざまな条件が課される。その理由は2点あり、一つは稀少な観光資源であればあるほど、国際協力や公的資金が投入される場合も増え、保全・修復活動の適切性と透明性が問われる。二つめは学術的見地から、データその他の情報は広く開示され、利用に供される義務を負う。結果的に、作業内容の検討過程、活動内容とそれに要したコスト、得られたデータと投入時間・人員等について、綿密な記録と情報開示が求められる。

さらに、活用可能な技術や手法の多様化も影響している。伝統的建築物や文化財を保全する場合、素材や顔料等の分析・研究結果の進歩を踏まえ、過去の建材・塗料を再現することが可能となっている。他方で、経年変化を遂げた観光資源はそのまま保存し、超高感度コピーや映像技術を利用した高度な複製を製作、展示する選択肢もありうる。実際に技術を選択する際には葛藤も予想される。奈良の薬師寺の西塔や奈良国立博物館の阿修羅像（再現）のように、研究成果を踏まえて建立・製作当初の鮮やかな色彩が施された結果、見慣れた風景・容貌が一変し、地元住民やファンの間で賛否両論を呼んだケースもある。

観光地の置かれた環境もとりうる手法や技術水準に影響する。容易にアクセスできないリゾート地では、高度な技術・設備を伴う最先端の保全・修復活動よりも、現地で管理可能な、低廉で使いやすい仕様とする方が生産的といえる。

最後に、保全・修復作業には相応のコスト、マンパワーが必要であり、観光資源の管理主体（国や自治体、寺院、博物館等）の財政状況によっては、常に望ましい水準の作業が可能なわけではない。また、国際的な技術援助や資金協力が寄せられても、政治的理由により外部関係者の関与を拒むケースもある。実際、カンボジアのアンコールワットやその他の寺院群は世界的な観光資源であるが、共産党政権下の内戦で荒廃し、長く修復の手が及ばなかった。このように選択肢の幅が広かったり、社会環境の影響が無視できないため、オーバーツーリズムに対して、一義的な解決策を想定することは現実的ではない。

(3) 資源の保全と観光ビジネスの両立

観光は裾野が広い産業であり、交通機関や娯楽施設の運営、宿泊・飲食や清掃・洗濯サービス、食材の提供等を生業とする多種多様な事業者が関係している。そのため、観光地では、資源の保全とビジネス振興の両立が極めて重視される。観光資源の閉鎖や立ち入り禁止といった措置は、たとえ観光資源の保全に極めて大きな効果が期待されるとしても、選択肢としてはとりづらい。

とりわけ、伝統ある観光地では、長く観光ビジネスに携わってきた関係者が存在し、地域経営にも相応の発言力を持っている。彼らが相反する利害を主張すると、実際に行われるオーバーツーリズム対応は妥協的、微温的内容にとどまることも少なくない。このような場合、効果的なオーバーツーリズム対応は実行されず、問題が放置され深刻化するケースが往々にして見られる。

II
国内外のオーバーツーリズムの事例と対策

4 章
海外のオーバーツーリズム

実際にオーバーツーリズムがどのような観光地で発生し、地域社会や観光資源にどのような問題をもたらしているのか、どのような対策が講じられ、誰が担っているのか。本章では、前章で取り上げた観光地のタイプ別に、すでにオーバーツーリズムが深刻化している海外の事例を複数取り上げ、観光地としての歴史や現地情勢とともに詳しく見てみよう。

〈1〉人気観光拠点型

1　スペイン・バルセロナ市
――観光開発規制に取り組む世界的モデル

スペインの北部、地中海に面するバルセロナ市は、自主独立の気風に富むカタルーニャ州の州都である。人口は約161万人（2016年）を数え、首都マドリードに次ぐスペイン第二の都市である。ヨーロッパ有数の観光地として著名なほか、良港を控えて日本企業を含め製造業の輸出拠点が多数立地する工業都市、街灯の管理やゴミ収集、バスの運行等にＩＣＴを活用するスマートシ

観光客であふれる、バルセロナのランブラス通り（©iStock.com / querbeet）

ティ、多数の美術館や文化活動拠点、デザイン産業が立地するクリエイティブシティの顔も持つ。

主な観光資源としては、地中海交易で栄えた歴史を残す旧市街、アントニオ・ガウディをはじめとする、19世紀末に流行したモデルニスモ様式の建築物が代表的である。他にもアートやデザインを活かした街並み、ユネスコの無形文化遺産に登録されている独自の食文化、陽光あふれるビーチ、世界的なサッカーチームの拠点をはじめとするスポーツ施設といった多彩な魅力を有する。

(1) バルセロナ観光の現在

1990年代以前、バルセロナは年間300日といわれる晴天と温暖な気候をセールスポイントとするビーチ主体の観光地であったが、1992年のバルセロナ・オリンピックを機に旧市街と旧港湾地区を一体的に再開発して都市的魅力を加味した。オリンピック以前、同市は港湾

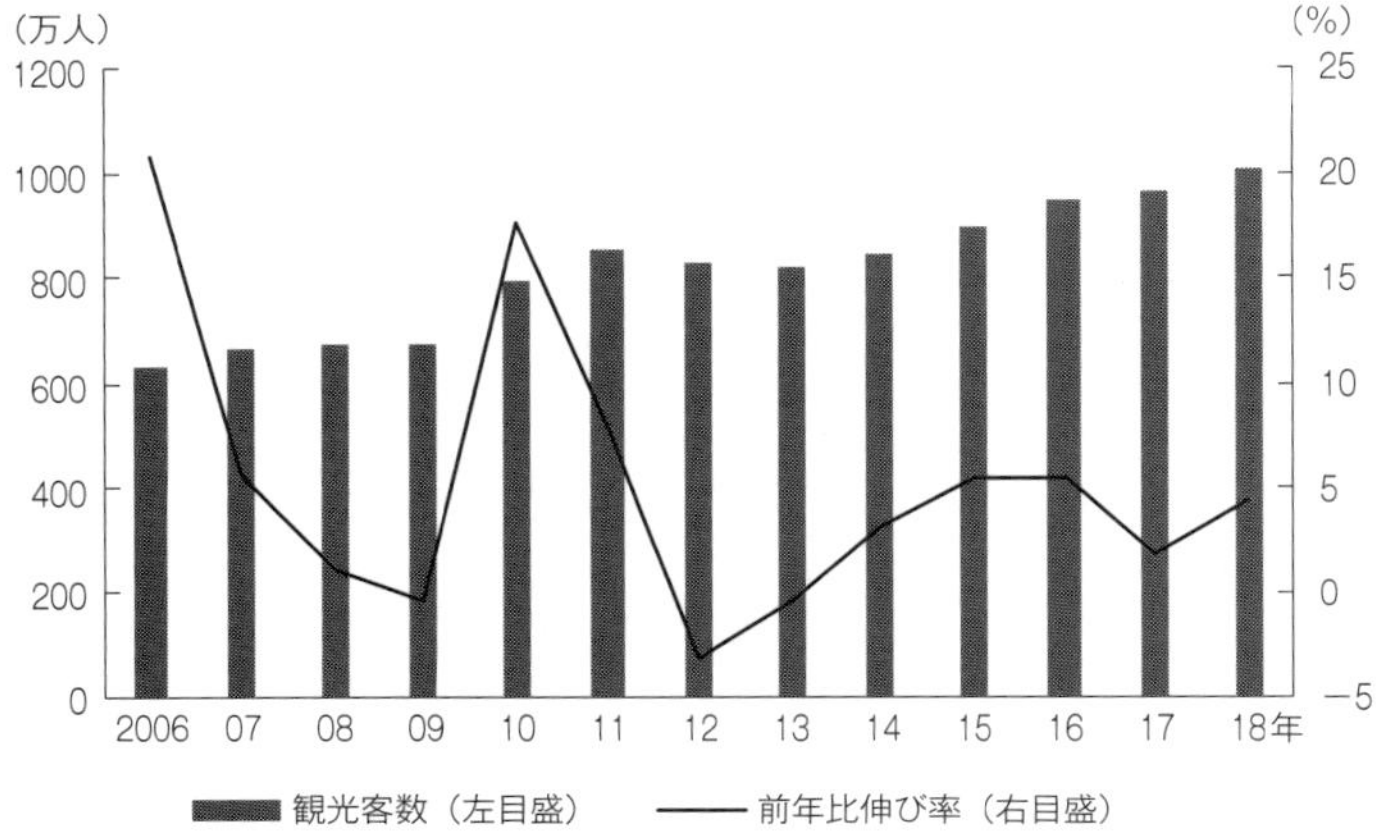

図１　バルセロナ市の観光客数（宿泊ベース）
（出典：Barcelona.cat, Vieajeros y permotaciones 2005-2019 に基づき筆者作成）

機能の低下等により経済活力を失っていたが、都市再生に成功し、観光地としての名声を獲得した。

オリンピックが終了すると、バルセロナ市は観光客の急減に対応するためビーチ以外の魅力を前面に打ち出した観光振興策に着手し、１９９４年には市と商工会議所が連携した専門機関「バルセロナ観光局（Barcelona Turisme）」を設立した。バルセロナ観光局はデータに基づくマーケティングやターゲットを明確に絞ったプロモーション、ＭＩＣＥ（国際会議等）の誘致、二次交通の整備・運行を積極的に行い、バルセロナ市を世界有数のデスティネーションに押し上げ、その手法はバルセロナ・モデルとして高い評価を得た。

足元の状況を見ると、２０１６年にバルセロナを訪れた観光客数は約３２００万人、うち宿泊客は約１６００万人にのぼる。[*1] ２０１８年に日本全国を訪れたインバウンド数が約３２００万人（１

章参照）であるから、同市を訪問する観光客（国内客含む）のボリュームが想像できよう。
もっとも、市の観光統計上では宿泊客数は１００６万人（２０１８年）にとどまる[*2]（図１）。これは調査対象がホテルに限定されているためで、統計の数値は民泊の急増が社会問題化している実情から乖離していると推察される。また、同統計ベースで、２０１６年の宿泊客数は１９９０年比約５倍、２０００年比で３倍増となっている。[*3] 近年の宿泊客数は過小評価されている可能性が高いことを考え併せると、実際の増加速度はさらに速いと思われる。

入場を待つ観光客の長い行列ができる、サグラダ・ファミリア
（©iStock.com / omersukrugoksu）

観光客の国籍別では、スペイン国内が１５０万人、アメリカ85万人、イギリス67万人の順に多く、15万人の日本は9位であるが、アジアでは最大の送り出し国である。なお、宿泊客の外国籍比率は79％と極めて高く、スペイン人観光客は日帰りもしくは知人宅に宿泊していると思われる。

観光地別の訪問者数（２０１７年）では、サグラダ・ファミリアが４５２万人、グエル公園が３１２万人、ＦＣバルセロナの本拠地カンプノウ・スタジアムは１８４万人、バルセロナ水族館は１６２万人であり、一部の人気スポットに観光客が集中している。[*4] 訪問時期（２０１６年）を見ると、比較的平準化が進んでいるものの、夏季（６〜９月）の観光客が全体の40％を占め、繁忙期となっている。同市の経済に占める観光の比重は大きく、市ＧＤＰの約14％、雇用の12％を観光関連産業が担っている。[*5]

⑵ オーバーツーリズムの状況

観光客の増加に伴って騒音や渋滞、混雑、マナー違反等の問題が生じ、２００７年頃から市民の間で観光客や関連ビジネスへの不満が高まった。もともと高密度で人口が集住していた旧市街に多数の観光客が訪れたため、市内の目抜き通りは連日20万人といわれる観光客で埋め尽くされ、市民の食卓を支える伝統的な市場では、地元民の足が遠のく一方、観光客は見物だけで買い物をしないため、廃業する店も出るようになった。

その後、２００８年に発生したリーマンショックからの脱却に観光が寄与したことから、一時、観光ビジネスへの評価は回復したものの、２０１４年頃から観光客排斥運動が急速に拡大した。きっかけは、水着姿で旧市街を訪れて買い物をする観光客のマナー違反で、地元紙は観光が生活に

バルセロナ市内の壁に落書きされた「観光客は帰れ!」のメッセージ（©iStock.com / ONA_PLANAS）

与える悪影響を懸念する市民の反応を「観光客疲れ」「観光恐怖症」と伝えた。

このような市民の反応は次第に過激化し、観光バスに卵を投げつけタイヤを切り裂く集団や、「観光客はバルセロナには不要」「酔っ払いお断り」「ガウディはあなたが嫌い」等のスローガンを掲げて観光スポット周辺をデモする市民の姿が頻繁に見られるようになった。かつて観光による都市再生のモデルと賞されたバルセロナ市を、一転して観光への忌避感が覆うようになったのである。

過激化する反対行動の背景には、市内の喧噪や混雑、観光客のマナー違反等に加え、宿泊施設の増加とそれに伴う住民の「追い出し」があった。家主が賃貸住宅を収入面で有利な宿泊施設に転用したり新規に建設するために取り壊すケースが急増し、家賃や不動産価格の急騰を招いた。実際、現地報道によれば、バルセロナ中心部の2017年の家賃は2014年比約2倍となっている。[*6] なかでも民泊物件の増加は著しく、バルセロナ市統計で「宿泊に供されている住宅

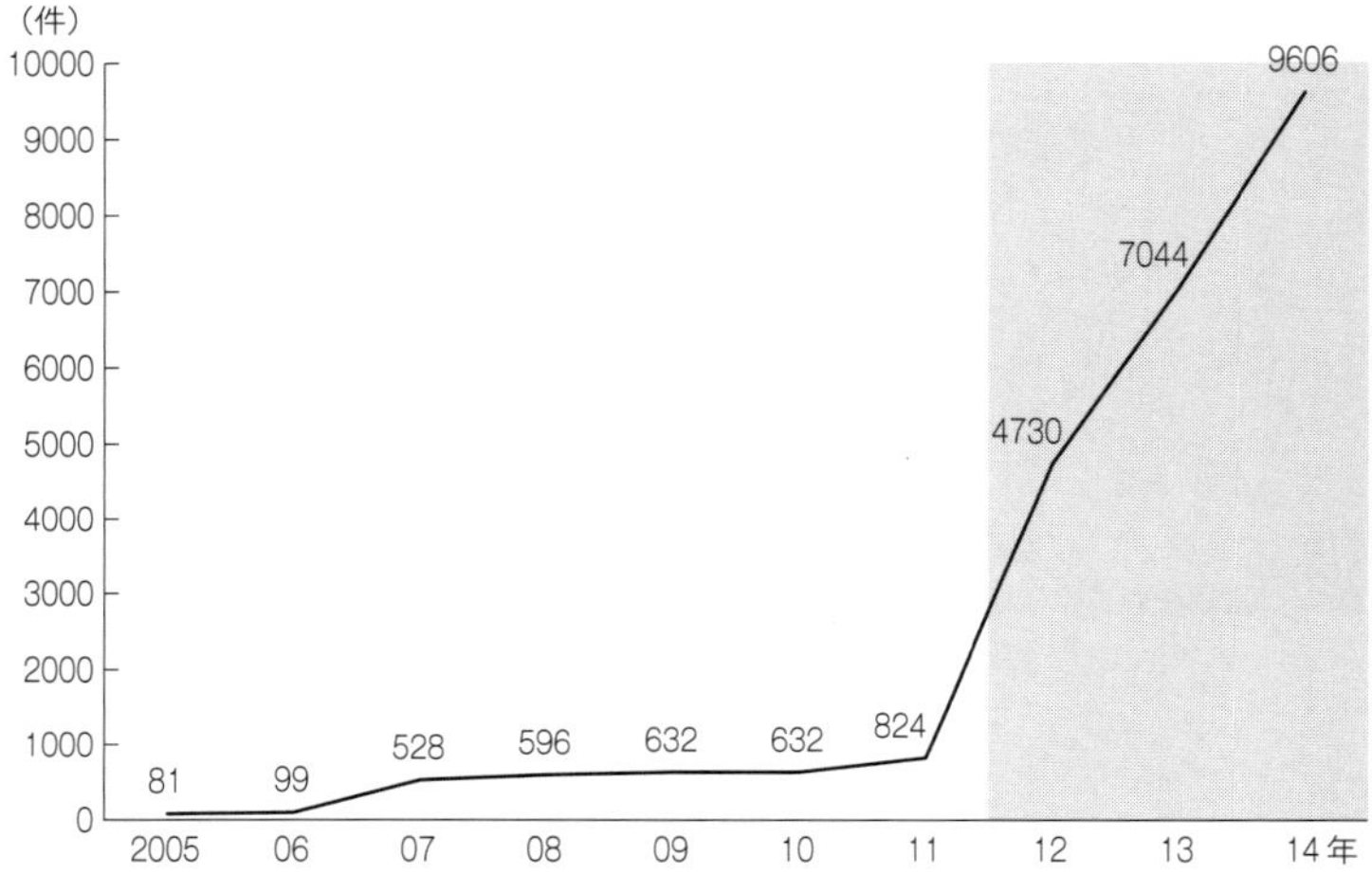

図2　バルセロナ市で宿泊に供されている住宅の推移
(出典：国土交通政策研究所「持続可能な観光政策のあり方に関する調査研究」『国土交通政策研究』146号、2018年
(原典：バルセロナ市「観光用宿泊施設特別都市計画（PEUAT)」)に基づき筆者作成）

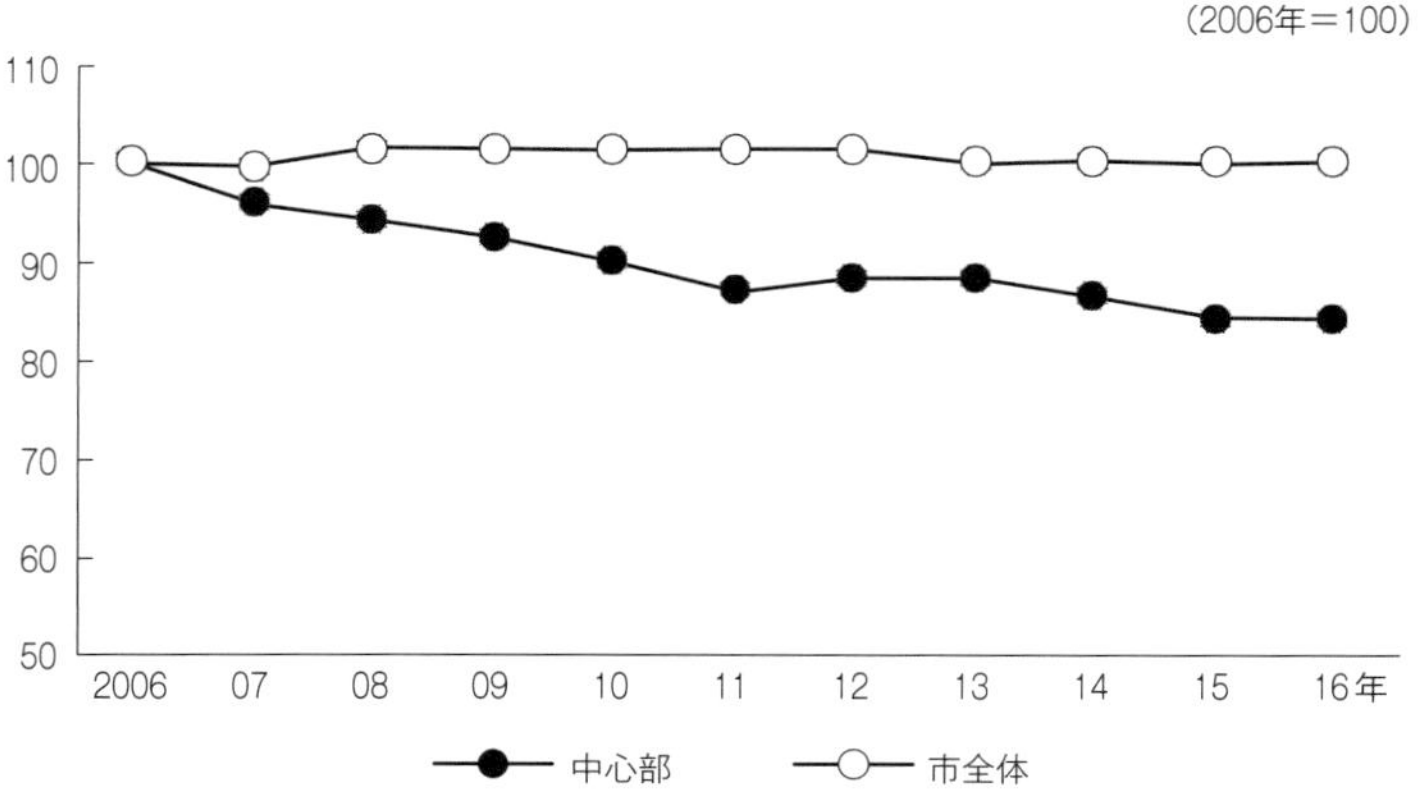

図3　バルセロナ市中心部の人口流出状況
(出典：国土交通政策研究所「持続可能な観光政策のあり方に関する調査研究」『国土交通政策研究』146号、2018年
(原典：バルセロナ市統計局資料）に基づき筆者作成）

（ＨＵＴ）」数の推移を見ると、２０１１年に８７４件であったものが、２０１２年には４７３０件、２０１４年には９６０６件と急ピッチで伸びている[*7]（図２）。

これらの結果、賃貸住宅から立ち退きを迫られても、市内の家賃は平均的若年層の月収の約75％にも相当するため、郊外へ転居を余儀なくされる市民が続出し、メンバーを失ったコミュニティの衰退が各所で観察されるようになった（図３）。たとえば、市内随一の目抜き通りで、「会いたい人がいるなら訪れてみよ」といわれるランブラス通りがある中心地区の２００６年の人口を１００とすると、２０１６年時点では84に低下している。

民泊を含む宿泊施設の増加により伝統的な生活やコミュニティが損なわれる事態は市民の政治的関心を集め、２０１５年の市長選挙で争点化した。宿泊施設の建設凍結を公約に掲げたアダ・コウラ市長が当選し、２０１９年５月の選挙でも再選を果たした（２０２３年秋の選挙で交代）。同市長の下、バルセロナ市はオーバーツーリズムへの対応を強化し、以下のような施策に取り組んできた。

（3）オーバーツーリズムへの対応

２０１５年に就任したコウラ市長は「バルセロナを綺麗な都市に」をスローガンに掲げ、２０１７年３月には「２０２０年に向けた観光都市計画」を公表するなど積極的にオーバーツーリズムに対応してきた。主な取り組みの内容を以下に紹介しよう。

①地域連携による政策立案

住民やＮＰＯなどの地域主体が、オーバーツーリズム対応など観光政策の立案に参画するしくみが導入されている。２０１６年には町内会やＮＰＯ代表、有識者など60名からなる「観光と都市に関する諮問会議」が創設された。また、同年、市民の意見表明と討議、集約の場を一般に提供するオンラインプラットフォーム「Decidim」[*8]も始動した。バルセロナ市は各種公共サービスにＩＣＴを導入して生活の利便性を高めるスマートシティとして著名だが、Decidimはその発展形といえる。Decidimの運用第１期（２０１６〜19年）に参加した市民約４万人は、市政全般について討議を重ね、約１５００の施策にまとめて市に提案した。住民の関心の高い観光分野はたびたび取り上げられ、まちづくりや住宅、交通など幅広い視点からの討議を踏まえた市民提案を生んでいる。

②観光関連施設の規制

宿泊施設を中心に、飲食店や24時間スーパー、レンタサイクルショップ等の営業や新規開業に対する規制である。まず公約である宿泊施設は、２０１５年7月から2年間にわたり新規建設が凍結され、約40のプロジェクトが中止された。飲食店等観光関連施設についても本規制の対象となった。これに対し、市の姿勢を不服とする世界的ホテルチェーンがバルセロナから撤退する一幕もあり、市経済や雇用への影響、あるいは貴重な税収である宿泊税の減収等を懸念する声も聞かれた。

２０１７年１月からは、市内を４種類に用途規制（ゾーニング）し（図４）、民泊を含め宿泊施

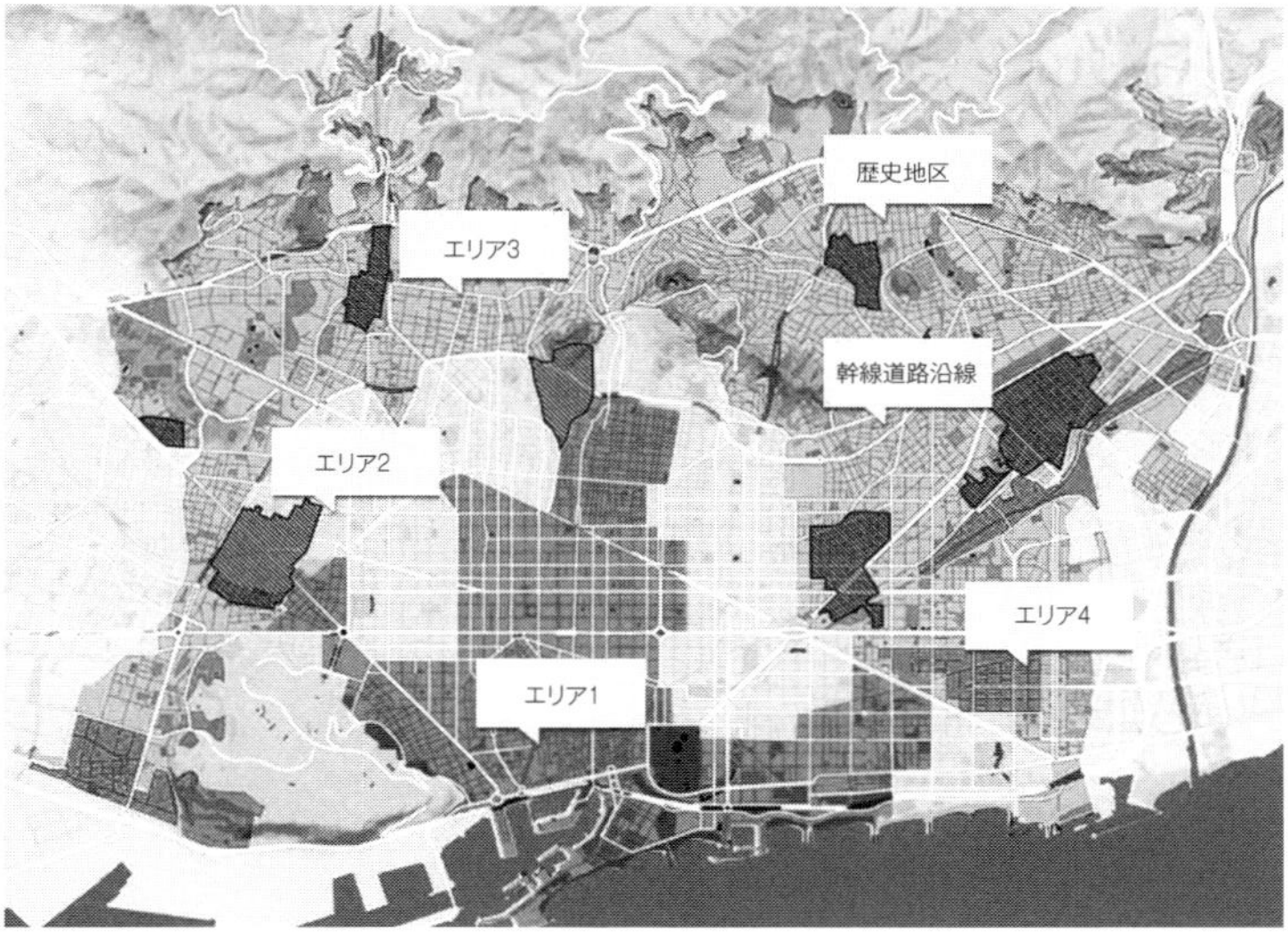

図4　バルセロナ市のゾーニング
（出典：国土交通政策研究所「持続可能な観光政策のあり方に関する調査研究」『国土交通政策研究』146号、2018年（原典：バルセロナ市「観光用宿泊施設特別都市計画（PEUAT）」）に基づき筆者作成）

設の立地を規制・誘導する「観光用宿泊施設特別都市計画（ＰＥＵＡＴ）」が実施されている。これは、次の４タイプに区分するもので、エリア１は旧市街、エリア２はそれ以外の都心部、エリア３、４は郊外部に該当する。

エリア１：一切の宿泊系用途を禁止（新規立地を認めない）

エリア２：既存施設が閉鎖した場合に限り、一定の要件で新規立地を認可

エリア３：ブロック内の宿泊施設の比率が一定以下の場合、新規立地を認可

エリア４：単独の新規立地は認めない再開発地域（再開発との連動は可）

民泊については市条例を定めて規制を強化している。従来、民泊物件は市に届け出て許可を得る必要があったが、無許可営業に罰金を課すルールが導入され、市のサイト上に無許可物件を通報する窓口も設けられた。Airbnbに代表される仲介サイトに対しては無許可物件を掲載しないよう要請し、市民から通報を受けた場合は市職員が仲介サイトを調査し、無許可物件の掲載が判明すると、高額の罰金を徴収することが定められた。さらに2019年からは、バルセロナ市は許可を与える民泊物件数に上限を設け、今後申請されても、一定数以上は許可しない措置も採用している。他にも、2017年公表の「2020年に向けた観光都市計画」には、民泊用途が主体である集合住宅については固定資産税を引き上げたり、新規建設を認可しない方針や、簡易な宿泊施設の年間貸出ベッド数を規制する方針が盛り込まれている。

③分散化

一部の人気スポットに観光客が集中する弊害を解消するため、バルセロナ市域を超えた分散化が試みられている。2015年、バルセロナの県と市、観光局が予算と人材を持ち寄って分散化を促進する専門組織「バルセロナ観光観測所」を設立した。バルセロナ観光観測所は、地理学や観光学、経済学、数学、IT分野の専門知識を有するスタッフ50名に外部人材を加えた陣容で、市民へのアンケートやウェブ上の口コミ等も含めて幅広くデータを収集、分析し、観光客の分散化に向けた施策を検討している。検討結果は、母体である行政機関や観光局に提言され、観光商品開発やプロモーションに活かされるほか、民間企業との情報共有も行われている。具体例を挙げると、バルセロナ観光観測所はモバイル機器の位置情報から得た利用者の移動経路と、ヒートマップに基づく市内の混雑状況、宿泊施設や店舗・観光施設の分布等を組み合わせ、観光客の立ち寄り先、移動手段、人気ルート等を時間帯や季節別に分析している。このデータに基づき、人気スポットの時間帯別受け入れ人数を変更する、混雑時間帯にバスを機動的に増発する、混雑スポットを回避した観光バスを運行する、等の対応がとられている。

④入域規制

特に集中の著しい施設について、入場料の徴収や事前予約制等で観光客の総量を規制している。

まず入場料については、1日の観光客数の上限を設定している。人気スポットでは予約で入場枠が一杯になりがちで、当日券があっても現地窓口で長時間並ぶことを余儀なくされるため、ウェブ上での購入が推奨されている。サグラダ・ファミリアの場合、立ち入り可能な場所やガイドの有無によって26~40ユーロを支払う必要がある。グエル公園の中心部（モニュメントゾーン）については、滞在時間帯が指定される数量限定の入場券（30分ごとに400枚発行、13・5ユーロ）を購入する必要がある。なお、多くの市民も散策するグエル公園の場合、入場券の導入への反対が多かったため、バルセロナ市民はパスを申請して無料で入場できるようになった。

他の規制としては、サグラダ・ファミリア周辺では、観光ツアーの大型バスで深刻な渋滞が発生し、市民の通行が困難となったため、かなり離れた大通りで下車するルールが導入された。純粋な観光施設ではないが、地元の食を楽しめるため人気の高いボケリア市場の場合、混雑時には15人以上のツアーが禁止されている。もっとも、市民の間からは、大半の市場ツアーは15人以下であり、実効性に乏しいとの批判も出ている。

⑤課税

バルセロナのあるカタルーニャ州では、2012年に宿泊税を導入し、ホテルのランクに応じて最大7泊まで徴収してきた（8泊以上と16歳以下は免除）。バルセロナについては、市内の宿泊客を周辺地域に分散させる目的で、割高な宿泊税が設定されている。2024年1月現在、カタルーニャ州全域では宿泊施設の等級に応じて0・66〜3・3ユーロの宿泊税が徴収されるのに対し、バルセロナ市の税額は4・2〜6・9ユーロと割高である。そのほか、観光バスへの課税、騒音発生源となる飲食店のテラス席への課税等も検討されている。

2　アメリカ・ハワイ州
——住民・観光客を巻き込む「責任ある観光」の推進

ハワイの観光名所ダイヤモンドヘッドをハイキングする観光客の列
(©iStock.com / joshuaraineyphotography)

世界有数の観光地であるハワイは太平洋の中心に位置し、八つの独立島を中心に120以上の小島からなる火山性諸島である。人口は約142万人(2017年)で、1959年、アメリカ合衆国に50番目の州として編入された。観光はハワイ経済を支える主要産業で、コロナ前の2019年の総消費額は177・1億ドル、ハワイ州GDPに占める観光産業のシェアは16・2%にのぼり、関連税収20・7億ドルは税目中最大である。

(1) ハワイ観光の現在

ハワイ観光の歴史を振り返ると、1959年以降、アメリカ本土からのアクセスが便利になって往来が活発化し、1961年には32万人であった観光客数が1971年には180万人と急増した。この間、高度経済成長によりレジャーブームを迎えていた日本では、ハワイが憧れのデスティネーションとなり、多数の日本人がハネムーンや褒賞旅行で同地を目指した。この結果、ハワイの観光ビジネスは活況を呈し、宿泊施設やゴルフ場の建設も進んだが、1990年代に入り、基幹市場の日本でいわゆるバブルが崩壊すると、観光ビジネスは停滞局面に入った。

転機に直面したハワイ州は、1998年、観光局（Hawaii Tourism Authority：HTA）の設立と宿泊税の税率アップを断行し、増えた税収を原資として観光インフラの整備・改修、マーケティングとプロモーション戦略の見直し、今までにない観光資源の発掘と現地ツアーやアクティビティの開発などに取り組んだ。これらが奏功してアメリカ本土からハワイを訪れる客数が増加し、現在はハワイへの渡航者の58％がアメリカ西部、27％がアメリカ東部からとなっている。これに対し、かつては多数を占めていた日本からの来訪者数はコロナ禍からの回復が進まず、第4位の2％にとどまる。ただし、日本人の主な海外渡航先を見ると、コロナ禍前（2019年）の値ではあるが、韓国、中国、アメリカ本土、台湾、タイに次いでハワイが6位に位置しており、日本のアウトバウンド市場において、ハワイ州が一国に相当する集客力を持つことがわかる。

足元の動きを見ると、2022年末現在、ハワイへの総渡航者数は923万人で、1000万人を突破したコロナ禍前には及ばないものの、2019年の89％まで回復している（図5）。また、ハワイ州における2022年の観光消費額は198億ドルで、2019年比11％、前年比51％増と大幅な伸びを示した[*9]（図6）。従来、ハワイの観光市場は5、6年ごとに緩やかな成長と停滞を繰り返していたが、コロナ禍直前の10年は連続して右肩上がりであった。コロナ禍からの回復過程に入った2021年

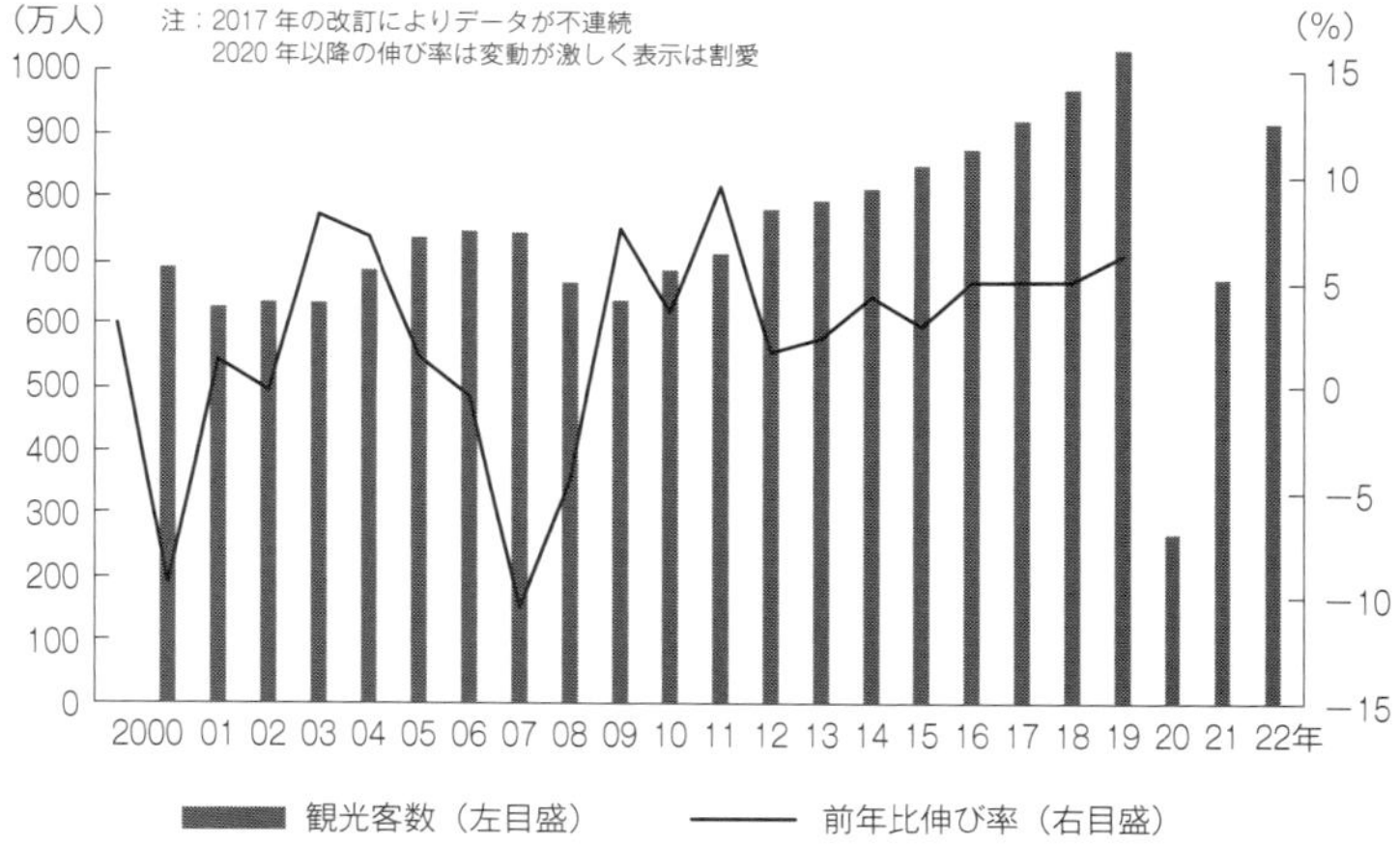

図 5　ハワイ州の観光客数の推移
（出典：ハワイ州観光局「Annual Visitor Research Report」各年版に基づき筆者作成）

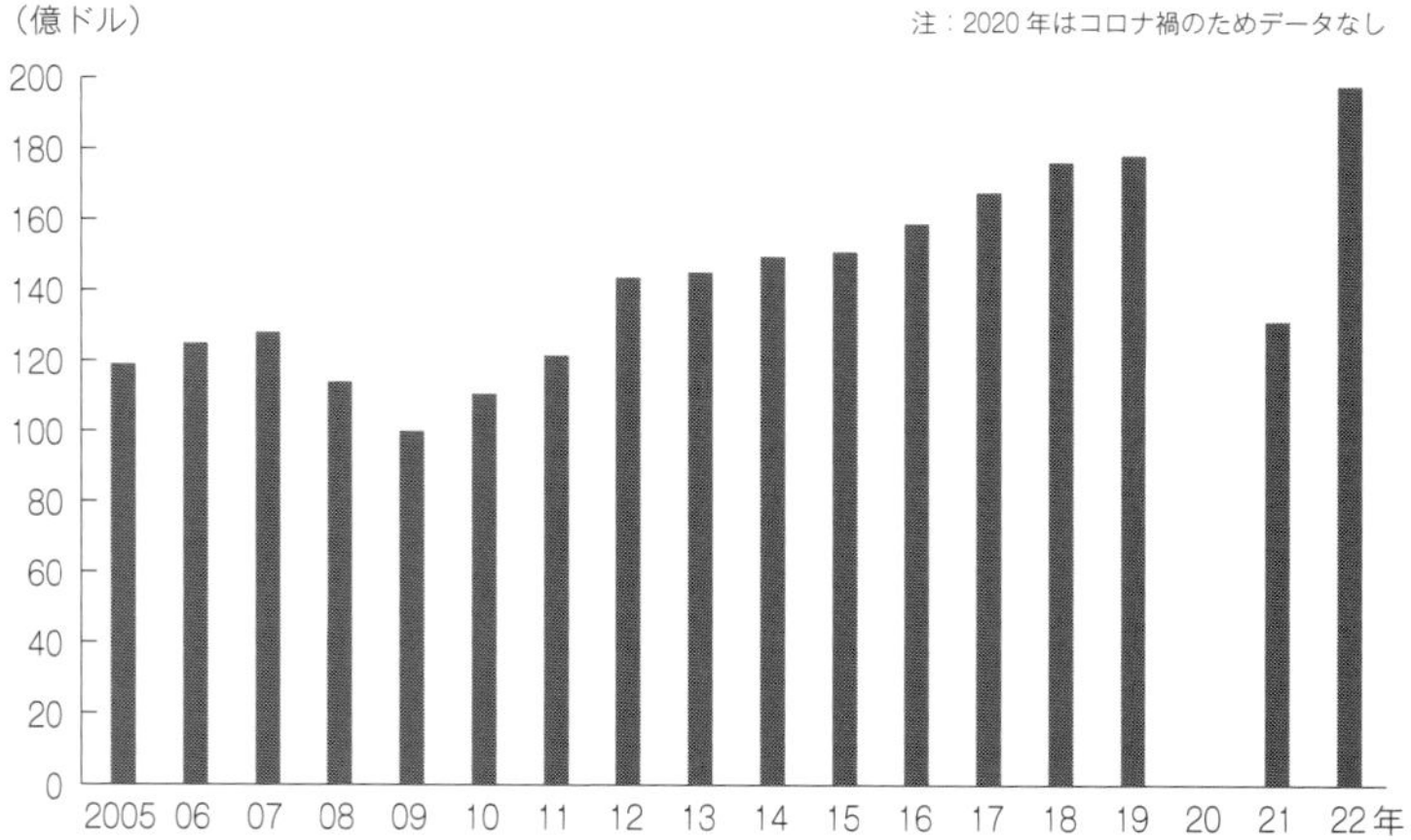

図 6　ハワイ州の観光消費額の推移
（出典：ハワイ州観光局「Annual Visitor Research Report」各年版に基づき筆者作成）

以降も観光消費額の回復ぶりは順調である。

(2) オーバーツーリズムの状況

ハワイにおけるオーバーツーリズムの実態はいかなるものであろうか。結論からいうと、一般的なオーバーツーリズムの推移、すなわち観光客の急増→問題の顕在化→対策を打つも抜本的解決には至らず→住民の不満・不安が残る、というパターンは、ハワイの場合、必ずしも当てはまらない。もちろん、観光客の増加に伴って問題は生じているが、その発生を早期に探知し、解消を図るしくみが機能しており、事態の決定的な悪化を防いでいる。

ハワイの代表的なオーバーツーリズム現象を見ると、生活面では住民が居住するプライベートゾーン（ハワイの各区域に設定されている用途規制＝ゾーニングは極めて厳格である）に観光客が入り込み、違法駐車をする、騒音やゴミを出す、敷地内に立ち入るなど生活環境を損うケースが挙げられる。さらに、観光目的の不動産開発や商業投資が盛んなことで、安価に入居できる住宅が不足したり、生活用品が高騰することに不満を抱く住民も少なくない。一方、環境面では、海水浴やツアー等による天然資源への負荷、保全が求められる野生生物や自然資源を採取・毀損する環境破壊や、（先）住民から神聖視されている伝統的スポットに不作法に侵入するマナー違反も、地元のＮＰＯやコミュニティから大いに問題視されている。

(3) オーバーツーリズムへの対応

①法規制の活用

このような問題が住民やコミュニティの間で不満や不安を引き起こしても、その兆候を迅速にキャッチし、対応するしくみがハワイには存在する。不満や不安をキャッチする径路は複数あり、まず、観光局は観光に対する住民満足度調査や地域住民との会合を定期的に行い、地元の意向に常に関心を払っている。あるいは、州や市議会の議員が、地元で開催するコミュニティ・ミーティングや個別の陳情等で住民からの苦情や要望を聞きとり、行政の担当部署や観光局に解決を求めることも日常的に行われる。

これを受け、観光局は旅行会社・航空会社などの業界団体に問題の発生を知らせ、ツアー参加者への注意喚起やガイド方法の見直しといった対応を働きかける。業界の自主的対応では解決困難な問題については、州・市議会で対応策を検討し、規制を盛り込んだ条例等を制定する。

近年、ハワイでは州法や市条例といった法規制、観光地を管理運営するガイドラインやルールを積極的に活用し、社会・自然環境や生態系、コミュニティの保全を図る動きが目立つ。絶滅危惧種の保護や化石燃料の段階的削減（２０４５年までに使用量ゼロ）を定めた州法はすでに施行されている。２０１８年7月には、サンゴ礁に有害な物質を含む日焼け止めの販売を２０２１年以降禁止する州法や、レジ袋を暫定的に有料化し、２０２０年から全廃する州法が成立した。２０１９年には、ホノルルの海岸線を守るため、海面上昇や洪水など気候変動への対策を講じる法案が4月の州議会で採択され、6月にはホノルル市で民泊の認可件数に上限を設ける条例案が成立した。

コロナ禍後は、環境や観光資源を保全する動きがさらに強まり、観光地ごとにさまざまな規制が導入されている（9章参照）。具体的には、人気観光スポットの入場料や駐車料金の値上げ、事前予約制、客数の上限や観光地を一時閉鎖する期間の設定等である。

②新たな指針：レスポンシブル・ツーリズム

観光客の増加に伴う問題を早期に取り上げ、解決を図ることとは別に、ハワイが近年、取り組みを強めているのが「レスポンシブル・ツーリズム（責任ある観光）」（詳しくは8章参照）である。レスポンシブル・ツーリズムとは、ハワイを訪れる観光客が地元の考え方や生活習慣を尊重し、風土に根ざしたハワイ文化を深く体験・理解しようとする観光のスタイルである。よく使われる「サステナブル・ツーリズム」が、観光地側の住民や事業者が観光資源やコミュニティの保全を目指す考え方であるのに対し、レスポンシブル・ツーリズムは観光客と地元との関係や、観光客の自律的な関与（コミットメント）を重視する点が異なる。

ハワイがレスポンシブル・ツーリズムに取り組む理由として3点を指摘できる。

まず、観光に対する受け入れ側コミュニティの視線が厳しくなる可能性がある。1990年代以来高水準であった住民満足度は、2010年代初めから低下が目立ち、2022年春以降は安定傾向にあるものの予断を許さない。たとえば、2023年春の住民意識調査では「観光が問題よりも利益をもたらしている」とした回答者の割合が52%と過半数を超えたものの、2022年調査に比べて5%ポイント下落した。観光局としては、関係機関との連携を強め、住民感情に寄り添う対応にさらに注力する方針である。*10

次いで、観光客の行動の変容である。観光客の嗜好は、有名スポットを見物する従来の周遊型観光から、「今だけ、ここだけ、あなただけ」という特別感やユニークさを追求するツアー、あるいは観光地化されていない「本物」の地元体験を楽しむコト消費型観光へと移りつつある。近年のハワイ観光の好調は、旅行者のこのような嗜好の変化に応じて、固有の自然や文化、生活スタイルを深く体験する旅行商品を提供できたことに多くを負っている。半面、地元住民の生活空間や伝統、訪れる人の少ない自然環境に観光客が深く立ち入り、影響を及ぼすことは大きな懸念材料といえよう。

最後に、観光客を受け入れる地元社会の動きもある。近年、ハワイの伝統や文化を見直し、次世代に引き継ごうとするハワイアン・ルネサンスが生じ、観光客にも尊重を求める風潮が見られる。たとえば、若手世代でハワイ語を話すことができる人は一時2500人まで減ってしまったが、近年は3万人まで復活している。観光局もハワイ島をブランディングする際に使用していた「Big Island」という呼称を、地元の意向を容れる形で伝統的な「Island of Hawaii」に戻すなど、ハワイアン・ルネサンスへの配慮が見られる。

このような要因を踏まえ、レスポンシブル・ツーリズムを具体的に進めるため、ハワイの観光関係者が力を入れている主な取り組みを4点紹介する。

第一は、レスポンシブル・ツーリズムにおいて求められる立ち居振る舞いやマナーの「見える化」である。サンゴ礁の上に立たない、野生のウミガメからは3メートル、アザラシからは6メートル離れる、特定の物質を含む日焼け止めは使わない等、詳細かつ具体的に項目化し、広く情報を開示し遵守を呼びかける。

第二は、ハワイの文化に対して理解と敬意を示し、マナーを守れる観光客にターゲットを絞ったマーケティングである。あらゆる来訪者を闇雲に受け入れるのではなく、社会・自然環境に対する影響を考慮に入れながら旅行会社を選んだり、クルーズやツアーの旅程を吟味する、あるいはハワイへのリスペクトを惜しまない客層の開拓と保持に努める。

第三は、情報発信、啓蒙活動である。観光客を受け入れる地元の感じ方や方針、および最初に述べた「見える化」したルールを、観光客に訴求する取り組みが広く行われている。観光局はハワイ便の機内、あるいは自然・社会環境に特段の配慮が必要なゾーンの入口で、洗練された啓発ビデオの放送や冊子の配布を行っている。さらに、現地を訪れた観光客の情報端末に、タイミングを計って注意事項を配信するアプリケーションが社会実装されつつある。

旅行会社やランドオペレーター（主に現地の手配を行う事業者）は観光客との接点が多く、要望を具体的に伝えることができるため、観光局は彼らとの連携・協力関係を保つよう腐心している。たとえば、観光局からの要望として、ハイキングやダイビングツアーの説明を観光客に行う際、見どころや撮影ポイントばかりを強調するのではなく、野生生物と遭遇しがちな地点や注意事項を知らせたり、安全なルートを推奨するよう、旅行会社やランドオペレーターに伝えている。

観光局は、観光客を受け入れる側の住民に対し、ハワイ固有の自然や文化、歴史を伝え、シビック・プライドを高める取り組みも行っている。たとえば、地域の伝承や歴史の解説を受けたうえで伝統行事を鑑賞する学習プログラムに対し、観光局は地元のNPOや住民組織、学校等と連携して助成を行っている。コミュニティサポートプログラムと名づけられたこの取り組みは、自然保護、文化の継承、コミュニティ支援、次世代育成の4分野を対象としている。住民が観光のメリットを実感する機会であるとともに、これらの地域活動が近年人気の「コト消費」のコンテンツ造成に役立つことから、住民と観光局にWin-Winの関係を築く契機にもなっている。

第四は、観光客がハワイ文化の継承に参加するプログラムやキャンペーンの提供である。ハワイ文化の理解を深めるため、観光局は「アロハ・プログラム」という教育サイトを開設し、ハワイスペシャリスト検定を実施している。2019年4月からは同プログラムの一環として、ハワイのライフスタイルの継承や自然保護に取り組む「アフプア・プロジェクト」を発足させた。プロジェクトの第一弾はハワイの固有種コアの植樹活動で、観光客やハワイに関心のある層の参加を呼びかけた。また、観光局はウェブサイト内の特設サイト「マラマハワイ」(マラマ=思いやり)では、レスポンシブル・ツーリズムに向けた現地の取り組みやさまざまなイベント、観光客にも可能な対応についての情報を提供している。

ハワイ州観光局が立ち上げた「アロハ・プログラム」のウェブサイト

ハワイの厳しい不動産関連規制をレスポンシブル・ツーリズムに活かすことが考えられている。もともとゾーニングが厳格なハワイであるが、近年は観光客が非リゾートゾーンに立ち入るケースが増えつつある。加えて、民泊やカーシェア等の普及により、観光ビジネスが市全域に広がる動きもある。こうした状況に対処するため、現状、以下のような取り組みが見られる。すなわち、ⓐ不動産賃貸料の上昇を招くとして批判が根強いバケーションレンタル（観光客向け短期滞在アパート）について、営業許可と利用条件を厳格化する、ⓑアメリカ国民でなければ不動産を取得できないとする条例を制定する、等である。なお、後者の条例については、2024年春にハワイ州上院を通過したものの、憲法違反を疑う声も一部で聞かれるため、今後の帰趨は不明である。

最後に、環境や観光資源の保全やインフラ整備のため、財源を拡充する動きも活発化している。これまでもハワイのホテル税は世界有数の水準であったが（ホテル税10・25％に消費税４・712％を加算）、２０２２年からは、さらに一部地域でホテル税が13・25％に引き上げられ、消費税と合わせて税率は約18％となった。加えて、知事主導の新たな環境保全スキーム、具体的には州外からの来訪者から徴収する「グリーン・フィー」についても、目下州議会で検討中である。背景には、２０２３年に甚大な被害をもたらしたマウイ島の山火事のような災害の一因として、気候変動を問題視する動きがある。

〈2〉リゾート型

1　タイ・ピピレイ島、フィリピン・ボカライ島——島の地理的条件を活かした入域規制

世界的に見て、観光人口は増加基調にあるが、なかでもアジア地域でその傾向が際立つ。経済成長によって所得水準が上昇した結果、厚みを増した中間層の多くが観光、特に海外に出かけている。

一般に、観光地の集客力は、観光客の送り出し国との距離が近いほど強固と言われる。日本もその恩恵に浴しているが、東南アジアのビーチ・リゾートの近年の集客力には目を見張るものがある。半面、オーバーツーリズム現象も生じているが、現地ではどのような対策が講じられているのであろうか。代表例としてタイとフィリピンの事例を紹介する。

1-1 タイ・ピピレイ島

(1) ピピレイ島の観光とオーバーツーリズムの状況

ピピレイ島はタイ南部のアンダマン海上に位置するピピ諸島に属し、2000年に公開されたアメリカ映画「ザ・ビーチ」(レオナルド・ディカプリオ主演)の舞台となったことから飛躍的に知名度が高まった無人島である。なかでも、三方をサンゴ礁で囲まれた小さなビーチのあるマヤ湾は、隠れ家的な雰囲気で人気が高い。

同島はタイを代表するビーチ・リゾートのプーケットから、スピードボートを使って2時間弱で到着する海洋国立公園の一部であり、プーケット観光のオプショナルツアーとして利用される場合が多い。つまり、ピピレイ島はプーケットを訪れる多数の観光客の分散先であり、オーバーツーリズム対策の一端を担う形で発展してきた。今や、同島自身がオーバーツーリズムに晒される立場に

この島を舞台にした映画の公開後、観光客が押し寄せるようになったピピレイ島
(©iStock.com / StudioBarcelona)

あるのは皮肉な現象といえよう。

マヤ湾を中心にピピレイ島を訪れる観光客は、近年、1日あたり4〜5千人、スピードボートは200台余りを数えるようになり、2016年10月〜2017年9月の観光客数は前年比20％増加の190万人となった。[*11] タイ観光局は、2018年9月までの観光客数は250万人、観光収入も前年度比19％増の6・7億バーツ（約23億円）に達したと推計している。

通常、タイの海洋国立公園は、雨季の5月半ばから10月半ばの閑散期には閉鎖されるが、人気の高いマヤ湾は通年で開放されてきた。年間を通じて多数の観光客が訪れた結果、海の生態系が損なわれ、なかでもサンゴへの打撃は甚大で、80％が死滅したとの調査報告もある。[*12] さらに、海のみならずビーチや後背地のジャングルについても、ゴミや排泄物による汚染が目立つようになった。

ピピレイ島に急増した観光客向けの商店（©iStock.com / TravelPics）

(2) オーバーツーリズムへの対応

2018年4月、タイ国立公園・野生生物保護局（以下、国立公園局）は6月以降マヤ湾を閉鎖し、生態系の回復に取り組む方針を公表した。当初、閉鎖期間は4カ月の予定で、その間サンゴの養殖作業等が行われた。しかし、生態系や自然環境の回復が思わしくないことから、閉鎖期間は繰り返し延長され、2021年末まで続いた。

2022年1月、ビーチの部分的再開に伴い、国立公園局は1日あたりの立ち入り人数を最大2千人としたほか、マヤ湾から離れた島の反対側の浮き桟橋をボートの主な停泊場所とする、シュノーケリングの可能な区域や料金を設定する、等の措置を講じた。また、他の海洋国立公園と同じく、雨期に閉鎖期間を設けて生態系や自然環境の回復を促す取り組みも始まった。島への上陸と退出を記録するeチケットによって、事前予約と滞在時間の制限、国立公園利用料の支払いを管理する方式も導入されている。

2000年代以降、ピピレイ島を含むピピ諸島では観光ビジネスが急速に発展しており、マヤ湾の閉鎖を決めた国立公園局への反発は小さくなかった。しかし、タイ政府が「オーバーツーリズム状態を放置すると、環境破壊が進行して観光ビジネスが立ち行かなくなる」と時間をかけて説明したため、地元住民や事業者の理解が進み、現在は抗議活動等はほとんど見られなくなった。

マヤ湾の閉鎖中も、それ以外のビーチは制限付きで開放されていたため、最も開発の進んだピピドン島の観光事業者を中心に、マヤ湾以外の見どころについて、プロモーションを強化する動きが見られた。また、国立公園局では自然環境の回復に向けた努力をマーケティングに活用し、欧米や日本市場向けに、環境に配慮した旅行商品を「グリーンルート」と名づけて販売している。

1-2 フィリピン・ボラカイ島

(1) ボラカイ島の観光とオーバーツーリズムの状況

群島国家フィリピンの中部に位置するボラカイ島は、2012年、アメリカの旅行専門誌「トラベル&レジャー」で世界最高の島に選ばれ、また2014年と2015年には、旅行口コミサイト「トリップアドバイザー(tripadvisor.com)」のアジアのビーチトップ10にランキングされ

リゾート客であふれるボラカイ島のビーチ（©iStock.com / artran）

た人気観光地である。フィリピン観光庁の調査によると、2017年には200万人以上の観光客が、周囲20キロ足らず、人口5万人の小島に集中し、観光収入は560億ペソ（約1100億円）、約3・6万人が関連ビジネスに従事していた。[*13]

観光客の増加に伴い、ボラカイ島には簡易な宿泊施設や従業員宿舎、飲食店やマリンスポーツ関連の店舗が急増したが、なかには建築許可を得ておらず、土地利用やゴミ・下水処理等が杜撰な施設も少なくなかった。深刻な海洋汚染や土地の違法開発が顕在化したため、フィリピン政府は2018年4月、ボラカイ島が災害状態にあると宣言し、全島を4月末以降一時閉鎖したうえ、違法建築物の撤去やゴミ・汚水の適正処理システムの導入に取り組んだ。

(2) オーバーツーリズムへの対応

観光客向けの飲食店、小売店が並ぶ、ボラカイ島の Dモール（©iStock.com / artran）

突然の決定に観光事業者からは強い反発の声があがったものの、強権的政治手法で知られるロドリゴ・ドゥテルテ大統領が主導し、閉鎖は断行された。すでに入っていた70万件にのぼる宿泊予約はキャンセルされ、同島へアクセスする空港便も減便された。働き場所を失った労働者には緊急の災害給付金が支給され、店舗の経営者にも補償金が支払われたが、海外からの観光客の受け皿として活動してきた外国籍のツアーオペレーター（現地ツアーの手配業者）やダイビングのインストラクター等は対象外とされた。違法建築・営業等を見逃してきた行政関係者の処分も行われ、市長が停職となったほか、16名の職員が注意義務違反を問われた。

閉鎖期間中、自然保護区域内に違法に建てられていた千軒余りの宿泊施設や商店、従業員宿舎、アパートは営業停止となり、撤去された。また、道路網の舗装・拡張や水インフラ、特に下水道施設の整備が進んだ。

閉鎖当初、ボラカイ島への玄関口である隣島の空港には厳しいチェック体制が敷かれ、原則、住民以外の入島は禁止された。さらに、海から不法に上陸する試みに備え、警官による厳重な島内パトロールも行われたが、島内に大きな混乱は生じなかった。

２０１８年10月末以降、閉鎖を段階的に解除する方針が示される一方、環境と生態系保護に向けた新たな規制が公表された。具体的には、１日あたりの入島客数および宿泊客を含む滞在客数が制限され（６４０５人と1万９２１５人）、ビーチでのゴミ投棄、飲酒、喫煙、焚火、パーティ、露店営業のほか真っ白な砂を使った名物の砂山づくりも禁止された。ビーチパラソルやベッド、日焼け止めや使い捨てのプラスチック容器の使用も禁止されたほか、島ならではのファイヤーダンスの松明《たいまつ》はＬＥＤに変更され（現在は中止）、名物の砂山づくりは２０１９年に解禁されたものの、砂の持ち帰りは引き続き禁止されている。マリンスポーツについては、公認ガイドが帯同のうえ、規制された海域で楽しむ方式となっている。

宿泊施設には排水処理システムの整備が必要とされたため、２０１８年秋に営業再開が認められたのは一部にとどまった。そうしたなか、観光客は日帰りも含めて空港で宿泊・リゾート施設の予約確認書を提示するルールが導入された。なお、再開時点ですべての工事が完了していたわけではなく、２０２３年時点でも舗装や排水設備の工事個所が散見される。とはいえ、これまでの取り組みで環境が改善したことは事実で、綺麗になったビーチを訴求したツアー商品の造成が盛んになっている。客層には多少変化が生じており、閉鎖前はビーチでのパーティや大音響で音楽を演奏するクラブ等を目的とする若い個人客が多かったのに対し、家族客の比率が高まる傾向にある。

コロナ禍以降は世界的に自然体験型観光が人気を呼んでおり、ボラカイ島の集客力も上昇傾向にある。2022年のイースター休暇には、限度以上の観光客が島に滞在したため、一時は客数上限の引き下げも取り沙汰された。現在のボラカイ島は持続可能な観光地を目指し、ⓐビーチ等観光スポットの清掃の強化、ⓑビーチ等観光スポットにおける各種規制の徹底、ⓒ海外線の保全や緑地の確保といった土地利用ルールの導入、ⓓ住民意識向上に向けた、ゴミ捨てルール等の啓発活動、ⓔ自然エネルギーの導入や地産地消など島の環境に優しい観光振興、に取り組んでいる。

2 スイス・ツェルマット村 ——カーフリーの観光スタイルを広めるアルプスの村

ビーチにおけるオーバーツーリズムに対し、山岳リゾートの場合、どのような状況になっているのであろうか。スイスの小村ツェルマットはヨーロッパ有数の山岳リゾートであり、19世紀半ば以降、登山客をはじめとする観光客の受け入れ態勢を整えてきた。

ツェルマットはスイスの南西部、マッターホルンの麓に位置する人口6千人足らずの村である。そもそもは高地で冷涼な気候、山がちな地形という制約下で小規模農畜産業を営む寒村であり、イタリアへの街道沿いの風光明媚な宿駅であった。リゾート地としての歴史は比較的浅く、19世紀以降、イギリスの富裕層の間で起きた大陸への旅行ブームのなか、モンブランやアイガーなどアルプスへの注目度が高まり、1865年にイギリス人登山家がマッターホルン初登頂に成功すると、登山の拠点としてツェルマットの知名度はにわかに高まった。19世紀末に登山鉄道が開通し、その後、道路や滞在環境の整備も進むにつれ、来訪者の増勢は加速した。現在は冬のスキー、夏のハイキングや文化イベント等により、通年で世界中から観光客を惹きつける山岳リゾートとなっている。

マッターホルン山麓に位置するツェルマットのメインストリート（©iStock.com / mbbirdy）

(1) ツェルマット観光の現在

ツェルマット（周辺の村を含む）の延べ宿泊客数は、コロナ禍の影響で2021年に161万人ま

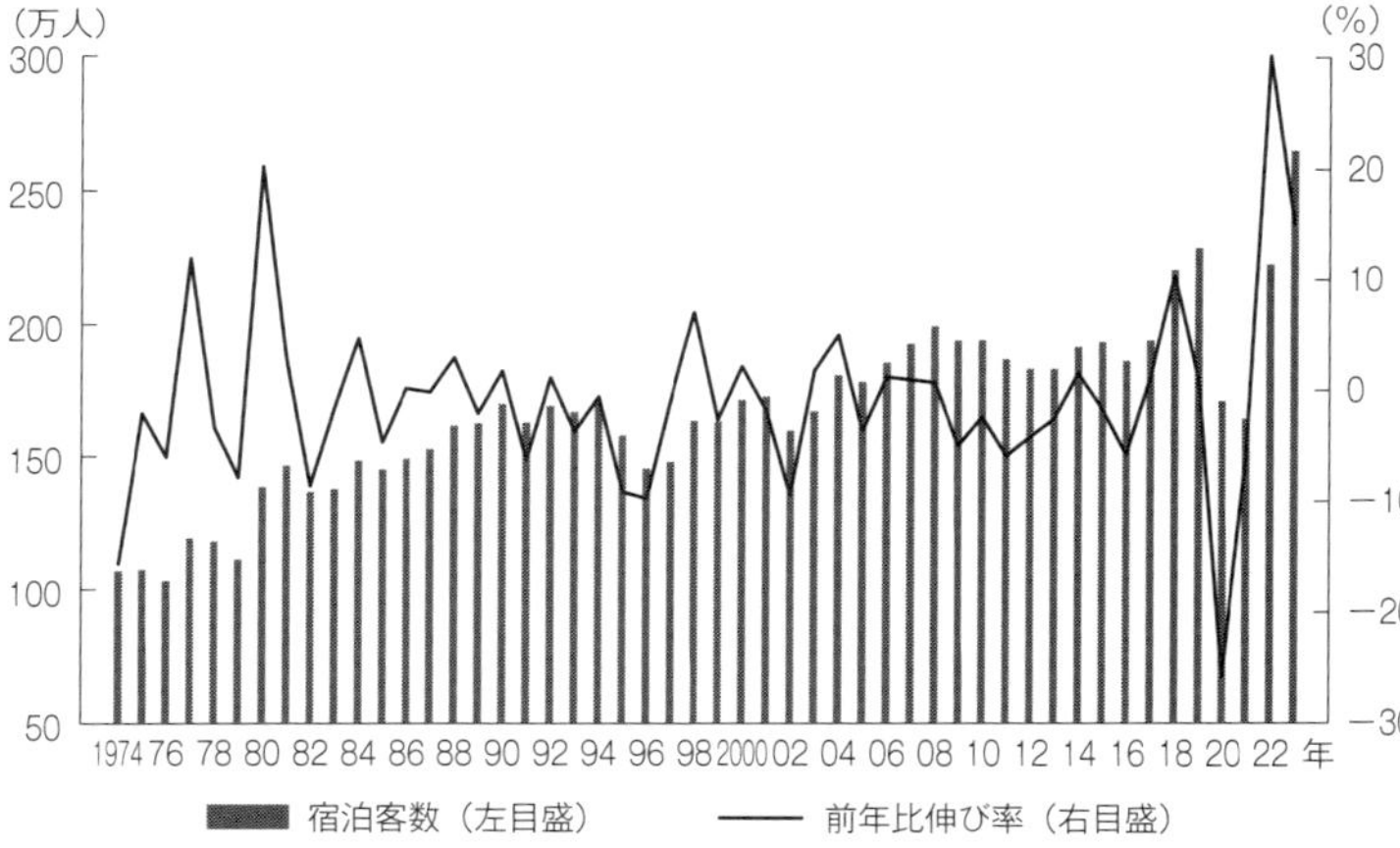

図７　ツェルマット村の宿泊客数の推移
（出典：Zwrmatt Tourismus, JAHRESBERICHT各年版に基づき筆者作成）

で落ち込んだものの、回復は早く、２０２３年には前年比19％増の２６７万人泊に達した[*14]（図７）。高級ホテルから安価な民宿、短期滞在型アパートなど、さまざまなニーズに対応した宿泊施設には、村の人口の約５倍に相当する３万床超が用意され、観光客を受け入れている。

２０２３年の宿泊客を国籍別に見ると、スイス国内からが全体の42％を占め、次いで長年２位であったドイツを抜いてアメリカ（11％）、ドイツ（７％）、イギリス（５％）、フランス（２％）の順となっている。ちなみに、２０１９年に５位であった日本は11位に後退し、アジア諸国の中でも台湾やシンガポールの後塵を拝している。このように、ツェルマットにおける海外客の宿泊比率は高く、国内宿泊者の比率が76％を占める日本はもちろん、EU域内と比べても世界的リゾートといえる。

(2) オーバーツーリズムへの対応

ツェルマットの特徴として、車の利用を規制する「カーフリー・リゾート」を挙げることができる。観光客が自家用車で来訪することはもちろん、村在住の個人や法人であっても、村内へのガソリン車の乗り入れは禁じられている（住民は村はずれに駐車すれば村外での利用は可）。ツェルマットへ向かう観光客は、一つ手前のテッシュ村に設けられた4千台以上が利用可能な駐車場に自家用車を停め、登山鉄道のシャトル便に乗りかえて村に入らなければならない。

カーフリー方針が採用された経緯を見ると、スイス全土では19世紀末以来、順次道路整備が進められたものの、ツェルマットまでの延伸には莫大な費用がかかり、負担を求められたツェルマット村民は道路整備を断念した。１９６０年代に入ってモータリゼーションが進展すると、簡易な村道が開通していたツェルマットでも自家用車の解禁を求める声があがったが、村民の討議の末、「車は不要」の方針が確認された。

背景には、平坦な土地が貴重なツェルマットでは、住民はともかく観光客向けの駐車スペースを確保しようとすると、観光資源である街並みを損なう可能性が極めて高いこと、鉄道利用の観光客の方が、来訪のタイミングを把握したり観光地・宿泊施設への案内が容易である事情があった。その後も道路の整備・拡張はたびたびＤＭＯ等で議題にのぼったものの、観光客の間にもツェルマット＝パーク＆ライドというイメージが浸透しており、カーフリーの方針は維持されてきた。

ゴルナーグラート鉄道駅と電気自動車のタクシー
（©iStock.com / Dmitry_Chulov）

現在、ツェルマットではマッターホルンの景観を損なう大気汚染物質を排出しないよう、原則、低速（時速25キロ程度）の電気自動車のみの走行が認められている。用途は観光客用のタクシー、レンタカー、ホテルや観光施設が保有する小規模なバスで、村の工場で組み立てられた、ゴルフ場のカートを思わせる簡素な造りである。ただし、救急車両や除雪車、ゴミ処理等の用途については一般車両が使われている。

このように、ツェルマットでは、自動車が普及した後に乗り入れを規制したわけではなく、地理的・社会的条件から自動車利用が遅れるなか、カーフリーに行きついた。観光客の集中→問題の発生という一般的なプロセスを経ていないものの、将来のオーバーツーリズムの発生を予見し、早期に対応したという意味で、ユニークな事例といえよう。

自動車が使えないために地元では建築資材その他の調達が難しく、また生活コストを押し上げる等の批判も聞かれるなか、カーフリー・リゾートが維持されている理由として、以下の2点を挙げることができる。

一つは、観光客の受け入れ態勢と、セールスポイントである自然や景観および地域住民の生活環境の双方を重視する、バランスのとれた観光地経営である。もう一つは、17世紀以来の住民自治の伝統があるツェルマットでは、ホテルの所有・経営など観光ビジネスが住民主導で行われてきたため、外部資本のような短期的な開発志向に陥らず、非効率ともいえるカーフリー方針が長く遵守されてきた。

カーフリーを貫く一方、ツェルマットでは、不便を押して来訪する観光客の滞在を快適にするため、さまざまな工夫を凝らしている。まず、車に代わる移動手段として、各方面にアクセス可能な登山電車やケーブルカー、ロープウェイ、リフトが用意されている。大きな車窓を備え360度回転する最新機種のゴンドラや、高峰に渡され複数区間をつないで国境をも超える長大なリフトなどは、単なる移動手段の域を超え、乗車体験自体が有力な観光商品となっている。

また、電気タクシーや電気バスに通行規制を課し、観光客が村内を快適に散策できるようにしている。具体的には、ⓐ遊歩道を設けて車両通行が全面的に禁止される時間帯を設定し、村内散策に観光客を誘導する、ⓑ村の周縁部に電気自動車が自由に通行できる迂回路を整備する、等である。

さらに、ホテルや娯楽施設の滞在環境を整える、体験型観光商品やイベントなどの内容を充実させる、余所にはない土産物や食事を提供するなど、質の高い観光体験を提供する取り組みも行っている。観光に従事する人材については、ガイドやインストラクター資格の取得時にサービスに関する講習を義務づけたり、ホスピタリティを専門的に取り扱う世界レベルの学校を開設するなど、観光客の長期滞在やリピーター化を促す取り組みが続けられている。具体的には、20年間に20回訪問した顧客を「ロイヤルゲスト」と認定する制度がある。ロイヤルゲストには金色のマッターホルン型バッチが贈られ、ツェルマットの住民はそれを目印に、親しみを込めつつ特別感あふれるもてなしを行うことで、ツェルマットへの愛着を醸成し、リピーター化を促そうとしている。

ツェルマットのこのような方向性が成功を収めたことから、スイスでは他にもカーフリー・リゾートが複数誕生した。１９８８年には、これら9自治体による「スイス・カーフリー観光地共同体」が組織され、質の高い観光体験の提供と環境保全の両立を目標に、対外的なプロモーションや情報交換等を行っている。

今後のツェルマット観光の課題として、滞在時間の短期化への対応がある。コロナ禍の前から、マッターホルンをはじめとする人気スポットを日帰りで訪れ、宿泊どころか食事もしない観光客が増えて地元経済への打撃となっていた。宿泊業者を中心に、朝夕の自然鑑賞、日中のスポーツ体験を盛り込んで滞在時間を延ばすツアーの開発が進められたが、こうした取り組みは鉄道業者との間に利益相反をきたすことから、地元一体の対応は難しいのが実情である。

また、コロナ禍に際し、他の著名観光地と同様、ツェルマットも大きなダメージを受けた。スイスのスキーリゾートはコロナ禍の下でも営業を続けたが、２０２０～21年にツェルマットを訪れたのはドイツやイタリアなどの近隣客が大半を占め、遠路来訪する観光客は激減した。この影響で不振に陥った宿泊施設や飲食店、土産物店等の廃業が見られるなか、ツェルマットは観光の再開に備えて街路や撮影スポットの整備、イベントの刷新等を進める一方、観光客の来訪時期や観光ルートを分散させる新たな取り組みにも着手している。

〈3〉稀少資源型

1 エクアドル・ガラパゴス諸島——環境保護と島民の生活の共存

南米大陸のエクアドル領ガラパゴス諸島は、本土から千キロ離れた太平洋上に位置し、火山の吹き出し口から生まれた大小の島・岩礁からなる。成立以来一度も大陸と地続きになったことがなく、風、潮、鳥によって運ばれた生物からなる特殊な生態系が維持されており、固有種が多い。16世紀半ばに西側社会に「発見」された当時は無人島であったが、その後、少数の漂流者や海賊、漁民・農民の定住が始まり、1835年にイギリスの自然科学者チャールズ・ダーウィンが来島し、その研究成果が公表されると、「進化の実験室」として広く知られるようになった。

ガラパゴスでは観光客と野生生物との距離が近い（©iStock.com / SoopySue）

その後、移住者が食用に持ち込んだヤギが大量繁殖したり、捕鯨船の乗組員等がゾウガメを食料とするため大量捕獲するなど環境破壊が顕在化したため、20世紀半ば以降、「生態系の保全」を最優先に、外部の生物・土等を持ち込まない、現地の動植物に触れない、石等も含め持ち帰らないなど厳格な保護体制を敷いている。

1970年代からガラパゴスを訪れる観光客が増え始め、1978年にユネスコの世界遺産第一号に登録されたことをきっかけに、来訪者はさらに増加した。加えて、観光ビジネスに従事しようと本土からの入植者も相次いだことから、ガラパゴスの自然環境、生態系は依然として脆弱な状態にある。

現在、ガラパゴスの管理運営は、1968年に設置された「ガラパゴス国立公園管理局」（特に現地事務所）が中心となり、1959年に設立されたチャールズ・ダーウィン研究所（チャールズ・ダーウィン財団（ベルギー・ブリュッセル）が運営）がブレイン的役割を担っている。それらの取り組み、特に行動規制の厳格化や規制対象の範囲拡大、住民へのアプローチなどの変遷は、オーバーツーリズム対応の先駆的事例として興味深い。

(1) ガラパゴス観光の現在

コロナ禍以前にガラパゴスを訪れた観光客数は図8の通りで、前年比マイナスとなる年もなかにはあるが、おおむね順調な伸びを示している。２０１９年の観光客数27万人を20年前と比較すると約5倍、40年前との比較では23倍に当たる。観光客の国籍別ではエクアドル国内が約3分の1を占め、アメリカ(29%)、イギリス(5%)、ドイツ(5%)、カナダ(4%)など欧米からの来訪者が多い。*15

(2) オーバーツーリズムの状況

観光客の増加に伴い、ホテル等が建設される市街地も拡大しており、ダーウィン研究所のあるサンタクルス島の場合、１９８１年に比べて２００９年の市街地面積は約5倍となっている。エネルギー消費量も同じく増加の一途を辿っており、２００３年と２０１４年におけるサンタクルス島の熱量ベースの消費量を比較すると、２倍以上に増えている。

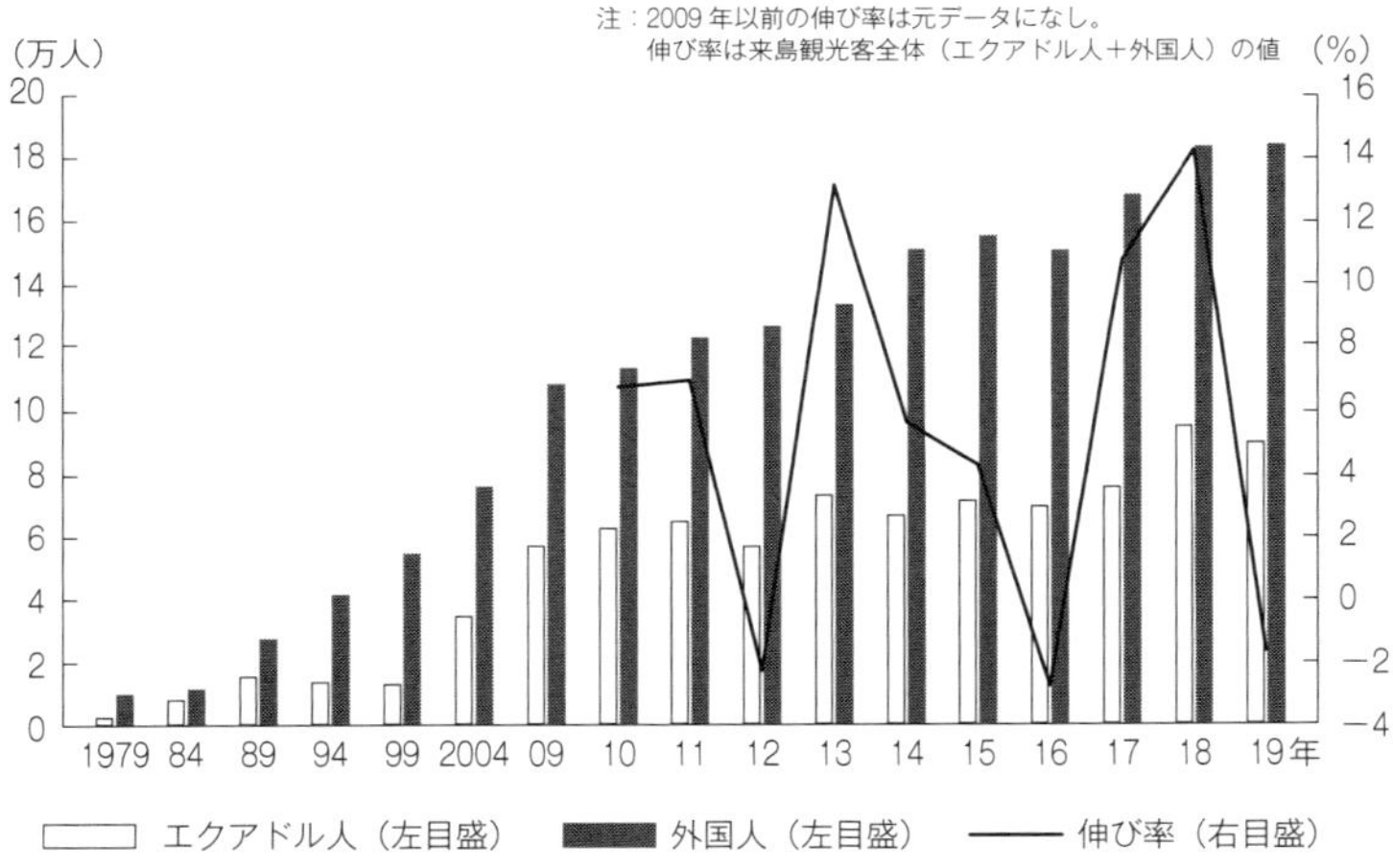

注：2009年以前の伸び率は元データになし。
伸び率は来島観光客全体（エクアドル人＋外国人）の値

図8　ガラパゴス諸島の観光客数の推移
（出典：日本ガラパゴスの会提供資料「ガラパゴス国立公園入島者数統計」ほかに基づき筆者作成）

観光ビジネスの伸長により問題化した入植者（後述）については、１９９８年に新規入植の禁止と不法滞在者の本土送還の強化が打ち出された。このため、人口増加率を見ると、１９９０～２０００年の平均値が６％であったのに対し、２００１～２０１０年までの平均値は２％と急減している。[*16] ただし、すでに入植している移住者から子孫が誕生しているため、人口の絶対数は増え続けている（図９）。

ダーウィンの『種の起源』が刊行されてから１００年目に当たる１９５９年を契機に、自然保護の取り組みが本格化した。まず管理当局（以下、ダーウィン研究所とガラパゴス国立公園局を指す。ただし１９６８年まではダーウィン研究所のみ活動）が着手したのは、絶滅の危機にあったゾウガメとリクイグアナの保護であった。次いで人間が利用可能な居住区と保護区を

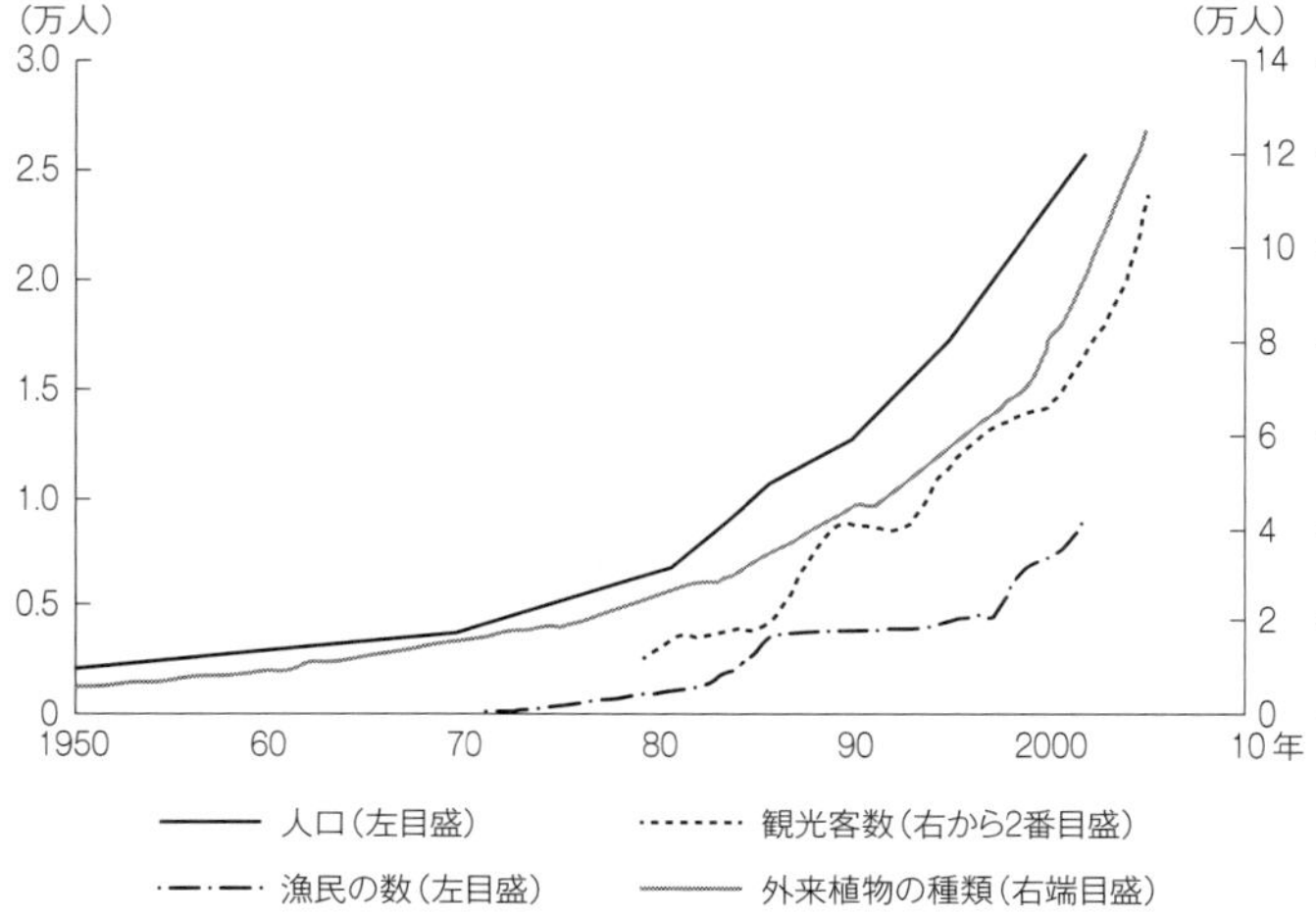

図９　ガラパゴス諸島の人口等の推移
（出典：日本ガラパゴスの会提供資料（原典：チャールズ・ダーウィン財団資料）に基づき筆者作成）

厳密に区分することにより生態系に対する人為的介入を排除し、ありのままの自然を保つことに注力した。居住区に指定されたのは島全体のわずか３％で、残り97％の保護区は原則、住民か観光客かを問わず立ち入り禁止である。ただし、保護区内には海陸合計１７６カ所（２０２１年３月現在）の「訪問スポット」が指定されており、例外的に観光が認められている。これらスポットの運営について、管理当局は10年単位の観光計画を策定し、自然保護の実情や脅威となる現象・要因を日常的に観察、分析し、１日あたりの入域人数の上限や立ち入り日数に反映させている。

観光は、ガラパゴスの最優先命題である自然と生態系の保全に必要な費用を調達するものと位置づけられ、徹底的な「管理観光(Management Tourism)」、すなわち観光客を対象とした厳格な行動規制の下で行われている。

主な規制としては、ⓐ入域時に観光客の登録と入域料（2024年5月現在、外国人の大人は100ドル、後述）の徴収、検疫を義務づけ、外地の動植物の持ち込みを厳禁し、衣服についた余所の土や種子を落として初めて、島内への立ち入りが認められる、ⓑ自然への負荷を抑えるため、1日あたりの訪問スポット（2カ所）や人数・滞在時間の上限、移動手段・径路等を規制する、ⓒ島内ツアーには専門知識を持ち、多言語対応が可能な登録ナチュラル・ガイドの帯同を義務づけ、登録ガイドはガラパゴスの稀少性や自然保護の必要性、島内ルールを観光客にレクチャー（環境教育）し、ルールに外れた行動を制止する、ⓓ観光船を登録制とし、訪問スポットを巡る運行スケジュールや乗船人数等を管理・統制する、等である。

しかし、このように厳格な管理観光をもってしても、外来種が侵入し自然や生態系を脅かす事態を防ぐことはできなかった。主な原因は、島での観光関連ビジネスが活発となる一方、エクアドル本土の経済状況が悪化したため、ガラパゴスへの移住者が急増したことである。1950年代まで、諸島全体の居住者は3千人以下であったが、1980年代以降は年平均約6%増加し、現在の人口は約3万人に迫る（図9）。これに伴い、本土から建築資材や生活物資、食料が大量に輸送されたが、これらの荷物に付着する形で島内に入る外来種の侵入圧力は高く、2001年には600種以上の外来種が観察され、特に植物については在来種の種数を凌駕するまでになっている（図9）。

また、零細な一部の移住者は就労先を得られないまま海洋資源を採取する「にわか漁民」に転じた。漁場や資源管理のノウハウを欠く漁業活動により、陸地に劣らぬ固有種を誇る海洋資源の一部は1990年代には壊滅的な状況に陥った。この事態を前に、管理当局は禁漁期の導入や漁獲上限の設定などの規制強化に取り組んだが、生活権を主張する住民から強い反発を受け、本土の政治家の介入もあって事態は紛糾した。

対立が解消に向かったのは、1990年代半ば以降、ユネスコがガラパゴスの現状を放置すれば危機遺産リストに登録するとたびたび警告したことによる。1998年、大統領は非常事態宣言を発し「ガラパゴス特別法」を制定してⓐ地元の漁民や観光事業者の代表、NPOを含めた合意形成スキームの採用、ⓑ移住者の抑制、ⓒ特定種の漁業規制と資源管理の強化、ⓓ海洋への保護区指定の拡大、等の措置をとることを表明した。この結果、危機遺産リストへの登録はいったん見送られ、2001年には海洋保護区も世界遺産に追加された。しかし、前述のⓐ～ⓓの措置の一部は期待された効果をあげられず、危機的状況は続いたため国際社会の目は厳しさを増した。

2000年代に入り、再びユネスコから複数回にわたる警告が出された末、2007年にガラパゴスは危機遺産と認定された。その直前、大統領が保護政策を厳格に行う旨の非常事態宣言を発したにもかかわらず、ユネスコが危機遺産認定に踏み切った背景には、前回の大統領宣言のように実行がうやむやにならいよう釘を刺す意図もあったと見られる。

危機遺産リストへの登録を受け、ガラパゴスでは従来の管理体制を見直し、島民の全員参加による「社会環境システム（Social Eco-System）」の徹底に踏み切った。従来から地元関係者の関与が制度化されていたものの、合意事項が履行されないなど問題が多かったことを踏まえ、住民や漁民、農民などの小グループ単位で発言の場を設け、管理当局と率直な意見交換や協議を行うしくみが導入された。その結果、大量収容できる高層ホテルの建設計画の見直しや土産物の外部からの持ち込み規制に関して、住民と事業者の間に合意が形成された。また、女性やガラパゴス生まれの移住者の子弟を主な対象として、環境教育と郷土意識の醸成を図る措置もとられた。

住民対応の一方、管理当局は2000年から行っているツーリスト・モニタリング制度を活用し、環境容量の推計を政策に反映させている。これは、訪問スポットの環境や生態系の観察活動、ガイドからの報告や観光船の運航履歴から把握した観光客数等を踏まえ、各スポットへの影響度を推計するものである。ツーリスト・モニタリングの結果は、特定のスポットへの入域規制、トレイル（陸上で移動する場合、専用トレイル上のみ歩行可）のルート変更等に活用されている。これら一連の活動が評価された結果、2010年、ガラパゴスは危機遺産リストから除外された。

(3) オーバーツーリズムへの対応

現在、第5期の観光計画の下、ガラパゴスでは自然と生態系の保全を最優先に、観光の厳正な管理、島民生活との調和が図られている。基本的な方向性として、観光客の総量規制は行わないものの、量より質を重視する観光を目指す。具体的には、自然保護の重要性について島民の意識共有を図り、島民が観光ビジネスに深く関わり、主要な役割を担うしくみの構築に取り組んでいる。

自然保護に関する意識共有は、過去20年以上にわたる環境教育や啓発活動の成果である。国立公園局やダーウィン研究所が中心となって行われるこれらの活動は、充実した量と内容で目を引く。たとえば、ガラパゴスでは3歳から高等学校終了までの間、徹底した環境教育が行われている。かつては1年あたり200時間を環境教育に充てると言われたが、現在では、すべてのカリキュラムが環境と関連づけられている。学校教育が重視される背景として、島外からの移住が規制されているガラパゴスでは、次世代を担う若者の役割が大きいという事情がある。実際、若者が環境教育を通じて身につけた考えやノウハウを親の世代に伝え、稀少な資源が保全される例がしばしば見られる。

島民の間に「ガラパゴスの自然が生活の安定や幸福の基盤である」との意識が共有されるまでには、住民が同島に居住するに至った事情がハードルとなった。すなわち、大多数の住民は1980年代以降の移住者であるため、長く生活を共にすることで共有される記憶や風習、伝統が希薄であり、意識共有が難しかった。そのようななか、環境教育や啓発活動に力を入れることで、唯一無二の自然と生態系をガラパゴス固有のシビック・プライドとして位置づけ、重視する意識の醸成が図られたのである。

また、ガラパゴス特別法の制定以降、本土からの移住が原則禁止され、島での居住と就業も原則、島民に限定されたことで、観光ビジネスの主導権を島民が握る状況が生まれた。ホテルや観光船の経営・営業許可は島民が独占的に取得できる代わり、宿泊可能な人数や船の運行管理、自然や生態系への配慮、折に触れて当局へ島内状況を報告する義務など制約は多く、営業許可の更新手続きも厳格である。

登録ガイドについても、導入当初は外国人が多数を占めたが、現在は島民のみが資格を取得することを許されている（ただし、特別法制定以前に資格を取得した外国人ガイドは現在も活動可能である）。ガイドにはガラパゴスの環境や生態系、動植物に関する専門知識や多言語能力を身につけることが求められ、研修や試験が課される。1年ごとに厳しい更新要件をクリアしなければならない高度な専門職であり、ガラパゴスの子どもたちにとってガイドは憧れの職業となっている。

これらの動きに応える形で、学校教育にも、観光ビジネスに関係したカリキュラムが導入されており、特に英語教育は重点科目とされている。また、ある国立高校の調理科では、料理のプロを育てる課程が設けられ、ハイエンドな観光客の満足度を高める食事を提供するため、島内の食材を活用した料理を提供するレストランも運営されている。

かつて自然保護派と漁民の紛争が深刻化した苦い経験を踏まえ、漁民への対応にも工夫が見られる。日本政府の開発援助を受け、禁漁期に漁民が観光ビジネスに携わるブルー・ツーリズムが試みられている。ガラパゴスペンギンをはじめ珍しい海洋生物が生息する海域など、漁民しか知らない観光スポットに案内するブルー・ツーリズムの人気は一部で高く、観光ビジネスと漁民のWin-Winの関係を象徴する取り組みといえよう。

コロナ前後の状況を見ると、ガラパゴスの野生生物は観光の停止を受け、一時は本来の生態に戻りつつあった。しかし、行動規制が緩和されるや、厳しい入域ルールに安心感を抱く人々がガラパゴスを目指し、2022年は前年に倍増する観光客がガラパゴスを訪れた。2023年3月には、2019年比24%増、単月の過去最高となる観光客数（3・3万人）が来訪したことから、ツアー催行業者の団体が訪問規制の強化を求めてエクアドル政府に要望書を提出した。これを受け、政府（正式にはガラパゴス特別保護区管理理事会本会議）は1998年の導入以来初めて、入域料を改訂する方針を固めた。具体的には、12歳以上の外国人の入域料は現行の100米ドルから200米ドルに、ラテンアメリカの国家連携（アンデス共同体と南米南部共同市場（メルコスール））に参加しているアルゼンチン、ペルーほか7カ国は現行の50米ドルから100米ドルに、エクアドル国民は6米ドルから30米ドルに改訂される。大幅な引き上げの背景には、高額な入域料に観光客抑制効果を持たせ、ガラパゴス諸島の環境と観光を両立させる意図が伺える。新料金は2024年8月から適用され、収益は、引き続き自然保護、インフラの整備、ゴミ処理、地元コミュニティの振興に充てられる予定である。

2 ネパール・ヒマラヤ山脈——商業登山への対応に悩む世界の屋根

ネパールはユーラシア大陸の内陸部に位置し、インドと中国の二大国に挟まれた北海道の倍程度の広さの国土に約2800万人が暮らしている。東西に細長く、亜熱帯気候の平野部から8千メートル級の山々が連なるヒマラヤ山脈に至る国土にはさまざまな生物が生息し、近年も350以上の新種が発見されるなど貴重な自然、生態系が豊富に残されている。また、山がちな地形ゆえに交流が容易でなく、ネパール国内で使用されている言語は123種、民族・カーストは125種を数えるといわれ、多様な文化と生活様式が維持されている。国内には、世界遺産に認定されている伝統的建造物群が並ぶ首都カトマンズ、釈迦の生誕地ルンビニなどユニークな観光資源がある。

なかでも世界最高峰を誇るヒマラヤ山脈は山岳愛好家を惹きつけ、登山やトレッキングを目的にネパールを訪れる観光客は数多い。半面、限られた登山シーズンに、キャンプ地など特定スポットが過度に混雑することや、上下水道や清掃施設などの整備が至難であることから、

登山経験の浅い入山者も増加しているヒマラヤ登山（©iStok.com / fotoVoyager）

ヒマラヤ周辺では水質や土壌の汚染、生態系への負荷、ゴミ投棄などのオーバーツーリズム現象も深刻化している。

(1) ネパール観光の現在

ネパールは、旅行専門誌の公表する観光地ランキング上位の常連であり、世界有数のデスティネーションとして知られている。観光は国を支える基幹産業として重視され、赤字基調の国際収支において、観光分野の外貨収入額は671億ルピー(約637億円)の黒字をあげており、貴重な外貨獲得源となっている。

ネパール観光が本格化した1960年代以降、ネパールを訪れる外国人客(インバウンド)数は右肩上がりの成長を続けてきた(図10)。その後、1990年代半ばに国内情勢が不安定化したこと、2015年に大規模な地震が生じたこと等により一時観光ビジネスは停滞したものの、2016年からコロナ禍前の2019年にかけては、再び右肩上がりの成長を見せた。2018年にネパールを訪れたインバウンド数は前年比25%増えて117万人となり、初めて100万人を突破した。*17 翌2019年も好調を持続し、統計を取り始めた1964年の126倍に当たる120万人が来訪した(図10)。その後、コロナ禍でインバウンドは激減したが、2023年には約102万人まで回復した。国籍別ではインドが32万人、アメリカが10万人、中国が6万人の順となっている。日本

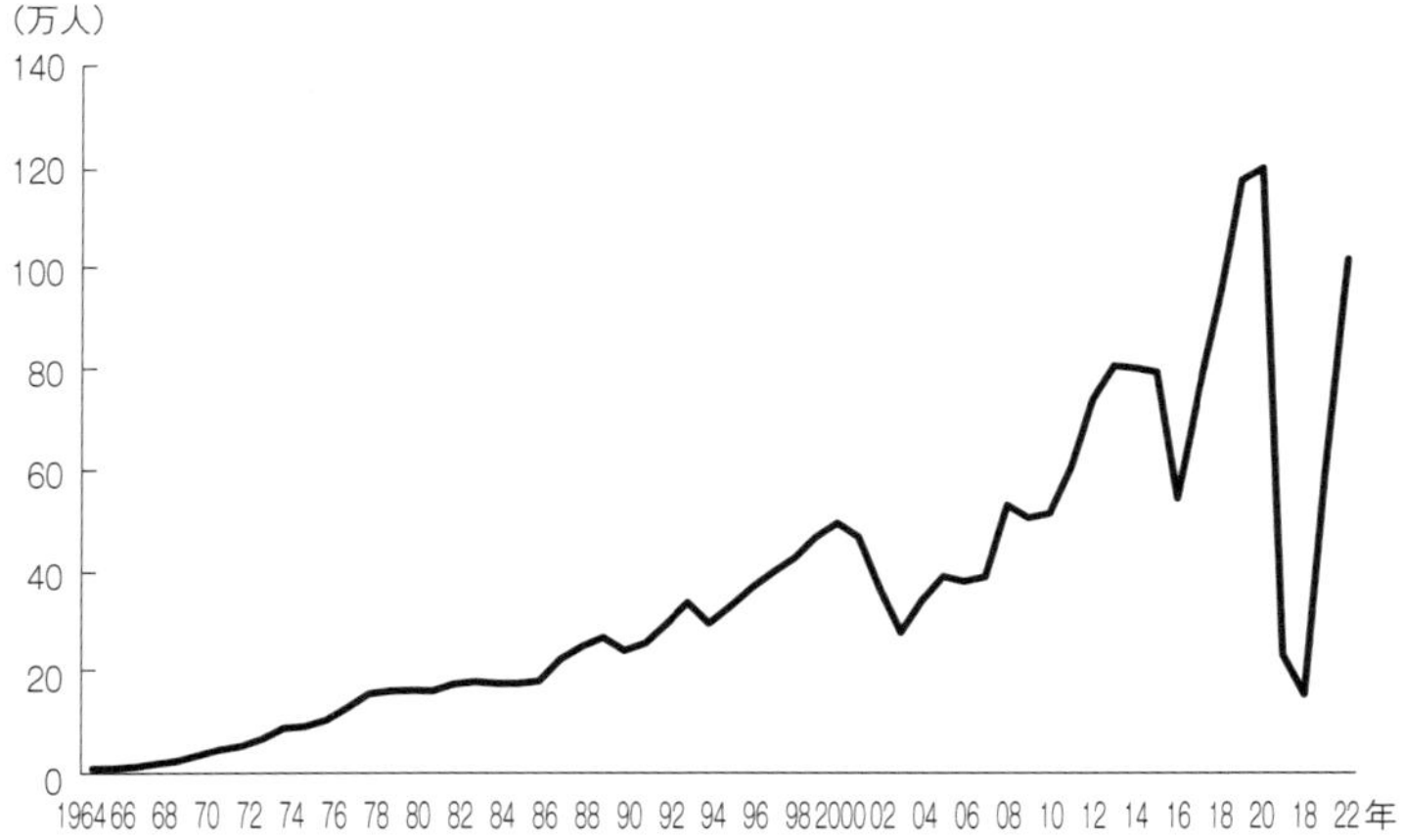

図 10　ネパールを訪れる外国人客数の推移
（出典：Ministry of Culture,Tourism & Civil Aviaition, Nepal Tourism Statistics、在ネパール日本大使館「図説ネパール経済 2024」に基づき筆者作成）

については、２０１８年に約３万人がネパールを訪れたが、コロナで激減した後の回復は鈍く、２０２３年の来訪客数は１・６万人であった。

また、ネパールを訪れるインバウンドの旅行目的を見ると（２０１６年）、休暇が65％、巡礼（インドからの観光客に多い）が11％、登山・トレッキングが９％となっている。

(2) オーバーツーリズムの状況

① ヒマラヤ登山の歴史

１９６０年代の半ば、ヒマラヤへの入域は一時禁止されていたが、１９６９年に解禁されると、世界最高峰に惹かれた多くの登山家や写真家が来訪するようになった。現在に至るまでヒマラヤ登山にはネパール政府の許可が必要であるが、１９８５年頃に規制が緩和されるまでは登攀《とうはん》ルートあたり1シーズンに入山が認められるのは1組限定であった。このため、当時はキャリアを積んだ登山家や国を代表するチームが中心であったが、規制緩和以降、多くの登山企画会社がツアーの販売を始め、一般の愛好家でも一定の費用を支払えばヒマラヤに挑むことが可能となった。ちなみに、春のハイシーズンの場合、入山料だけでも1人1・1万ドルと高額であるうえ、高地の環境に順応するためキャンプで過ごす数週間の滞在費用、装備費その他にも相当額が必要であり、通常、全体で500〜1500万円程度の費用がかかる。

②混雑

近年、登攀のノウハウが蓄積されたうえ、天候の予測技術の向上、装備の性能アップと軽量化等が進んだことにより、8千メートル級の山に挑むハードルは下がり、安全に登攀・帰還できる可能性は高まっている。半面、登山経験の浅い入山者が増えたこと、登攀に好適な天候をピンポイントで予測できるようになったことから、しばしば登攀ルートに渋滞が発生し新たなトラブルを招いている。

具体的には、登山者同士が狭いルート上で接触して転落したり、標高8千メートルのエリアで長時間の待機を余儀なくされるため、体力やボンベの酸素を消費して体調を崩し、最悪の場合はそのまま死亡するケースも少なくない。実際、2023年には、ネパール政府が過去最多の478人に対してエベレストへの登山許可証を発行したところ、登山中の死者は12名、行方不明者は5名を数えた。これは、地震による雪崩で20名以上の犠牲者が出た2015年以来最悪の状況と見られる。

③環境汚染

ヒマラヤ周辺には上下水道やゴミ処理施設が整備されておらず、登山客の排泄物やゴミは長年にわたり土に埋められるか放置されてきた。このため、水質や土壌の汚染が進行しており、水質調査の結果、ヒマラヤ山脈の麓ではカトマンズ周辺よりも高い汚染濃度が計測されている。さらに、近年の温暖化傾向によってヒマラヤ周辺の氷河が溶け出したため、これらの汚染物質が露出し、事態の悪化に拍車をかけている。また、登攀ルートの周辺では、登山の途中で死亡した多くの遺体が収容困難なために放置され、露出している光景も珍しくない。

④受け入れ態勢

登山者を受け入れる態勢とオーバーツーリズムの関係は複雑である。まず、激しい競争環境下にある登山企画会社はこぞって低価格の登山ツアーを大量販売するため、結果的に経験不足の登山者に門戸を開く事態を招いている。また、低価格ツアーは催行回数が多く、経験の浅いガイドやシェルパも動員されるが、コスト削減が求められるため、必要な研修や十分なトレーニングを受けずに実地に赴き、責任ある立場を任されるケースが少なくない。結果的に、ルート上で渋滞が発生した際に適切な行動がとれず、居合わせた他の登山者にまで広く悪影響を及ぼす。

高地登山に不可欠なシェルパや現地ガイド（以下、シェルパ等）の層が薄くなっていることも深刻な問題である。これらの職業は、ネパールでは破格の収入が得られることから、従来、多数が就労を望み、優れた人材基盤を形成してきた。しかし、最近の登山者は自ら装備を運ばなかったり、技術・ノウハウ不足で至る所で手助けを必要とするなど、シェルパ等の負荷は大きくなり、国外の登山ガイドに転じるなど人材の流出が生じている。

シェルパ等が巻き込まれる事故が増えているにもかかわらず、補償が手薄なことも後継者不足の一因といえる。シェルパ等は特定の村の出身者が多くを占める世襲的な職業であるが、増加する商業ツアーによって高収入を得たシェルパ等が次世代に高等教育を授けることが可能となったため、子弟が他の職業に就くケースは珍しくなくなっている。背景には、業務内容も環境も過酷なうえ、登山者から酷使される仕事を子どもに継がせることに消極的なシェルパ等が増えた影響がある。

(3) オーバーツーリズムへの対応

ネパール政府はこれらのオーバーツーリズム現象に対応するため、近年、以下のような施策をとっている。

①登山要件の厳格化

ネパール政府は登山許可証の交付要件を厳格化する意向をたびたび表明している。ただし、詳細な内容や施行期日が明示されずに終わることも少なくない。

まず、2015年9月、経験不足の登山者を減らす目的で、8千メートル級の登山許可を得るには、6500メートル以上の山に登頂した経験（登山経験ではなく）を必要とすることが公表された。また、2017年末には、単独行動や身体障害者による登山の禁止が公表され、併せて高齢者や17歳以下の若年者の登山を規制する動きも明らかとなった。

しかし、実際問題として、これらの規制が徹底されているかは不明である。要件を厳格化しているにもかかわらず混雑が悪化する現状と頻発するトラブルを問題視した外国の登山家からは、1シーズンあたりの登山者数に上限を設ける総量規制や、登山に求められる最低限の技量をリスト化し、チェックするしくみを求める声があがっている。しかし、登山はネパール有数の観光資源であり、とりわけ登山許可証の発行手数料は貴重な外貨獲得源であることから、ネパール政府の対応は消極的なのが実情である。

②安全管理

登山者の安全管理を強化する取り組みも始まっている。2024年の登山シーズンを前に、ネパール政府はすべての入山者に追跡チップの装着を義務づける方針を表明した。登山者は10〜15米ドルを支払ってGPSを搭載したチップをレンタルし、衣服に縫い付ける。チップは登山中、常時携帯する義務があり、下山後には返却されて再利用されるしくみである。政府は、事故の際、登山者の捜索・救助に要する時間が短くなるため、チップには被害を抑える効果があるとしている。

③清掃、ゴミ対策

2014年、ネパール政府はエベレストの登山者に対し、1人あたり最低8キロのゴミを持ち帰るよう義務づけた。持ち帰ったゴミは現地で処理するほか、プラスチックや金属ゴミは首都カトマンズまで運ぶ規定であった。それ以前にも持ち帰りルールはあったが、重さは問わないうえチェックも緩かったので、2014年の規制強化の際には、実効性を高める目的で罰則規定が設けられた。具体的には、一つの登山チームから4千ドルの預託金を集めるデポジット制を採用し、各メンバーが最低基準量のゴミを持ち帰らない場合には没収するしくみである。しかし、すでに多額の費用を拠出している登山客の多くは、危険を冒してゴミを持ち帰るよりも預託金の没収を選ぶ。背景として、近年の商業登山では、体力的あるいは技術的に自らの荷物を運ぶことすら難しい参加者が少なくないことが挙げられる。同行するシェルパ等も、雇い主の荷物を運搬しなければならないため、ゴミを持ち帰る余力がなく、制度は機能不全に陥っている。

2024年には、ベースキャンプより先の区間については、登山者が排泄物を持ち帰る規定も導入された。政府は排泄物を化学処理して無臭化する袋を登山者に配布し、下山後に持ち帰り状況をチェックするしくみである。

一方で、登山者自身が環境汚染問題を解決しようとする動きもある。山頂への到達は二の次とし、ゴミの持ち帰りを主眼とした登山ツアーの催行や、ベースキャンプの近くに排泄物を処理するバイオプラントを設置する取り組みなどである。2019年にスタートした「マウンテン・クリーンアップ・キャンペーン」（ＭＣＣ）では、春シーズンに登山者や自然保護組織の関係者とネパール軍が共同で清掃活動を行う。高地での活動は高山病などの危険を伴うが、周辺国を含めた貴重な水源であるヒマラヤ山脈の環境保全のため清掃は続けられている。２０２３年のＭＣＣは３月末から６月初めに行われ、前年を上回る35トンのゴミが回収された。こうしたゴミの約４割はリサイクルされ、分別作業を担う地元コミュニティに雇用をもたらすメリットもある。

④シェルパ等の待遇改善

２０１４年、シェルパ等に対して事故時の補償を手厚くする措置がとられた。直接の契機は、同年４月、エベレストで大規模な雪崩により16名のシェルパ等が死亡する事故が発生したことであった。この雪崩を機に、若手シェルパの間から２０１４年の残りシーズンはエベレストに登らない意向が表明され、さらに、シェルパと山岳ガイドの団体からネパール観光庁に対して13項目に及ぶ改善要求が提出された。

その結果、死亡時の保険金は従来の３倍の1・5万ドルに引き上げられた。また、政府の動きとは別に、登山関連の国際組織や登山家個人から、見舞金や遺児に対する教育支援等が提供されるようになった。しかし、政府が約束した山岳ガイド福祉基金は未だ実現しておらず、期待されたシェルパ・ガイド不足の解消は難しい状況が続いている。

＊1　ＵＮＷＴＯ「世界観光指標」２０１７年
＊2　国土交通政策研究所「持続可能な観光政策のあり方に関する調査研究」『国土交通政策研究』１４６号、２０１８年
＊3　＊2に同じ
＊4　沖縄経済同友会「欧州視察報告書」２０１８年10月
＊5　白石和幸「バルセロナが「観光客削減に踏み切る事情」東洋経済オンライン、２０１７年３月25日
＊6　ＴＢＳ ＮＥＷＳ23「セカイは今、バルセロナ「観光客減らせ！」のワケ」２０１７年７月26日
＊7　＊2に同じ
＊8　カタルーニャ語で「我々が決めよう」の意味。オープンソースで世界的に広がり、日本でも加古川市など複数の自治体が導入している。
＊9　ハワイ州観光局「Annual Visitor Research Report 2022」
＊10　ハワイ州観光局ウェブサイト、観光に対する住民感情を示す「２０２３年春の住民意識調査」の結果を発表、２０２３年11月１日
＊11　日本経済新聞、２０１８年４月１日
＊12　『Newsweek日本版』２０１８年４月11日号
＊13　Travel Voice、２０１８年４月７日配信
＊14　Zermat Tourismus, Jahresbericht 2023
＊15　日本ガラパゴスの会のウェブサイト
＊16　日本ガラパゴスの会資料、原典：「ガラパゴス国立公園管理計画２０１４」
＊17　在ネパール日本大使館「図説ネパール経済２０１９」２０１９年

5章

国内のオーバーツーリズム

前章で見た通り、海外では、観光客が急増、集中するあまり、深刻なトラブルが生じて住民の不満を招き、政治争点化するケースもあった。これに対し、日本国内のオーバーツーリズムの現状はどうであろうか。3章で整理した観光地のタイプを踏まえて事例を選び、オーバーツーリズムが発生した背景、問題の中身、解決に向けた取り組みについて見てみよう。

〈1〉人気観光拠点型

1　京都府京都市——量より質をめざす施策にシフト

長く都が置かれていた京都市は、寺社仏閣や庭園などの伝統的建造物、昔ながらの町家が続く街並み、山や川などの自然景観、盆地特有のメリハリある気候と植生・食物といった多くの魅力を有している。長年、中高生の修学旅行の定番でもあり、日本を代表する人気観光地として名高く、世界遺産にも指定されている。インバウンドからの人気も高く、アメリカの旅行専門誌「トラベル＆レジャー」の「世界最高の都市ランキング２０１４」や「世界で最も文化的魅力の高い観光都市ラン

観光客で混雑する京都の清水坂（©iStock.com / RichLegg）

キング2016」で1位となるなど海外からの評価は高い。他方、日本政府が2003年に観光立国宣言をして以降、内外の観光客が集中する市内の一部人気スポットでオーバーツーリズム現象が生じており、市や観光局は効果的な対応を求めて試行錯誤を続けている。

(1) 京都観光の現在

京都市は市内観光の実態を把握するため、毎年宿泊施設や交通機関を利用する観光客にアンケート調査を行っている。夏に公表される「京都観光総合調査」*1（以下、「観光調査」）には、観光客の満足度調査も掲載されており、参考となる。コロナ禍による調査項目の変更・中断等もあるが、最新（2022年1〜12月）の調査に基づき、京都観光の現状を見てみよう。

まず、観光消費の総額は1兆1779億円で、コロナ禍前の2019年比18%減少したものの、調査を開始した2000年に比べて2・3倍に拡大した[*2]（図1）。ただし、2022年の値は、日本人観光客への調査をもとに、京都市が独自推計した参考値である点に注意が必要である。また、コロナ禍の影響で、2022年は外国人消費額の調査は行われなかったが、参考までにコロナ前の状況を見ると、2019年の外国人消費金額3318億円は観光消費額全体の27%を占めた。

全宿泊客数（実人数）は969万人で、調査開始以来最低であった2021年と比べて87%増加したが、コロナ前の2019年比では26%の減少であった[*3]。このうち、外国人宿泊客数（日本に居住する外国人を含む）は58万人と、2021年の10倍を超える大幅増となったが、2019年比では84%の減少であった。ちなみに、外国人の延べ宿泊者数（宿泊者数×日数）は126万人で、平均宿泊日数は2・19日であった。これは宿泊者全体の平均日数1・42泊を上回っており、外国人は複数泊する傾向であることがわかる。2022年の日帰り客（京都市内に宿泊しない客）を加えた観光客数全体は、行動規制の緩和を受け、前年に倍増する4361万人にのぼった[*4]（図2）。途中調査方法の変更があるため厳密には比較できないものの、この値は2000年の観光客数全体の1・1倍、過去最高であった2015年比では23%の減少である。

次に、日本人観光客の満足度を見ると、2022年調査では、オーバーツーリズムが指摘されていた2019年に比べて満足度の上昇が見てとれる。すなわち、京都観光に対する日本人の一般的な満足度（大変満足、満足、やや満足の合計）は95%で、2019年を約4%上回る。項目別で

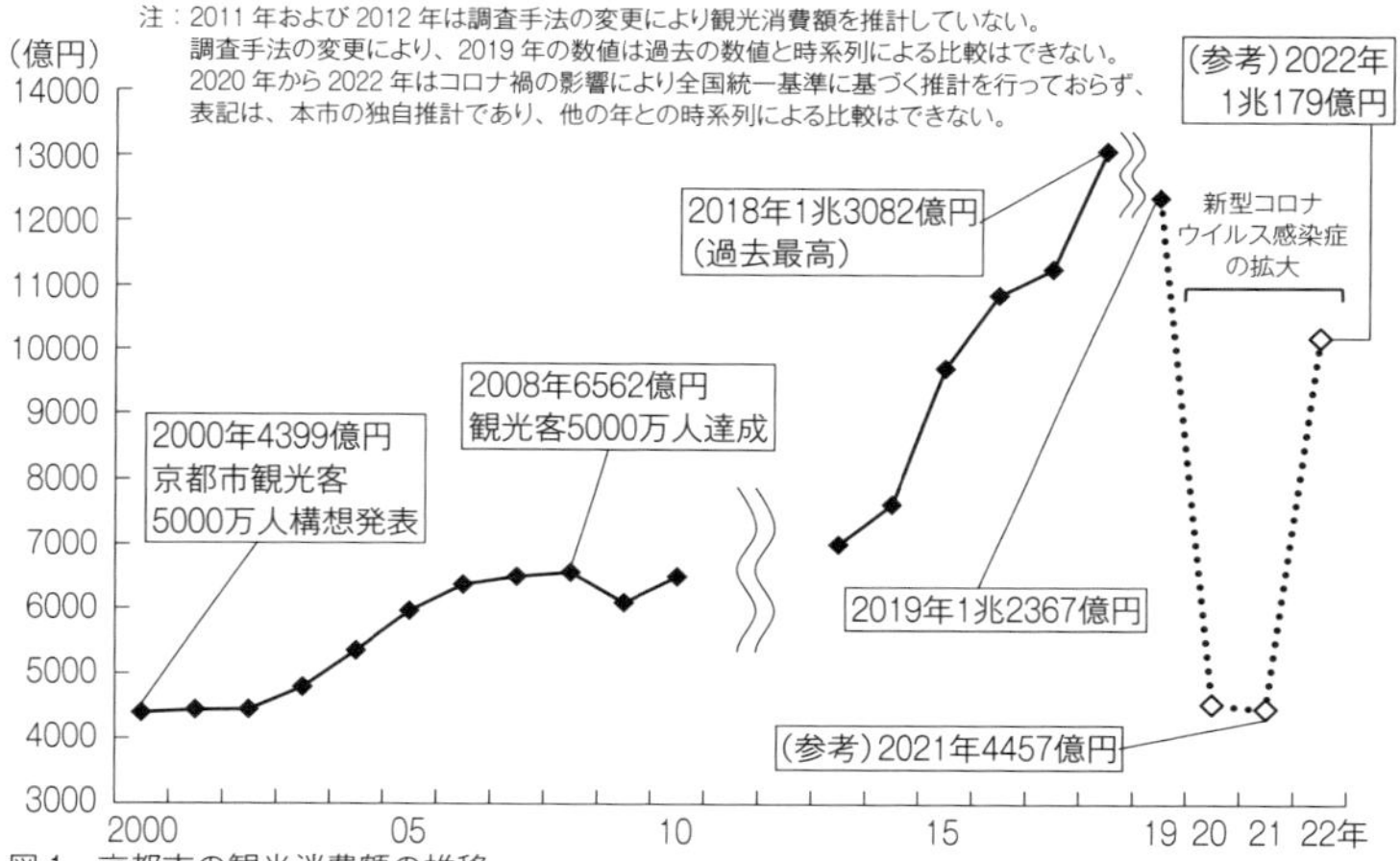

図１　京都市の観光消費額の推移

（出典：京都市産業観光局「観光客の動向等に係る調査」（2022 年）に基づき筆者作成）

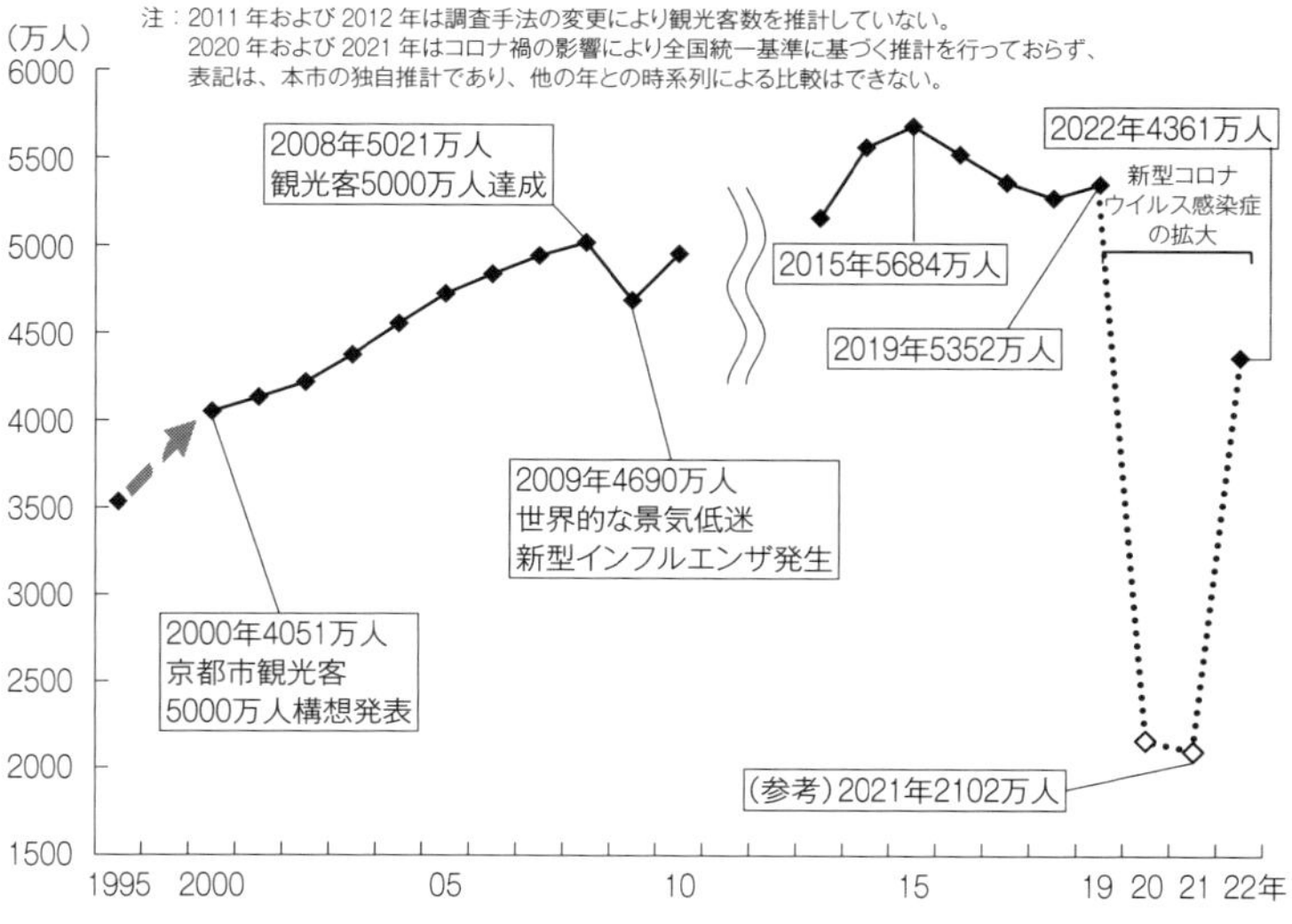

図２　京都市の観光客数の推移

（出典：京都市産業観光局「観光客の動向等に係る調査」（2022 年）に基づき筆者作成）

は、寺社や名所・旧跡に対して大変満足と回答した比率が54％で、２０１９年調査に比べて７％以上高い。また、「残念なことがあったか」との設問に対して、「なかった」との回答が58％と過半数を超える一方、「あった」との回答が37％にとどまり、２０１９年調査に比べて改善傾向が著しい。

残念なことがあった対象を詳しく尋ねると、「人が多い、混雑」（12％、２０１９年比８％減）と「マナー」（９％、２０１９年比４％減）のほか、公共交通機関、地元のもてなし等についても不満の声が挙がっている（表１）。また、過去の調査との比較では、２０２１年に上位であった「料金が高い」「交通状況（道路の渋滞等）」の順位が下がる一方、マナーやもてなしを問題視する回答が増えている。アンケート全体で見ると、比較可能な18項目のうち９項目について前年度から数値が改善したが、順位の変動は大きく、ある項目が解決しても新たな項目が浮上する状況となっている。

外国人観光客に対する満足度調査は２０２０年以降実施されていない。２０１９年調査では、「嫌なことがあった」との回答は前年比１％減の16％で、同年の日本人の３分の１の水準であった。個別項目のうち最も多かった回答は「公共交通機関が利用しにくい」（17％）、「時間が足りなかった」（17％）、次いで「英語表示やコミュニケーションが不足」（13％）であった。前年（２０１８年）比では、「時間が足りなかった」と「英語表示やコミュニケーションが不足」が若干改善した一方、「公共交通機関が利用しにくい」が２％増えた（表２）。公共交通機関が利用しにくいことへの不満は、日本人観光客と外国人観光客の双方の回答で上位を占めており、改善が急務の課題といえる。

事項	2019 年 (%)	2021 年 (%)	2022 年 (%)	残念に思った内容
人が多い、混雑	20.2	11.9	11.9	混雑のひどさ、落ち着かない
マナー	13.8	7.5	9.4	騒ぎ声など観光客のマナー、交通マナー
公共交通機関	9.8	9.9	8.7	バス停がわかりづらい
地元のもてなし	2.8	1.5	7.6	観光地のスタッフの対応が悪い
トイレ	7.3	7.5	6.9	トイレが少ない、汚い
目当てが見られず	3.1	7.3	6.8	寺社・店舗の閉館が早い
料金の高さ	3.4	8.7	6.5	拝観料や駐車場代が高い
食事	4.5	7.3	6.1	食事する場所が満席、敷居が高い
道路の渋滞等	3.9	8.2	4.3	駐車場・駐輪場が少ない、渋滞
気候	2.7	NA	4.3	夏は暑く、散策できない
情報提供・案内	2.7	1.9	3.6	案内表示が少ない、わかりにくい
コロナウイルス関連	NA	1.7	3.4	店が閉まっている、活気がない
宿泊施設	2.0	2.2	3.3	ホテルの対応が悪い
タクシー	3.2	1.2	3.3	運転手の対応が悪い、運転が乱暴
寺社、名所旧跡	7.1	4.8	3.1	修復中の場所が多い
ゴミ	2.9	2.7	2.8	道端にゴミが多い
道路状況	1.4	3.4	2.4	道が狭い、舗装が悪い
時間不足	2.4	1.9	2.0	観光しきれなかった
観光施設・観光地	2.3	NA	1.9	観光地に座る場所がない
自然・風景	2.8	6.8	1.7	紅葉していなかった

表 1　日本人が残念に感じた主な事項

（出典：京都市産業観光局「京都観光総合調査」各年版に基づき筆者作成。2021 年の値は参考値、順位と内容は 2022 年調査に拠る）

事項	2018 年 (%)	2019 年 (%)	残念に思った内容
公共交通	15.2	16.9	電車・バスが複雑、バスの利用が難しい
時間不足	17.2	16.5	観光する時間が足りなかった
言語、案内・標識	14.7	12.6	英語の案内が不十分、英語でコミュニケーションできない
自然	7.6	11.7	桜、紅葉の季節ではなかった
人が多い、混雑	13.7	11.2	観光客が多すぎる
寺社、名所旧跡	11.8	10.7	改修中が多い、日曜日に開いていない
ショッピング	2.8	6.3	現金決済のみの店が多い、閉店時間が早い
物価	9.0	5.3	物価が高い
おもてなし	3.3	4.4	時々サービスの良くない店があった
気候	NA	4.4	天気が悪かった

表 2　外国人が残念に感じた主な事項

（出典：京都市産業観光局「京都観光総合調査」（2019 年 1 ～ 12 月）に基づき筆者作成。順位と内容は 2019 年調査に拠る）

(2) オーバーツーリズムの状況

実際に京都市のオーバーツーリズムを観察すると、どのような問題が挙げられるのであろうか。

①街なかの混雑

人気スポットの昼間の時間帯に、観光客が集中して移動すら困難な状況が生じている。伏見稲荷大社や嵐山・渡月橋などに長い行列ができ、ノロノロ通行が続く。八坂神社に続く河原町通りに交差して花街に入る小路では、レンタル着物を着て散策する内外の観光客が見られ、写真を撮影しようと突然立ち止まる人々も少なくないため、スムーズな通行がままならない。紅葉や桜の時期には、名高いビュースポットを中心に一時的に身動きのとれない状況が発生する。実際、花見時のイベント「祇園白川さくらライトアップ」は、増加する観光客が車両と接触する恐れが高まるなど安全面の問題が生じ、２０１７～18年には中止された（２０１９年に警備態勢を強化のうえ再開）。

②マナー違反

路上にゴミを捨てる、道幅一杯に広がって歩く、深夜に大声で話す、一般住居に立ち入って写真を撮る等のマナー違反は市内各所で観察される。悪質な例では、嵯峨野の「竹林の小径《こみち》」で、観光客が名前やイニシャルを竹に彫りつけたり皮を剥いで枯らしてしまう、鴨川の河川敷や住宅地の塀、花街の店舗の看板に落書き（グラフィティ）するケースが報道されている。

伝統的に食料品を扱う商店が並び、京の台所と称される「錦小路」では、串に刺したり小皿に盛ったりして食べ歩き可能な商品が多数売られている。ところが、食べ終わった観光客が容器や串を放置するため、通行者の衣服や商品が汚れるトラブルが絶えない。他の地区の飲食店からも、インバウンドのグループ客が1、2品しか注文せず長居をする、日本人客に供される商品の味見をしようとする、備品を壊したり持ち帰ってしまう、等のトラブルが報告されている。

花街の場合、「一見さんお断り」の習慣があったため、従来は観光客の比率が低く、トラブルも少なかったが、最近はインバウンドが往来する芸舞妓に殺到して写真を撮るだけでなく、髪や着物を掴む、袂に吸い殻を投げ込む、お座敷への往来につきまとうなどの問題行動が見られる。活動に支障が生じているとして花街の地区協議会が市に改善を要望する事態となっている。

③公共交通機関の混雑

京都市では、他の観光地で渋滞の原因と目される自家用車の利用は少ない。前出の「観光調査」では、自家用車で京都を訪れる人のシェアは、２００９年に30％であったが、２０１７年には8・7％に低下した。代わって公共交通機関を利用する観光客が増え、京都に入る際にバスを利用した観光客の比率が16％、鉄道に至っては76％に達している。このように、自家用車由来の渋滞は抑えられている半面、公共交通に対する観光客の依存度は高まっており、市民との競合が発生している。

特に深刻なのは、京都市交通局が運営する市営バスである。京都駅や人気スポット近辺の停留所では、朝夕を中心に、長時間待ってもなかなか乗車できないほどの混雑ぶりである。ちなみに、交通局が2018年に行った調査では、バスの定員70人に対し、ピーク時の平均乗員数は倍以上の146人に達する。通勤・通学・通院に必要な生活の足を奪われる市民の負担が大きいのはもちろんのこと、屋外で長時間待つ観光客の負担も相当であり、満足度の低下が懸念される。混雑に伴い乗降時の停車時間も伸びるため、道路の渋滞やバスの遅延は日常茶飯事となっている。観光客は大きな手荷物を車内に持ち込むため、場所をとるうえ危険である、といった問題も指摘されている。

④宿泊施設に偏った不動産開発

インバウンドに人気の高い京都には、2012年頃から宿泊サービスを提供する一般住宅、いわゆる民泊施設が多数立地し、京都市の推計によると、2016年には年間の修学旅行生数に匹敵する110万人が利用した。*5 当時、民泊の多くは旅館業法上の無許可物件であったため、衛生・安全・消防等の対策が不十分であり、古い町家が入り組んだ京都では失火の懸念が特に切実であった。安全上の懸念に加えて利用者のマナーも悪く、生活環境の悪化を訴える市民の声が次第に高まった。2016年に設置された市の民泊通報・相談窓口には、約半年の間に1700件以上の通報・苦情が寄せられたほどであった。その後、2018年6月に民泊の適法化を図る「住宅宿泊事業法」が施行され、自治体による独自規制が可能となった。京都市は民泊施設の提供者（ホスト）

が住宅に滞在し、利用者（ゲスト）を直接もてなす営業形態を住宅宿泊事業の基本とした。このため、ホストが不在の物件については、緊急時に10分を目途に駆けつけられる現地管理者の設置を義務づけるなど厳しい内容の条例を定め、取り締まりを強化した。

その結果、民泊物件は相当程度減少したものの、違法営業の根絶には至っていない。さらに問題なのは、安直な宿泊施設を合法的に建設するため、不動産開発が加速したことである。空き家を改装・解体して旅館業法上の簡易宿所や小規模ホテルを建設する動きが相次ぎ、これらの物件を投機目的で外資が取得するケースも現れた。なかには長く利用されてきた借家を宿泊施設に建て替えるため、家賃を大幅に引き上げて住み慣れた居住者の退去を促すケースも散見された。

このように、地域の再開発に伴って居住者が排除される現象、いわゆる「ジェントリフィケーション」が生じ、不動産開発に起因する地価上昇により固定資産税の負担が増し、主に高齢者が打撃を受けた。他方、若年層にとっては、住宅を取得しようにも上昇する不動産価格に対応できず、働き手世代が市外に転居・流出する事態となった。これに伴い、市税収の減少も危惧される。さらに、宿泊施設の建設が認められている一部の地区では、古い町家が安直な簡易宿所にとって代わられ、街並みの魅力が失われる一方、従来、清掃や消防・治安対策に寄与してきたコミュニティ運営に携わる市民層も薄くなり、まちづくりや地域経営の面で問題が生じている。

⑤地域経済への影響

インバウンドの急増を勝機と捉え、飲食や小売り、宿泊などの観光ビジネスに参入する企業が増えているが、その多くは全国チェーンや外資を含めた市外の企業である。他方、地元で営業してきた企業や商店は後継者不足等の理由から廃業し、土地や店舗を譲渡するケースが少なくない。地域に根差した商店が市外の企業にとって代わられた結果、以下の問題が生じている。

一つは、地元商店・企業が体現してきた地域の個性や特質が失われる。全国チェーンのレストランやドラッグストア、他地域の土産物業者等が生活圏に参入してきた結果、どこにでもある商品やサービスが観光市場を席巻する。例外的に、余所にはない菓子や伝統工芸品などを提供する一部の商店がスポット的に残っているものの、生活物資を商う昔ながらの商店が連担し京都市民の消費を支えていた、かつての商店街とはまったく趣きが異なる。

もう一つは、観光客の消費行動からあがる収益が市外に漏出（リーケージ）する。全国チェーンの場合、本社の所在地に収益が集められ、地元への還元は一部にとどまる。さらに、原材料や従業員も市外から調達されがちで、利益が市内を潤しにくい。他方、観光市場を提供する京都市は、清掃やゴミ処理等の維持コストを負担しなければならず、トータルでは負担が上回りがちである。

以上のオーバーツーリズムの問題がもたらす帰結は、以下の通りである。まず、あらゆる問題は京都の生活環境を悪化させるだけでなく、市民のストレスを高め、ひいてはホスピタリティの低下を招く。違法民泊は体感治安の低下を、マナー違反や不動産開発は観光資源の毀損をもたらす。混雑や交通機関の利便性の低下は市民のみならず観光客にも悪く作用し、満足度の低下を招く。最後に、これらが複合的に作用する結果、京都市の観光地としての魅力やブランドの低下に結びつく。

(3) オーバーツーリズムへの対応

前項で述べた問題に対して、京都市が実施している具体的な解決策について見てみよう。

①街なかの混雑↓分散・誘導

京都市を訪れる観光客の増加が著しいとはいえ、830平方キロの広い市域にさまざまな観光資源が点在しており、市全体として受け入れが困難という水準ではない。また、観光資源の量や種類の面でも、観光客を惹きつけ楽しませる余地は十分ある。

たとえば、2022年「観光調査」の日本人向けアンケートで、大原や鞍馬《くらま》など市内の観光エリア26カ所のうちどこを訪問したか（以下、訪問回答の比率＝訪問率）を尋ねたところ、訪問率が10％以下のエリアが17カ所にのぼった。なかには70年代に人気を集めた大原・八瀬や、紅葉で有名な高雄、寺の運行するケーブルカーが評判の鞍馬なども含まれる。他方、清水・祇園と京都駅周辺への訪問率は50％前後に達し、特定のエリアに観光客が集中していることがわかる。このような調査結果を踏まえ、京都市は混雑対策として、観光客の分散に取り組んでいる。

具体的には、時間・空間・季節の3種類のアプローチで集中の解消に努める。

時間の分散としては、早朝や夜間にイベントを開催したり、時間帯限定の特別な展示や優待を行う。2017年夏にスタートした二条城の「朝観光」では（前述）、一般の公開時間に先立って城内に入り、伝統ある茶室から庭園を眺めつつ朝粥を楽しむツアーが企画され、連日満席が続いている。また、格式の高い門跡寺院の仁和寺では、宿坊の宿泊者に限り、一般には非公開の金堂（国宝）で行われる早朝の勤行に参加することができる。

一方、夜間への誘導としては、1994年の平安遷都記念イベントを機にライトアップが定着したほか、七夕などのイベントの認知も進んできた。また、世界遺産や重要文化財に指定された社寺等での納涼会等も行われている。しかし、多くの場合、効果はイベント開催期間に限られており、ナイトライフの充実に向けた取り組みは、いまだ途上といえる。従来、京都の繁華街の飲食店は閉店が早いうえ、エンタテインメントを鑑賞する機会やダンスを楽しむクラブ等も少なく、インバウンドを中心に「夜をホテルで過ごすしかなく、味気ない」という声が寄せられてきた。もっとも、近年は能・狂言や日本舞踊など複数の伝統芸能のエッセンスを披露する公演や、台詞がわからなくても楽しめるパフォーマンスが開催されたり、バーをはじめとするナイトスポットのおすすめリストが多言語で作成・公開されるようになっており、認知度の向上に期待がかかる。

空間の分散では、人出の少ないエリアの魅力を訴求する取り組みが中心となっている。2018年初頭、京都市は海外のＯＴＡ（オンライン旅行会社）との連携に着手し、リピーターの多い台

京都市が開設したウェブサイト「とっておきの京都」

湾向けに高雄エリアの特集記事を掲載したり、外国人記者に執筆を依頼して、大原や西陣に関する記事を市の多言語観光サイトで配信してきた。同年11月には、認知度の低いエリア（伏見、大原、高雄、山科、西京、京北）を網羅的に訴求する「とっておきの京都～定番のその先へ」プロジェクトに着手し、知る人ぞ知る観光情報を、検索機能や一般からの投稿機能も搭載した専用サイトで公開している。現在は千件以上のコンテンツが公開されており、内容は社寺の特別拝観、開花情報や伝統工芸鑑賞から、農業体験、サイクリングイベントまで多岐にわたる。[*6]

観光事業者も分散に向けた取り組みに協力している。たとえば、ＪＲ東海の定番キャンペーン「そうだ京都、行こう。」で紹介された山科の勧修寺は、一般の認知度は高くないが、古い歴史を持ち、広い境内一杯に咲き誇る桜が美しいうえ、公共交通機関で容易にアクセスできる寺院である。また、山科区では琵琶湖疏水を使って市内と琵琶湖を往来する観光船が２０１８年春に事業化され、２０２４年春からは大津港まで延長した航路も開設された。[*7] こちらは京都と大津の商工会議所が市や観光事業者と連携して実現したものである。

季節の分散では、桜と紅葉シーズン以外の誘客を強化する。桜の開花前（3月前半）の「花街道」、初夏（5～6月）の「青もみじ」、旧暦7月（8月）の「京の七夕」等のイベントを開催したり、盛夏の川床での食事などを訴求している。また、市の管理する重要文化財「旧三井家下鴨別邸」を、下鴨神社の祭礼期間や盛夏の夜間に、通常非公開の庭園も含めて公開し、カフェも併設して滞在を楽しむイベントを開催している。政府も京都迎賓館の夏休みツアーとして、通常は非公開の部分を見学できるプレミアムガイドツアーを開催し、オフシーズンの誘客に協力している。

このような取り組みの結果、観光客の集中を示す繁忙期と閑散期の観光客数の差は縮小傾向にある。年間で最も観光客が多かった月と少なかった月を比較してみると、２００３年は６６６万人（11月）と１８６万人（2月）で、繁閑差は約3・6倍にのぼったが、２０１９年は４９４万人と３７８万人で繁閑差は1・3倍となり、平準化が進んでいる。[*8]

②マナー違反→啓発

マナー違反への対策はもっぱら啓発活動が中心である。２０１５年7月、京都市は世界最大の観光情報サイト「トリップ・アドバイザー（tripadvisor.com）」と連携し、舞妓等のグラフィックを使って地元のマナーやルール、タブーを伝えるリーフレット「京都のトリセツ～京都のあきまへん」を作成した。市はこのリーフレットを多言語観光サイトに掲載し、交通・旅行事業者に活用するよう促した。さらに、トイレ使用法やバスの乗り降り、祇園や嵯峨嵐山、錦市場など対象を特定したマナー啓発リーフレットも作成されている。観光客への働きかけには地元の協力を求め、大学と連携した「可愛い」チラシの作成や配布、人気スポットの周辺住民や大学生・留学生がインバウンドにマナーを説明するボランティア活動等も行われている。マナーの周知にも工夫が凝らされ、花見小路などの街並みにマッチする高札を模した注意看板、外国人向けフリーペーパーや免税店の紹介冊子の啓発記事、国際観光大使を務める外国人による啓発動画等がある。近年は、ⓐ旅行の計画段階である「旅マエ」からのアプローチとして、現地の旅行会社・添乗員等に啓発活動への協力を求める、ⓑ旅行の途次である「旅ナカ」では、鉄道会社と連携したデジタルサイネージやポス

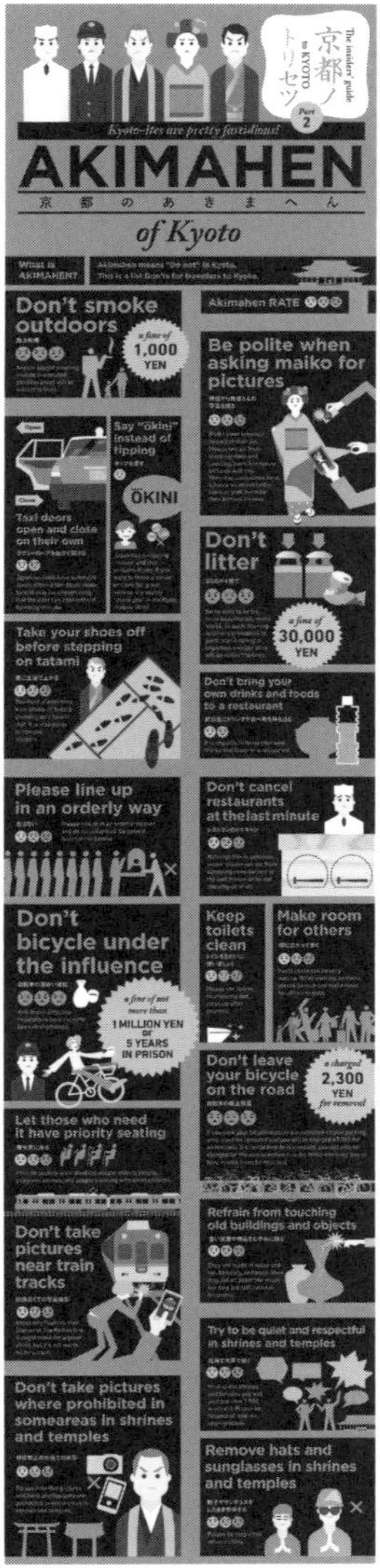

京都市がトリップアドバイザーと連携して開設したウェブサイト「京都のトリセツ～京都のあきまへん」

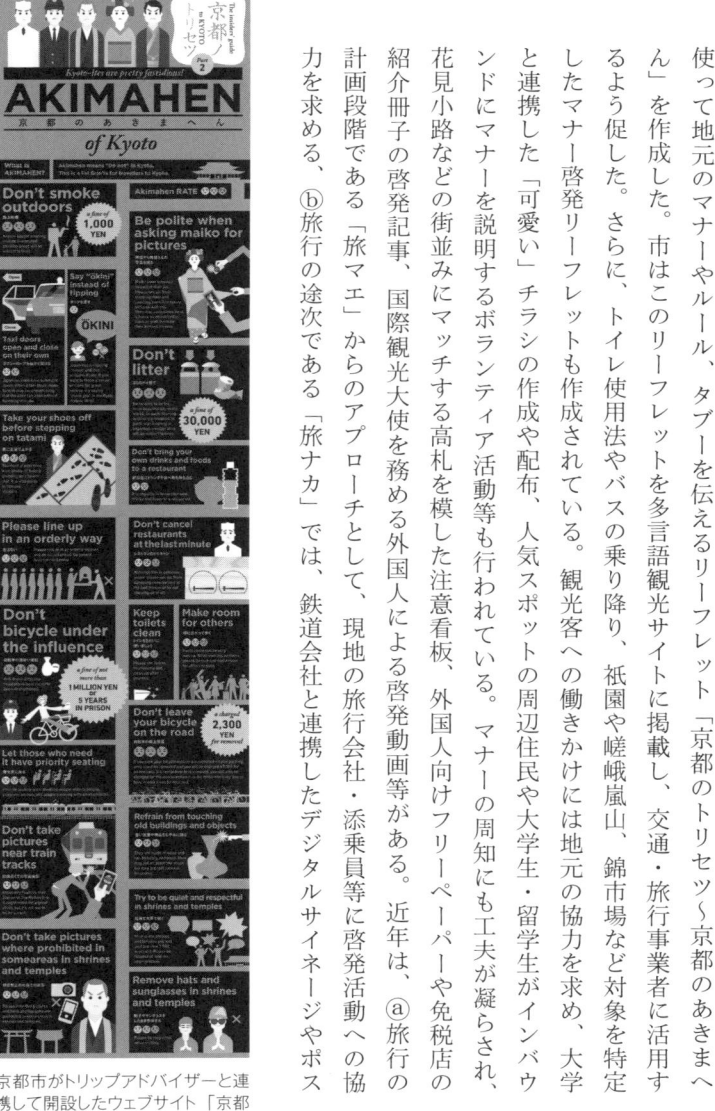

ター、交番やコンビニに配架したチラシ等、多様なチャネルを通じた啓発活動が行われている。

このような取り組みにもかかわらず、祇園などでのマナー違反は依然として続いている。事業者からの改善要望が絶えないため、京都市は実証事業によって実効性ある対策を探っている。2019年10~12月にマナーに関する実証事業を行った。具体的には、祇園エリアに限定してルール・マナーへの配慮を求めるメールを、観光客のスマートフォンにプッシュ配信したり、多言語対応できる巡視員を置いて注意喚起に当たらせている。単純な掲示中心の従来の啓発活動ではマナー違反を抑えることは難しく、より効果的な対策が求められている。

③交通機関の混雑↓輸送力の増強、運営上の工夫

観光客の集中がもたらす弊害を解消するため、交通機関ごとに多彩な取り組みが行われているまず、市営バスに関しては、ⓐ渋滞・遅延対策、ⓑ地下鉄への乗り換え誘導、ⓒ観光路線と生活路線の整理、ⓓ混雑の緩和、に大別できる。

ⓐ渋滞・遅延対策としては、繁忙期に市バス・地下鉄の本数を機動的に増やし、一時的に輸送力を増強している。それとは別に「後乗り、前降り後払い」方式が支払いに手間どり遅延や車内混雑の原因と見られることから、「前乗り先払い、後降り」方式への転換が摸索され、市交通局は前乗り方式への変更を試みた。しかし、転換は容易に進まなかったため、現在は、降車客が多い停留所に係員を配置し、バス内だけでなく降車後にも運賃支払いが可能な態勢を整えて、時間短縮を図っている。

ⓑ地下鉄への乗り換え誘導としては、2023年9月、市営バスの1日乗車券を廃止し（利用は2024年3月に終了）、市営バス・地下鉄共通の1日乗車券に一本化した。また、繁忙期の渋滞対策として、特定路線に限って無料でバスから地下鉄に振り替え乗車できる制度の実証実験も行われている。バスと地下鉄が近接する駅で乗り換えを促すことで、観光客の満足度を低下させる「遅延のため食事の予約や電車の出発時間に遅れる」事態を防ぐだけでなく、以降の停留所で新たな乗客をバスに収容できる効果がある。

ⓒ観光路線と生活路線の整理としては、主要停留所における各路線の乗り場の分離が進められている。また、観光路線の一部を急行バス、直行バスに転換する試みも始まっている。まず、桜や紅葉のシーズンに、金閣寺へ向かう路線に急行バスを導入した。この結果を踏まえ、2024年春、京都市交通局は10年ぶりの大幅なダイヤ改正を行った。6月にスタートする観光特急バスは、清水寺・祇園・銀閣寺（一部バスのみ）を結び、通年の土休日の9〜16時限定で運行される。1日あたりの便数は40便で、終点銀閣寺までの所要時間はおおむね半減する代わり、運賃は通常運賃（230円）より高い500円となっている。

観光バスについては、路上駐車による渋滞対策として、事業者に対して違法駐車や長時間駐車の解消を求めるとともに、利用者に乗車マナーの周知を求める通知を発している。2024年には、警察が路上駐車の集中取り締まりを行ったり、市が常習的に路上駐車するバス会社に警告文を送るなど対応を強化している。

タクシーについては、2023年秋に、大型車両を利用した金閣寺行きの乗合タクシーが試験運行された。これは京都府タクシー協会加盟の市内9事業者による共同企画で、専用ポートから短い待ち時間で乗車できるうえ、割安な定額料金で利用できる。さらに、利用客を目的地で降ろしたタクシーが、大型荷物だけを宿泊施設など指定場所に送り届ける有料サービスもスタートした。2024年春には、第2弾として高台寺・東山行き乗合タクシーの実証実験も行われ、データ等の分析を踏まえ、秋以降の本格運行が検討されている。

ⓓ混雑対策の背景には、スーツケース等大型荷物を持ち込むインバウンドが増えたため、乗降時間が長くなり遅延が生じる、ベビーカーが乗車できない、乗客特に高齢者の安全が脅かされる、等の問題がある。コロナ禍以前から、主要観光路線にキャリーバック専用スペースを確保する等の対策が行われていたが、なかなか事態は好転しなかった。このため、京都市や同観光協会は、コインロッカーや一時預けに加え、主要駅や空港等の専用カウンターで手続きをすれば、宿泊先まで荷物だけ先行して届ける「手ぶら観光」を推奨している。

④宿泊施設に偏った不動産開発↓民泊・簡易宿所の取り締まり

民泊について、京都市は2015年にプロジェクトチームを発足させ、2016年には通報窓口を設置し指導要綱を策定するなど、対応に努めてきた。2018年6月、いわゆる「新法民泊」が営業を開始すると、京都市は実態把握と違法営業の取り締まりを強化し、2018年8月には全国で初めて違法物件を摘発した。コロナ禍で民泊の廃業が相次いだ影響もあるが、京都市の対策は一定の成果を上げており、2018年には1095件にのぼった通報件数が2023年には199件まで減少した。また、調査指導の対象となった施設数を見ても、2018年の1689件をピークに激減し、2023年には63件となった。

違法民泊を取り締まる傍ら、市は観光客のニーズ充足のためとして、2016年から宿泊施設の拡充・誘致策をとってきた。具体的には、市の用途指定を見直し、富裕層向けや会議機能を備えた施設、古民家など地域資源を活用した施設に対しては立地規制を緩和する一方、山麓など周辺部にも宿泊施設を誘導する方針を打ち出した（「京都市上質宿泊施設誘致制度」2017年5月）。当初、同制度の活用がなかなか進まない一方で、市中心部の商業地域（宿泊施設の立地が可能）では、簡易宿所を中心とする小規模物件が急増した。

これに対し、市は2019年春、方針を見直し、大原や山科など周辺部への誘致や社寺等の周辺地区の再開発に注力する姿勢を明らかにした。これにより案件の形成が進み、2022年3月の受け付け終了までに同制度の適用を受けた案件は5例となっている。また、宿泊施設に押されてオフィスや住居、商業施設の供給が進まない事態に対応するため、市は古都の美観を守るために厳しく規制してきた景観政策を見直し、建物の高さ規制の緩和にも取り組みつつある。

(4) 市の基本施策

京都市は1998年から2021年までの間に、観光振興計画を7次にわたって策定した。当初は観光客数の増加やインバウンド振興など量的拡大が主な目標とされたが、2006年以降は質の高い観光が目指された。さらに、2018年5月策定の「観光振興計画2020＋1」（計画期間は2020年まで）では、オーバーツーリズム現象や国内観光客の減少、宿泊税の導入（2018年10月、観光客の受け入れ態勢整備やオーバーツーリズム対応に充当する目的で宿泊者から徴収開始）等への対応を通じて、ⓐ市民生活と観光が調和し、ⓑ観光によって地域が発展し、ⓒ持続可能で満足度の高い都市、を目指すことが表明された。

現行計画はコロナ禍の最中に策定された「京都観光振興計画2025　住んでよし、訪れてよし、働いてよし。歴史や文化を希望にかえるまち　京都」である。副題に見られるように、コロナ禍で打撃を受けた観光ビジネスと関連産業、文化・芸術活動の担い手への目配りを強めつつ、持続可能な観光を掲げた点が特徴といえる。観光客と地域住民、観光事業者・従事者のいずれにとっても満足度の高い観光を通じて、京都の魅力を高め、発展させる好循環を目指す内容である。具体的には、ⓐ市民生活と観光の調和・豊かさの向上：オーバーツーリズム対応、文化・芸術の維持・保全等、ⓑ京都の「光」の磨き上げ・観光の質の向上：観光資源の磨き上げと魅力的なコンテンツ開発、リピーターの獲得等、ⓒ担い手の活躍：観光ビジネスの活発化、就業者の待遇改善、ⓓ危機に対応でき、安心・安全で持続可能な観光の推進：感染症などイベントリスクへの対応、市場の多様化等、ⓔＭＩＣＥの振興：国際会議・イベントの振興、京都ブランドの向上等、の5分野で展開されている。進捗管理については、コロナ禍の下での計画策定となったこともあり、数値ではなく定性的な目標を掲げ、有識者や市民公募委員、観光関連業界の関係者等で構成する会議で実態把握と分析、評価を行う態勢である。

2　神奈川県鎌倉市——交通機関の混雑解消に挑む

12世紀に武家政治の中心として開けた鎌倉は、江戸時代には社寺への参拝客を集める観光地へと変化し、明治に入ると海水浴や避寒のための保養地として評判が高まった。現在は歴史的建造物、海と山が調和した自然・景観、西洋的な別荘建築、紫陽花や紅葉などの植栽、文人が多数暮らした生活文化、地元で採れる新鮮な食材など多様な観光資源を有する日本有数の観光都市である。東京に近いこともあり、気軽に来訪する観光客は多く、２０１２年以降7年連続して年間2千万人以上が来訪した。市の人口17万人の１２９倍の観光客が訪れており（表3）、国内でも有数の比率といえる。近年はインバウンドの急増に伴い、混雑や道路渋滞、路上でのゴミ捨てをはじめとするオーバーツーリズム現象が深刻化しており、市や観光局が中心となって対策を進めている。

	A 入込み 観光客数 （万人）	B 面積 （㎢）	C 人口 （万人）	面積あたり 入込み 観光客数 A/B （人）	人口あたり 入込み 観光客数 A/C （人）
鎌倉市	**2196**	**39.5**	**17.4**	**55.5**	**129**
京都市	5564	827.9	142.0	6.7	39
奈良市	1414	276.4	36.4	4.1	39
日光市	1075	1449.8	8.5	0.7	126
横浜市	4426	435.2	370.3	10.2	12
箱根町	2119	92.8	1.3	22.8	1630

表3　国内観光都市における面積・人口あたりの入込み観光客数（2014年現在）
（出典：鎌倉市「第3期鎌倉市観光基本計画」（2016年）に基づき筆者作成）

(1) 鎌倉観光の現在

最新の「鎌倉市の観光事情」2023年度版によれば、2022年度に鎌倉市を訪れた観光客数（延べ）は前年比82％増えて1196万人、宿泊客数も27％増の34万人であった*9（図3）。増加の理由として、コロナ禍が収束に向かい行動規制が緩和されたことが考えられる。これに伴い、観光消費額は前年に倍増する520億円と大幅な伸びを見せた（図4）。さらに、1人あたり観光消費額についても、日帰り客は7267円で前年比13％増、宿泊客については2万4678円で同18％の増加であった。

また、「鎌倉に来る前の期待と比べて全体的に満足したか」と尋ねたところ、「大変満足」と「やや満足」と答えた観光客の比率は全体の87％と高水準であったが、2021年比では1・5％減少した。*10 他方、市民に対して「観光都市鎌倉で生活するにあたり、現状に満足しているか」と尋ねた調査では、「大変満足」、「やや満足」、「普通」と答えた市民の比率は

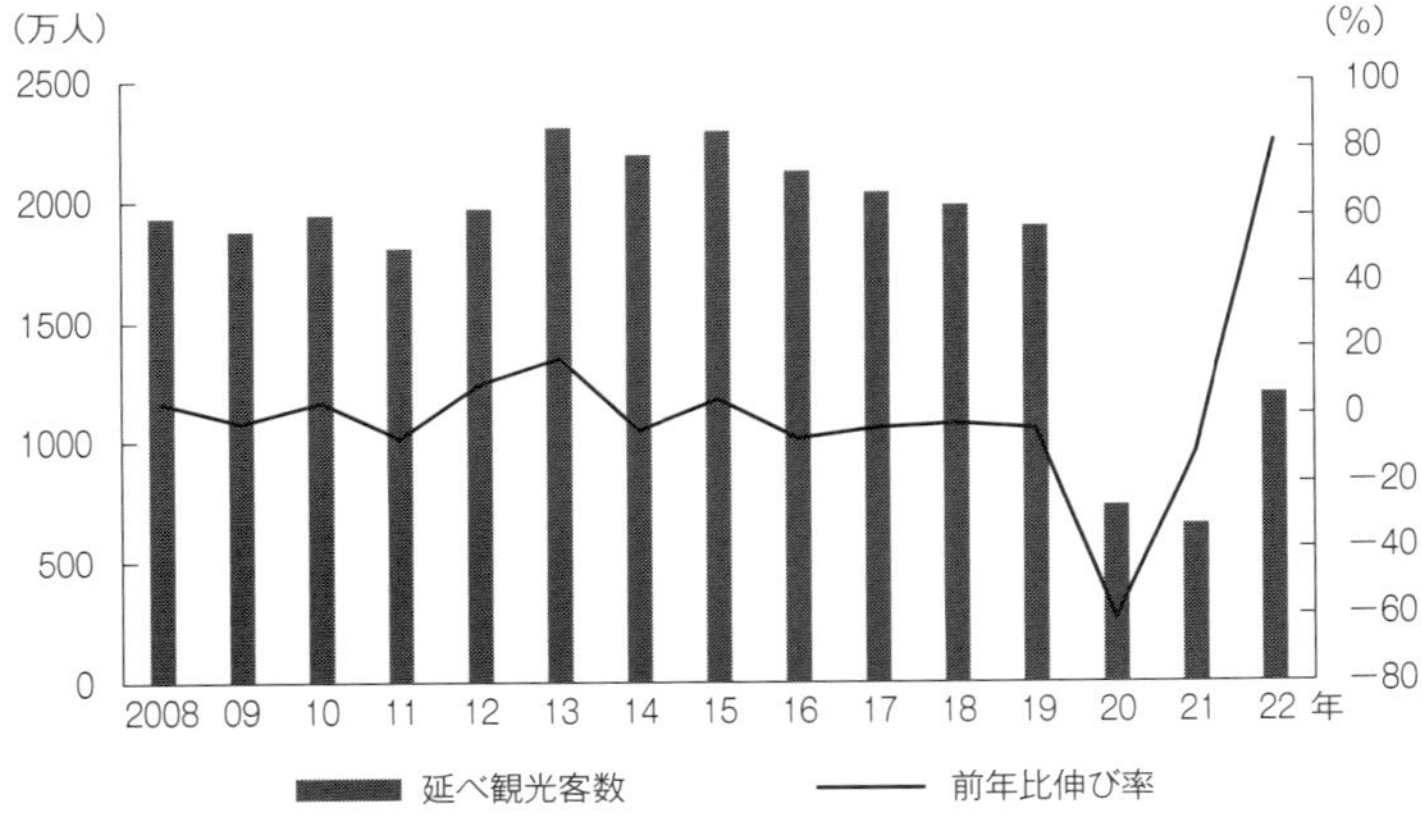

図 3　鎌倉市の延べ観光客数の推移
（出典：鎌倉市「鎌倉市の観光事情」各年版に基づき筆者作成）

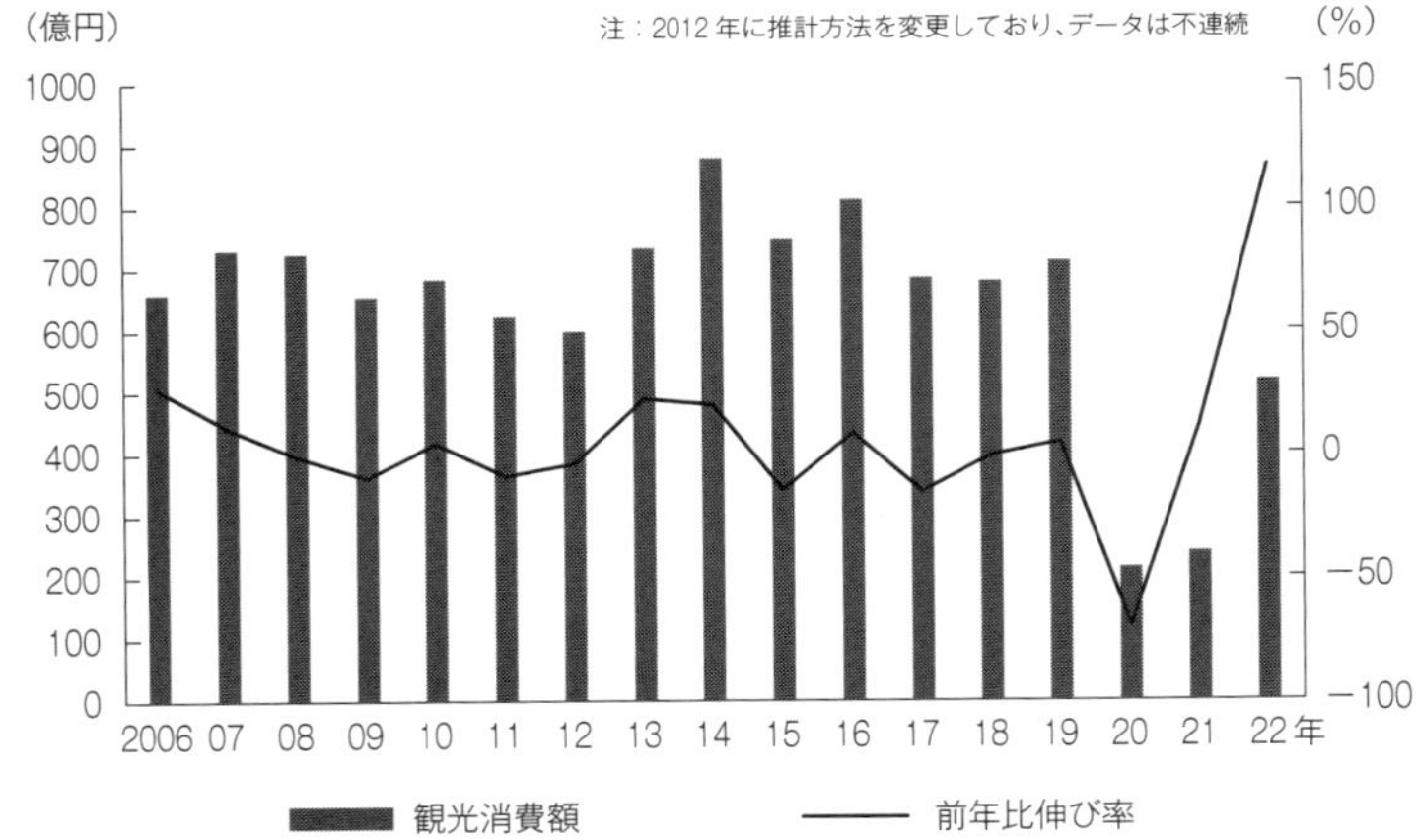

図 4　鎌倉市の観光消費額の推移
（出典：鎌倉市「鎌倉市の観光事情」各年版に基づき筆者作成）

75％で、前年比2％増加している。近年の最低値である2018年の47％と比べて大幅な改善であり、観光が一時停止したコロナ期間を通じて、市民の満足度が向上した様子が伺える。

(2) オーバーツーリズムの状況

① 鎌倉観光の特徴

現在のオーバーツーリズム現象は、鎌倉観光の特徴と深い関わりがある。2016年に策定された「第3期鎌倉観光基本計画」が挙げた主な特徴は、ⓐ人口や市域面積に比べて観光客数が大変多い、ⓑ来訪時期や時間帯、地域によって観光客の偏りが大きい、ⓒ日帰りが大半で宿泊客は少ない、ⓓ再訪者の割合が高い、である。

表3はやや古いが国内の主要観光都市の観光客数と面積・人口の比較である。鎌倉市には年間2200万人（2014年調査時点）の観光客が訪れ、1平方キロあたりでは55・5人、市民1人あたりでは129人となり、京都市や奈良市を大幅に上回る。

また、2022年の月別観光客数を見ると、初詣客が284万人を超える1月が突出して多く、他にも桜や紫陽花、紅葉が美しい3、6、11月には100万人以上が鎌倉を訪れる。[*11] これに対し、オフシーズンの2月の観光客数は年間観光客数の5％に満たない。また、以前は海水浴客が多かった7～8月は、近年、台風など天候被害が相次いだこと等により減少傾向にある。同年の訪問回数については、２回目以上の合計が全体の85％を超えている。さらに、11回以上という旅行者が全体の35％にのぼり、最も回答数の多いボリュームゾーンとなっている。最後に宿泊動向を見ると、午後３時から６時までに鎌倉を離れる観光客が全体の72％を占め、泊りがけ観光は少数派である。

観光客で混雑する、鎌倉の小町通り（©iStock.com / Nirad）

②交通機関の混雑

市人口を大きく上回る観光客が、小規模な市内の特定の場所・期間に集中する結果、混雑や渋滞が深刻な問題となっている。日常生活に観光客がもたらす負の影響を尋ねた市民アンケート（２０１４年）では「交通渋滞」という回答が全体の85％で、圧倒的な１位であった。もともと市域が狭いうえ、山が海に迫る地形や中世以来の街道が走る街並み等の事情も加わり、道路建設や二次交通機関の充実による輸送力の増強は（少なくとも短期的には）難しい現状である。

具体的な問題を見ると、観光客からも人気が高い江ノ島電鉄（以下、江ノ電）は常に混雑し、何台も見送らないと乗車できないため、通勤・通学・通院等で利用する市民の移動が難しくなり、やむなく外出をあきらめるケースすら生じている。また、休日を中心に自動車が集中して交通渋滞が起き、バスの定時運行や緊急車両の通行、物流に支障が出ている。さらに、渋滞を回避しようと自家用車が住宅地の細い道路にまで入りこむため、住民の歩行が脅かされるケースも見られる。

③マナー違反

鎌倉の市街地では、寺社をはじめとする伝統的建造物、海岸、カフェや雑貨店などの観光資源と居住地域が隣接・混在しているため、市民生活が観光客の行動から影響を受けやすい。前記の市民アンケートでは「ゴミの散乱」「騒音」「落書きなどいたずら」と回答した合計が全体の60%を超え、市民がマナー違反に悩まされていることがわかる。

具体的には、ゴミを路上や庭先に投棄する、大きな声で騒ぐ、一般家庭を覗き込んだり庭に立ち入る、花や果実を摘んだり生垣を壊す等により、静穏な生活環境が損なわれている。人気漫画「スラムダンク」に登場する鎌倉高校付近では、「聖地巡礼」する観光客が、写真撮影のため踏切や横断歩道周辺で車道に出るため、自動車の往来の妨げとなり、安全対策として警備員を配置しなければならないほどである。さらに、観光客は街路や飲食店等で撮影した写真をＳＮＳに無断掲載することが多く、プライバシーの保全上も問題である。特に児童の保護者からは、通園・通学途上の様子が拡散し、子どもが犯罪に巻き込まれかねないという危惧の声も聞かれる。

④街なかの混雑

長谷寺などの有名社寺、観光客向けの商店が軒を並べる鎌倉駅近くの小町通り、紫陽花シーズンの明月院、ハイキングシーズンの鎌倉山などでは著しい混雑が生じ、円滑な通行がままならない。前記の市民アンケートでも、「駅前など歩行者による混雑」を問題視する回答は2位となっている。とりわけ小町通りでは、京都の錦小路と同様、食べ歩き商品が多数販売され、路傍へのゴミ捨て、通行者の衣服や商店の展示品へのダメージが問題化している。

(3) オーバーツーリズムへの対応

①交通機関の混雑↓経済的インセンティブ、交通規制

ⅰ自家用車利用の抑制

市内における自家用車の利用を抑制することで、渋滞・混雑を解消する取り組みである。具体的には、ⓐバス利用の奨励、ⓑパーク&(バス)ライド、ⓒ市外からの自動車への課金(仮称「鎌倉ロードプライシング」)である(表4)。

ⓐバス利用の奨励では、そのメリットを訴求して乗り換えを促そうと、「鎌倉フリー環境手形」を発行している。これは、バス5路線と江ノ電の指定区間内にある主要観光地で自由に乗り降りできるうえ、寺社や美術館・博物館を割引料金で鑑賞できたり、協賛店からさまざまなサービスを受

目的	施策	対象地域・区間	実施状況[注]
自動車利用の抑制	ロードプライシング	鎌倉地域	
公共交通への転換方策	パーク＆ライド	七里ヶ浜、江の島、稲村ヶ崎、由比ヶ浜	○
	パーク＆バスライド	朝比奈、深沢	○
	シャトルバス	朝比奈～鶴岡八幡宮他	○
	バス専用レーン	鎌倉参道線の 4 車線区間	△
	バス優先走行	金沢鎌倉線	廃止
	民間駐車場利用のパーク＆ライド	鎌倉地域外縁部等	
	新規循環バス	金沢鎌倉線他	○
	地域公共交通の輸送力増強	鎌倉地域	
乗継の利便性向上	フリー環境手形（周遊券）	鎌倉地域	○
	乗合タクシー	鎌倉地域	○
歩行・居住環境の向上	歩行者尊重道路	今大路、小町大路、海浜公園周辺、長谷駅	△
	ゾーン制による歩行環境の確保	由比ヶ浜・長谷地域	
交通制御の円滑化	江ノ電と連動した信号処理	下馬交差点	
総合的な交通情報	情報提供		○
プロモーション	広報誌の発行等	鎌倉地域	○

表 4　鎌倉市の交通規制の取り組み状況

（出典：「鎌倉エリア観光渋滞対策実験協議会」第 1 回資料、鎌倉市「鎌倉市の提案内容について」（2017 年 12 月）に基づき筆者作成）

注：○は本格的に実施、△は実施予定

けられる1日切符である。2001年の導入以来、順調な定着ぶりといえる。

ⓑパーク＆（バス）ライドは、自家用車ユーザーにバス・電車への乗り換えを求めることで市内の自動車通行量の抑制を図っている。市が有名スポットへのアクセスルート上に駐車場を整備し、観光客はそこから江ノ電やバスに乗り換えて市内中心部に入る。1996年に社会実験として開始され、2001年の本格導入以来継続されている取り組みであるが、2013年以降、利用者は減少傾向にある。こうしたなか、2023年に新たな方策として、駐車場予約制度の実証実験が行われた。これは、通常は時間貸しで営業している混雑エリア外縁部の駐車場を予め予約できるようにし、空き駐車場を探す移動車両を減らすことで交通の円滑化を図る取り組みである。実験期間中の交通量は前年同時期より6％減少した。また、週末の予約率が100％に達するケースも見られ、利用者の満足度、再利用意向のいずれも高水準となった。

ⓒロードプライシングは、ICTを活用して自動車に課金し、通行量の抑制→渋滞の解消につなげるものである。一般にロードプライシングは自動車による道路使用への課金を指すが、鎌倉市の場合、一定エリアに進入した市外の自動車に課金するしくみである。

鎌倉市は2012年に交通計画検討委員会専門部会を設置してロードプライシング構想の検討を本格化し、2016年には実施の前提となる交通量調査を行った。2017年に入り、国土交通省による「観光交通イノベーション地域」に指定された鎌倉市は、同省や神奈川県、警察、交通事業者と連携する協議会を設置し、課金制度の法的位置づけ、車両の捕捉手段、対象エリアと課金方法、救急車など除外車両の定義といった法的・技術的課題の検討を進めている。また、ＩＣＴを活用した渋滞対策に理解を得るため、紅葉シーズンや正月における車や人の流れを可視化して混雑回避を広く呼びかけたり、市民向けのシンポジウムを開催したりしている。当面、実際に一定エリアを指定し、1台１０００円を目途に徴収する社会実験の早期実施が課題であるが、議論の進展は見られないのが実情である。

ⅱ市民の移動手段の確保

長い行列ができる江ノ電に市民の優先乗車を認める取り組みである。住宅街を縫って走る単線電車である江ノ電は、複線化や上下線がすれ違うスペースの増設が難しく、現状以上の増便や車両延長は困難という事情を抱えている。

近年、利用者が大幅に増えたことから、沿線住民の移動の足を確保する目的で優先乗車構想の検討が始まり、２０１８年、２０１９年のゴールデンウィークに社会実験が行われた。具体的には、沿線の住民や通勤・通学者は、予め発行を受けた「江ノ電沿線住民等証明書」を改札で提示し、優先的に駅構内に入って改札内の行列の最後尾に並ぶことが認められる。このため、短い待ち時間で乗車することができる。優先乗車を開始する目安は、改札外まで行列が伸びた場合とされている。

２０１８年に発行された証明書は１４７１枚で、対象となる沿線利用者約4・3万人の3・4%、実際の利用者は85名（天候等の事情から優先乗車は5月4日のみ実施）であった。これに対し２０１９年には、証明書の発行数は２８１１枚、沿線住民の5・8%相当と1・7倍に増え、利用者も

5月3日に89名、4日に35名、5日に12名、合計136名であった。なお、2018、2019年ともに、乗車を待つ人々にアンケートを行った結果、おおむね9割から優先乗車の社会実験を理解する回答が得られた。なお、2023年に4年ぶりに優先乗車が行われ、2332枚の証明書が発行されたが、好天続きで観光客が分散したためか、実施は4日のみ、制度の利用者も46人にとどまった。

2024年には、江ノ電の利用者そのものを減らす目的で、徒歩移動を促す実証実験も行われた。混雑が激しいゴールデンウィーク中の2日間、鎌倉駅頭に誘導員を配置し、江ノ電の最混雑区間である鎌倉駅から長谷駅間を道案内するマップやQRコードを配布して徒歩移動を促した。長谷の鎌倉大仏まで、徒歩では30分程度を要するが、待ち時間がなくなるうえ散策に適した街並みも多く、利用者からはおおむね好評であった。

②マナー違反→条例の制定

従来、鎌倉市は市のウェブサイト上で「鎌倉での過ごし方、観光マナーにご協力を」と題する啓発活動を行ってきた。主な内容は寺社での参拝方法や心構え、街なかでの飲食や歩き方、ハイキングでの環境配慮や安全配慮等であった。しかし、迷惑行為やマナー違反は増加を続け、市民からの苦情が絶えなかった。折しも、ハイキングコースを走るトレイルランが普及すると、全速力で走るランナーに危険を感じるハイカーとの軋轢が頻発し、市はトレイルランを規制する条例の検討に着手した。結局、広大な対象エリア内で監視を徹底することが難しいためトレイルラン条例は見送られ、代わって包括的なマナー条例の制定が議題にあがった。２０１９年３月、「鎌倉市公共の場所におけるマナーの向上に関する条例」が議会の賛成多数を得て可決され、４月から施行された。

同条例は九つの「迷惑行為」を定義したうえ、関係者に一定の責務を課す構造をとっている。すなわち、市と事業者は迷惑行為の防止に努め、市民と滞在者は迷惑行為を行わず、市に協力する責務がある。具体的な迷惑行為としては、車道や線路に立ち入った撮影、山道でのランニング（トレイルラン）、雑踏の中での飲食、等が挙げられた。もっとも、同条例には罰則規定は設けられておらず、広く啓発や問題意識の喚起を目指す内容である。にもかかわらず、一部で「食べ歩き禁止条例」と報道されたことから、市は現在、迷惑行為を表すピクトグラム（絵文字）を作成するなどして関係者の理解に努めている。

〈2〉リゾート型

1　沖縄県恩納村――漁業と観光業の共存

観光開発が進む、恩納村のムーンビーチ（©PIXTA）

恩納村《おんなそん》は沖縄本島の北部西岸に面する南北に細長い村で、46キロに及ぶ長い海岸線を有し、海岸全域が沖縄海岸国定公園に属する。人口は1・1万人で、日本社会の少子高齢化傾向にもかかわらず人口は増加基調にある。海を望む絶景スポットや海浜公園のほか、宇宙航空研究開発機構（JAXA）や国際的な科学技術研究を行う沖縄科学技術大学院大学も立地し、見学が可能である。

3千ヘクタールに及ぶ豊かなサンゴ礁域は、マリンリゾートとして多数の観光客を惹きつける観光資源となる一方、モズクや海ブドウの養殖好適地として活用され、現在は村の漁獲量の大半を養殖藻類が占めるまでになっている。恩納村の主要産業である観光業と漁業がともにサンゴ礁を利用することから、過去に両者間で軋轢が生じ、さまざまな枠組みを通じて関係を調整してきた経緯がある。オーバーツーリズム、特に観光客による自然資源の毀損に対するユニークな対応事例となっている。

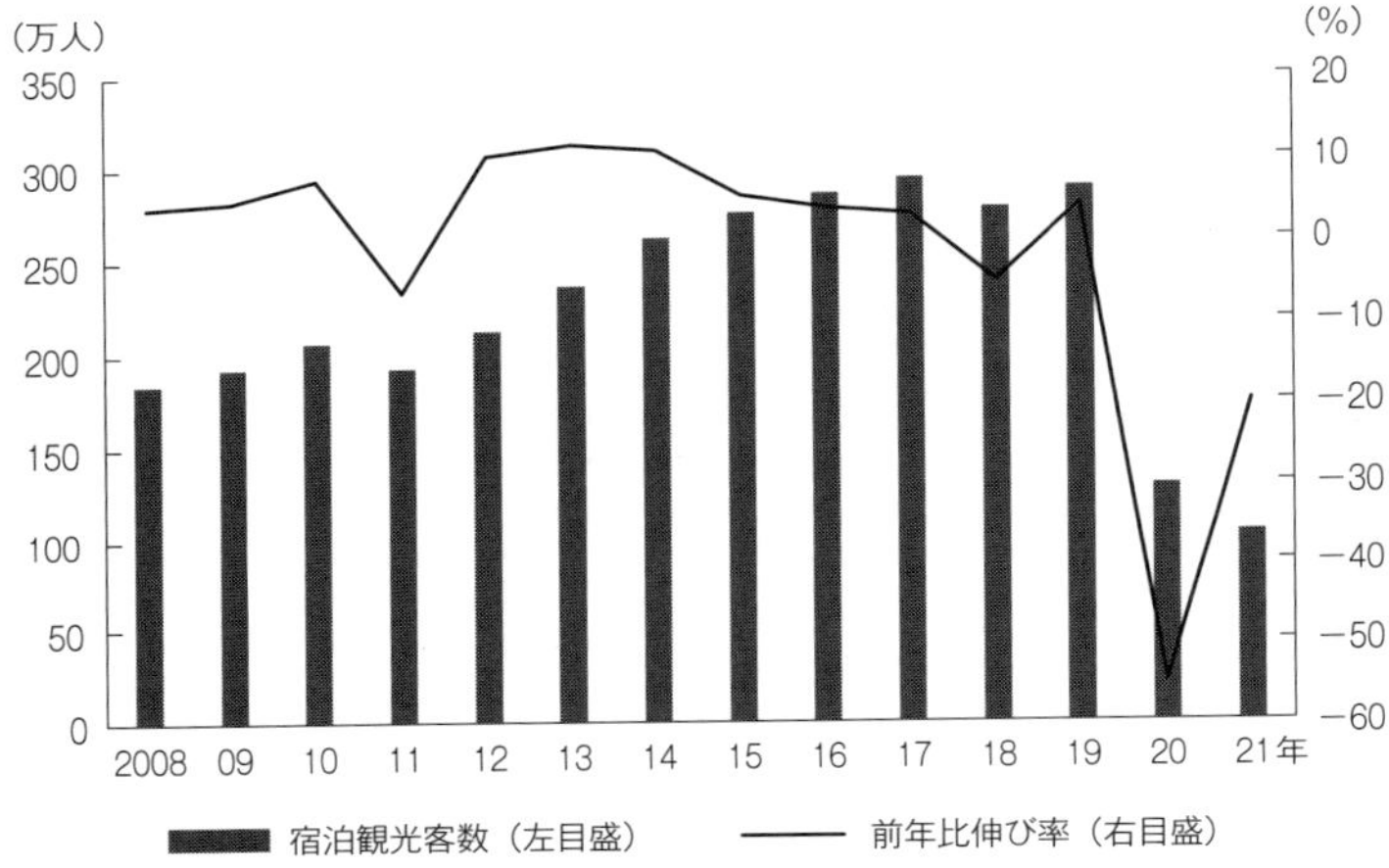

図５　恩納村の観光客数の推移（出典：恩納村「統計おんな」（2017年版、2022年版）に基づき筆者作成）

（1）恩納村観光の現在

２０２１年に村に宿泊した観光客は前年比20％減の１０４万人であった[*12]（図５）。宿泊客数については、２０１２年から２０１７年まで右肩上がりの伸びを見せたが、コロナ禍が本格化した２０２０年以降激減している。特に、２０２１年は、本土の宿泊客数が回復に向かうなか恩納村では減少が続いており、打撃の深刻さが見てとれる。ただし、２０２２年以降、沖縄県全体の観光は回復しつつあり、恩納村も例外ではない。２０２１年のビーチやキャンプ施設、岬といった主要施設への入場者数は１０６万人で、コロナ禍前の２０１９年比では58％減であるが、前年２０２０年よりは２％増えている。観光客のうちインバウンドの動きを見ると、コロナ禍前の２０１９年の宿泊客数は２００９年の13倍、施設入場者数は２０１４年の3倍と順調に増加している。

順調な集客を反映し、村では外資系高級ホテルの建設が相次いでいる。そもそも恩納村の観光開発は、１９７５年に開催された沖縄国際海洋博覧会を機に、国内資本によるリゾートホテルが集積したことが契機である。現在は日本におけるインバウンド市場の急成長を好機と見て、世界的ホテル・チェーンがこぞって進出しており、グローバルなリゾート地として恩納村の知名度がさらに高まることが期待される。他方、生産年齢人口の減少を反映して、宿泊施設の人手不足が深刻化しており、新規採用への応募がない、休みが確保できない、離職者が後を絶たない、等に頭を悩ますホテルも多い。

観光客の滞在中の活動の柱は海水浴、釣り、ジェットスキー、スキューバダイビングといったマリンスポーツである。特にスキューバダイビングはサンゴ礁域で行われ、海の生態系保全への影響が取り沙汰されやすい。スキューバダイビングが日本に紹介されたのは終戦直後であるが、急速に普及したのは１９８０年代以降、沖縄で本格化したのは１９９０年代といわれ、近年の愛好者人口は約40万人と推定される。

(2) オーバーツーリズムの状況

恩納村におけるオーバーツーリズム現象を見ると、まず、マリンリゾート・スポーツを求めて大量の観光客が来村し、天然資源や生活環境を損なう事態が生じている。特に恩納村のセールスポイントであるサンゴ礁とビーチのダメージは深刻であり、再生困難となる恐れすら生じている。具体的には、ダイビング客が海に入る際や遊泳中にサンゴの上に乗る、熱帯魚等に触れたり餌付けしようとする、サンゴに有害な日焼け止めを使用する、等である。生活環境については、生活道路が渋滞する、海岸周辺に路上駐車する、不要となった用具その他ゴミを投棄する、住居付近で大声や大音量の音楽を発する、等の問題行動が見られる。

他に、村の地理や歴史的事情に由来するオーバーツーリズムとして、3タイプが存在する。

①建築・開発行為

第一は、道路等のインフラや各種施設建設による環境・景観への影響である。1972年にアメリカによる沖縄占領が終了して施政権が日本に返還されると、全国平均を大きく下回る県民所得の向上が課題にのぼった。経済振興と格差縮小に向け、米軍基地に依存する産業構造を是正し、広くコミュニティに利益をもたらす観光への関心が高まるなか、恩納村では1975年に政府主導の国際海洋博覧会が開催された。これを機に、大規模なリゾートホテルや飲食店・小売店のほか、プレジャーボートの係留地などマリンレジャー施設が海岸沿いに林立するようになり、海洋環境や生態系、住民の生活に大きな変化が生じた。返還当初、建築関連の規制に当たる自治体では、日本流の用途規制等を使いこなすのは容易でなく、開発計画を適時適切に統制できるようになるまでには一定の時間を要することとなった。

②赤土の流出

第二は、赤土の流出である。これはインフラ整備や観光開発、農業向けの土地改良事業等に伴って顕在化した。沖縄の土壌に多く含まれる赤土は粒子が細かいため崩壊や浸食が起きやすく、海中に流出すると長期にわたって水を濁らせ、サンゴ礁の生育に悪影響を及ぼす。１９７８年には村の水産業の柱となりつつあった藻類の養殖漁場に被害が及び、赤土対策が急務となった。

③海域の独占利用

第三は、海面利用、特にリゾートホテルによる海岸の囲い込みと独占的利用すなわちプライベートビーチ化である。かつての米軍保養施設の流れを汲むホテルの中には、米軍施設当時の慣習を踏襲し、施設前面の海岸（前浜）をプライベートビーチと見なす傾向があった。他のリゾートホテルもその例に倣い、宿泊者以外の海水浴客から入域料を徴収したり、グラスボートの運航時に漁業者を締め出すようになった。住民や漁業者の行動が制約されるため、漁業者はプライベートビーチ化の見直しを求めたもののホテル側が対応せず、１９８５年、漁業者が海上で抗議デモを行う事態に発展した。

(3) オーバーツーリズムへの対応

①建築・開発行為→ゾーニング、条例制定

1970年代半ば以降、宿泊施設や娯楽施設の無秩序な建設計画が一部地域で持ち上がったため、村は1991年に「恩納村環境保全条例」を制定し、土地利用への規制を強化した。さらに、2014年には「恩納村景観むらづくり条例」(以下、景観条例)を制定し、建築物や工作物の設置に関する景観基準と開発手続きについてルールを制定した。

現在、恩納村内は用途が限定されている農業地域等5地域と、住宅や店舗、ホテル等の建築が規制される5地域の計10地域に分けられている。一定規模以上の建築物・工作物の設置、開発行為については環境保全条例、景観条例や土地利用規制ガイドラインの下、事前協議の対象となっている。事前協議では、すべての関係者から同意承認を得ることが慣例となっている。景観条例では建築物の高さや色彩、文化財や眺望との調和などの配慮事項が細かく定められている。

②赤土の流出→流出防止設備の設置、漁協のパトロール

2006年、村、区、漁協、開発行為の発注者、工事関係者が参加する赤土対策の協議会が設立された。協議会では、大規模工事における赤土発生源対策として、斜面をシートでカバーしたり、濁った水が地表から海中に流れ込まないための設備の設置確認と稼働状況のチェックを行っている。

協議会は各メンバーが呼びかければ招集できるため、機動的な対応が可能である。対策は建築物の発注者サイドのみに負わされているわけではなく、漁協も漁業振興の一環として赤土対策に取り組んでおり、流出頻発箇所のパトロールなど漁業環境の保全に努めている。

工事由来の赤土に一定の歯止めがかかると、次の課題として、降雨で浸食された農地が海に流入する問題が取り上げられた。村の農業環境コーディネーターは、蜜蜂を活用して植生を豊かにすることで土壌を強化し、(遊休)農地の表面浸食を抑えるアイデアを思いついた。2019年、村は比較的早期に現金収入をもたらす点をアピールして養蜂を奨励し、高齢化で遊休農地を抱える農家に技術指導を行う「Honey & Coral Project」に着手した。同プロジェクトの特徴として、巧みに外部資源を活用している点が挙げられよう。具体的には、ⓐ蜜蜂を研究課題としていた沖縄科技大学院の生物・進化学ユニットから、村の環境に適した蜂のコロニーの提供や技術的支援を受ける代わり、養蜂で得られたデータや知見を研究者に提供する、ⓑ恩納村赤土等流出防止対策地域協議会によるHoney & Coral Projectをふるさと納税の寄付対象とする、等が行われている。さらに、村で採取された蜂蜜は食品に加工され、土産物として道の駅等で販売されている。

③海域の独占利用↓観光事業者と漁業者の共存に向けた調整

リゾートホテルのプライベートビーチ化を憂慮した県が問題解決を試みたものの不調に終わったため、村は1986年、「海面利用調整協議会」を設置して事態の打開を目指した。協議会には村長が立会人として関与し、リゾートホテルと漁協に話し合いを促した結果、両者の協定が成立した。協定の内容は、ⓐリゾートホテル側が「漁業振興基金」を拠出し、先進的漁業の導入や養殖技術の向上に役立てる、ⓑグラスボートをはじめとするマリンレジャーを行う場合、漁協観光部会に所属する漁業者からチャーターし、燃料等も漁業者から購入する、ⓒリゾートホテル側は漁業権区域の海域を自由に使用する、が柱であった。このように、リゾートホテルが観光客から得た利益を、漁業者を通じて村全体に還元・循環させるしくみができたことで、漁業者をはじめとする地元住民とホテルとの関係が円滑化したため、リゾートホテルの一層の集積につながったといえよう。

その後、マリンレジャーの普及によりダイビングなど新分野の事業者の海域利用が活発化したため、村は２００２年に「恩納村海岸管理条例」を制定して海岸保全区域と一般公共海岸区域を村の管理下に置いた。さらに、２００５年には国土交通省の調査業務の一環として、村は「恩納村沿岸域圏総合管理協議会」を設置した。同協議会には学識者も参加し、それまでのルールを基礎としつつ、関係法令や条例間の関係を整理し、「恩納村沿岸域の利用・保全のルール」がまとめられた。

リゾートホテル側と漁業者側の協定に基づく漁業振興基金は、恩納村の特産物であるモズクや海ブドウの養殖技術の向上・普及に活用され、安定供給の実現に寄与した。また、１９９０年代にサンゴの大規模な白化が生じた際、ダメージの著しいサンゴ礁の回復のためにも活用された。

１９９８年に開始されたサンゴの養殖活動は現在も続けられ、さまざまな広がりを見せている。すなわち、観光客が養殖体験できる人気の観光商品として提供されるほか、恩納村の宿泊者の８％

を占める修学旅行生に対する環境教育の教材ともなっている。また商品を介した連携も行われている。90年代末、サンゴの大規模白化が生じたことを受け、漁協を中心に海の生態系保全とサンゴ再生を柱とする「里海づくり」がスタートした。これに対し、かねてから同村の養殖海藻を原料に商品販売を行っていた生活協同組合は「もずく基金」を設け、対象商品の売り上げの一部を積み立てて里海づくり事業に協力している。

このような活動の広がりを踏まえ、恩納村はサンゴ礁を村のアイデンティティと捉え、2018年3月に「サンゴの村宣言」を行った。「サンゴのむらづくりに向けた行動計画」には、村民のシビック・プライドと恩納村のブランドイメージの向上、それを支える人づくりを沖縄科技大学院やJAXAなど地域内外の機関との連携の下に推進する姿勢が示された。こうした取り組みが評価され、2019年7月、政府が公募した「SDGs未来都市（SDGsの達成に向け、経済・社会・環境を踏まえた新たな価値の創造に取り組む自治体）」の認定を受けた。

最近のサンゴ保全活動としては、2021年に国（沖縄総合事務局）の実証実験として、ダイビングの人気スポットである眞栄田《まえだ》岬海域の利用規制を行った。具体的には、2021年11～12月に、入域を事前届け出制とし、ダイバーに利用ルールと環境保全関連の研修の受講を求めた。さらに、利用時間を1人あたり100分、時間帯あたりの入域人数を200人に限定し、脆弱なサンゴが生息する一部海域については立ち入り禁止とした。マリンレジャー業者からは、コロナ禍の打撃が癒えないなか反発の声も出たが、負担減を歓迎する住民や村の環境重視の方針もあって、実証実験は行われた。一方、村は漁業者やマリンレジャー業者等も参加したビーチクリーンアップ、サンゴを荒らすオニヒトデの駆除活動などを地道に続けるほか、自然を損なわずにマリンレジャーを楽しむ取り組みとして「グリーン・フィンズ」（ＵＮＥＰ（国連環境計画）等による環境に配慮したシュノーケル・ダイビングの国際基準）の導入を進めている。２０２２年にはグリーン・フィンズの認定を担うアセッサー（認定人）とコーディネーター、認定ダイビングショップが複数誕生した。

海域利用については、利害関係者の間で積み重ねられてきた取り組み・ルールをもとに、漁業、リゾートホテル、マリンレジャーの共存を図る従来の方法に加えて、村への来訪者に対し、恩納村沿岸域圏総合管理協議会が中心となって沿岸域利用・保全ルールを周知し、海洋環境の保全と次世代への継承に向けた取り組みに参加するよう求める方針が新たに示されている。

〈3〉稀少資源型

1 富士山——世界遺産の保全と観光利用の両立

登山客で混雑する富士山（©iStock.com / Ryosei Watanabe）

日本の最高峰である富士山は美しい山容を誇る独立峰で、富士箱根伊豆国立公園の北端に位置する。過去、激しい噴火を繰り返し、多くの湖沼や風穴、樹海（溶岩流上の広大な原生林）や溶岩樹型（溶岩流に巻き込まれた木が燃えたため、内部に木の輪郭の空洞が残った溶岩）といった変化に富む地形を生み出してきた。また、70以上の側火山から形成された成層火山であるため地下水が豊富で、滝や清流、湧水が山麓各所で見られる。

古来、富士山は「御神体」として広く信仰の対象とされ、一帯には多数の神社や石碑をはじめとする遺跡、参拝路、信者の先導をする御師《おし》の住宅等が残り、現代でも信仰の場として機能している。また、１３００年以上前から、富士山に題材を得た絵画や工芸品、和歌や物語、能楽等の作品が連綿と創作され、日本文化に占める存在感は極めて大きい。これら人文的要素と山容や湖沼等の自然景観が一体となって富士山の「顕著で普遍的な価値（Outstanding Universal Value：ＯＵＶ）」を構成しており、２０１３年に世界遺産に登録される原動力となった。

富士山は山梨、静岡の両県の5市4町3村にまたがり、広大な山麓にはキャンプ場や釣り場、博物館・美術館、遊園地、ショッピングモールなどさまざまな観光施設が立地している。管理主体も多岐にわたり、国立公園の所管は環境省であるものの、土地は8合目までは県有地、山頂近くは神社の私有地となっている。勢い、土地の管理や利用規制、開発行為をめぐって、しばしば調整が必要となる。加えて、世界遺産の登録を機に管理の一層の厳格化や保全体制の整備が求められるようになったため、関係者の作業負担は大きくなっている。

(1) 富士山観光の現状

静岡、山梨両県の統計資料をもとに、観光の現状を見てみよう。図6は静岡県の観光客数の推移を示したもので、東日本大震災でいったん減少した後、２０１７年までは増加傾向にあった。コロナ禍で富士登山が禁止された２０２０年の富士地域の観光客数は前年比25％の減少となったが、静岡県全体の減少率43％に比べれば、落ち込みは限定的であった。さらに、２０２１年には国内旅行に対する公的支援等の影響で早くも観光客数は増加に転じた。

図7は山梨県全体の観光客数と観光消費額の推移である。コロナ禍前の２０１９年まで、客数・

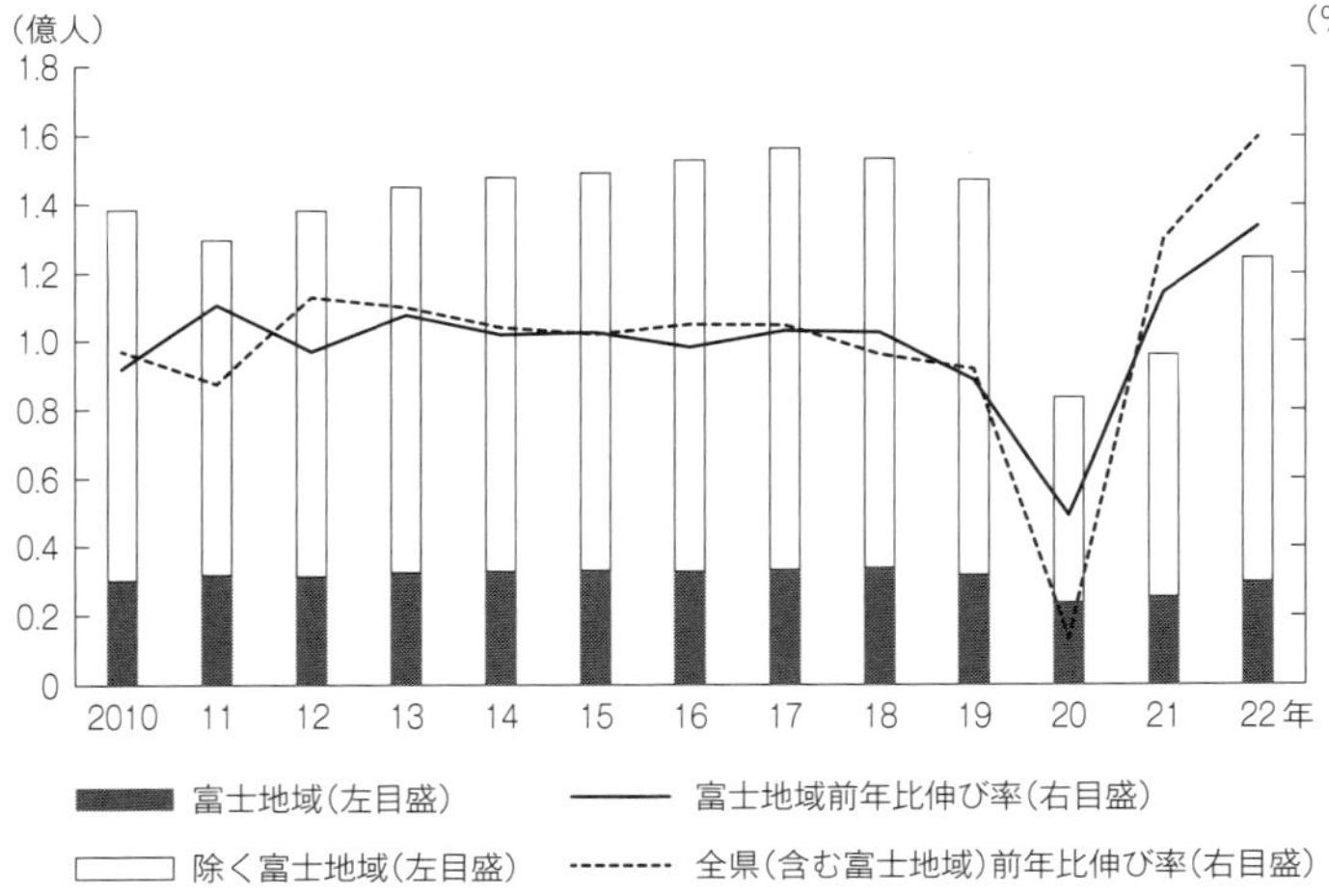

図 6　静岡県の地域別観光客数

（出典：静岡県文化・観光部観光交流局「静岡県観光交流の動向」（2023 年）に基づき筆者作成）

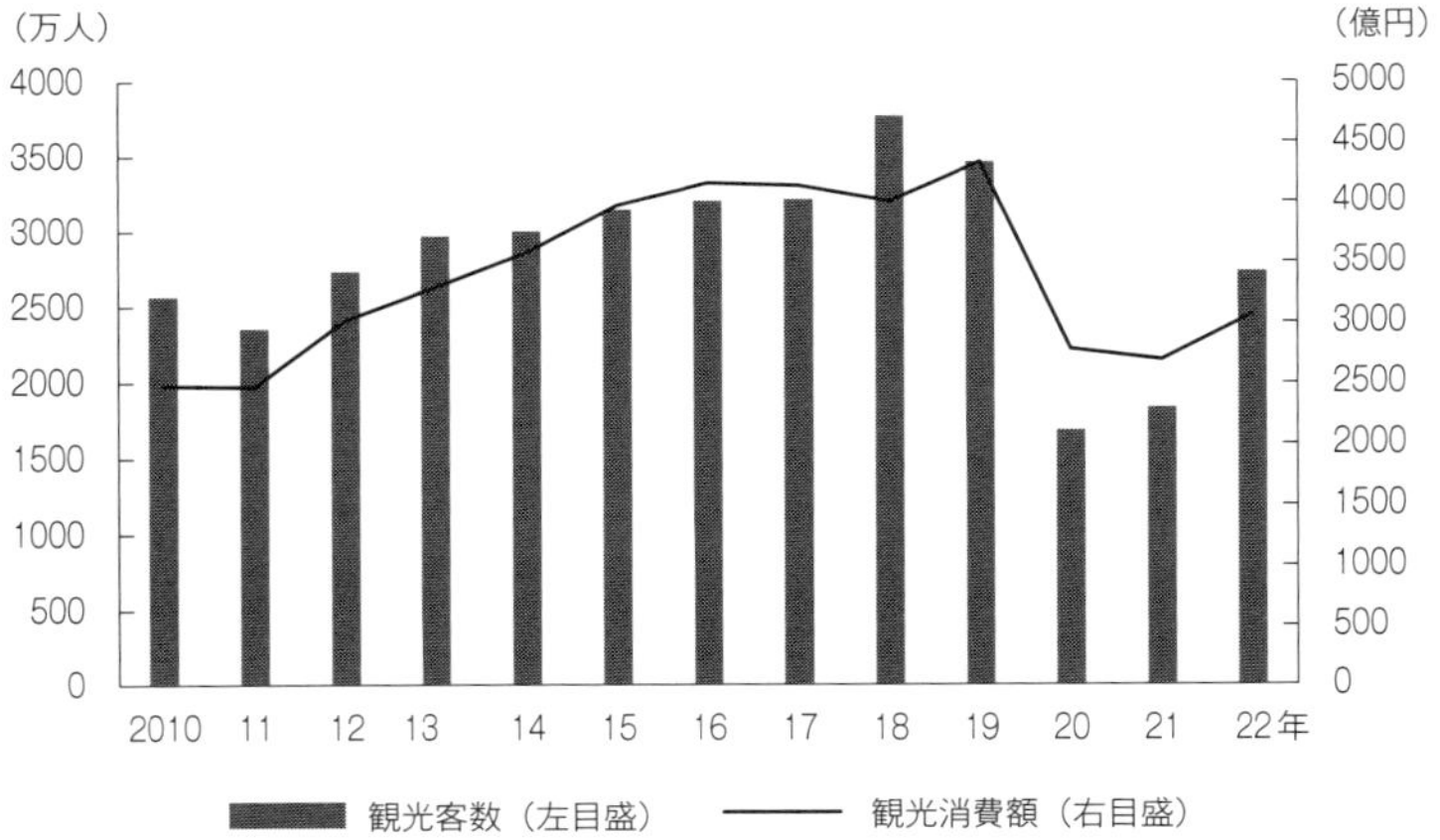

図 7　山梨県の観光客数と観光消費額の推移

（出典：山梨県観光部「山梨県観光入込客統計調査報告書」（2023 年）に基づき筆者作成）

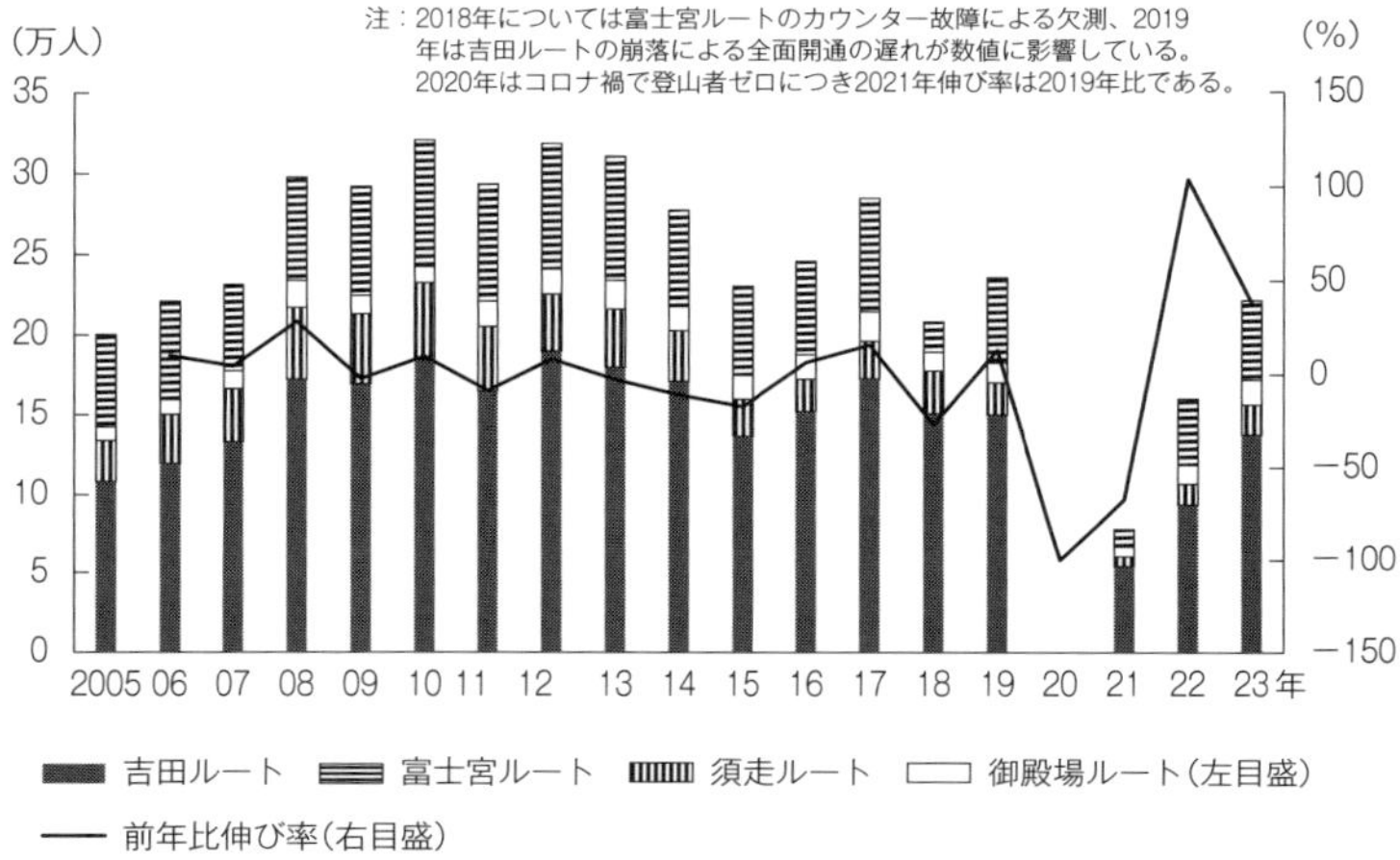

注：2018年については富士宮ルートのカウンター故障による欠測、2019年は吉田ルートの崩落による全面開通の遅れが数値に影響している。2020年はコロナ禍で登山者ゼロにつき2021年伸び率は2019年比である。

図8　登山ルート別富士登山者数の推移
（出典：環境省「2023年夏季の富士山登山者数について」（2023年9月）基づき筆者作成）

消費額ともに、天候等に左右されつつも、おおむね増加傾向であった。しかし、コロナ禍の影響で２０２０年には観光客数が前年比51％減、観光消費額が36％減と大幅に減少し、２０２１年には観光客数は前年増となったものの、観光消費額の減少は続いた。２０２２年にはようやく両方が増加に転じたが、観光客数はコロナ前の80％、消費額は同じく70％の水準にとどまっている。

　次に富士登山の状況を見てみよう。図8は環境省が行っている富士山への登山者数調査（8合目付近の山小屋にカウンターを設置し、赤外線センサーで通過人数を捕捉）が示すルート別登山者数である。ちなみに２０１８年は富士宮ルートのカウンターに不具合を生じ、２０１９年は吉田ルートの崩落のため全面開通が遅れたため、注意が必要である。２００８年から

２０１４年までの登山者数は年間30万人前後であったが、２０１５年に25万人を割った。その後２０１９年までは（２０１７年を除く）毎年20万人から25万人が富士登山を楽しんだ。コロナ禍により２０２０年に全面入山規制が敷かれたが、２０２１年以降、登山者数は右肩上がりの伸びを見せ、前年比38％増となった２０２３年の水準はコロナ禍前に迫りつつある。一般に、積雪や天候、登山道の状況等により日々の登山者数は大きく左右されるが、シーズンを通して見ると、週末など休日への集中が顕著である。１日あたりの平均登山者数を比較すると、土日祝日は平日の１・８倍に達する。時間帯別の集中度では、最も登山者数の多い吉田ルートにおいて、15時から17時と深夜23時から翌1時に顕著なピークが生じている。これは山小屋への宿泊および御来光を目的とした登山者と見られる。

コロナ禍の影響が残る状況下の調査であるが、２０２１年の登山者アンケート（責任主体は静岡県・山梨県および関係市町等で構成する「富士山世界文化遺産協議会」、日本交通公社が各登山口5合目で日本人登山者を対象に実施）によると、全回答者に占める初心者（経験1年程度）の割合は37％であった。また、初めて富士山に登った人の比率は47％で、5合目まで車でアクセスできることもあり、経験の浅い人が初めての登山先として富士山を選ぶケースが少なくないことが判明した。

２０１５年に行われた環境省の調査結果を見ると、外国人登山者比率は、吉田ルートのすべての登山者の約21％（休日）と28％（平日）、富士宮ルートの12％（休日）と10％（平日）であった。

また、富士山が国立公園内にあることや植物・溶岩が採取禁止であることについて、外国人登山者の認知度が4～6割であることも判明した。山小屋など受け入れ側に外国人について困ったことを尋ねた設問では、外国語への対応、トイレやシャワーの使用方法をめぐるトラブル等が挙がった。

(2) オーバーツーリズムの状況

山麓を除いた富士山本体におけるオーバーツーリズムを中心に取り上げる。

①来訪者の増加、混雑

山頂を目指す登山者と、5合目付近で景色を楽しむ観光客の合計が増加基調にあるため、休日を中心に混雑が大きな問題となっている。特に5合目から山頂を目指す場合は、天候や残雪等の条件により登山に好適な日はさらに限られること、御来光を拝もうと早朝の山頂付近に登山者が集中することから、しばしば深刻な渋滞が発生し、接触・転落等事故の危険性が高まっている。

来訪者の増加に伴うトラブルは他にも存在する。トップシーズンの登山者数は山小屋の収容人数を大きく上回るため、宿泊せずに夜間の登山を強行する、いわゆる「弾丸登山」*13が一定数見られる。たとえば、2018年に吉田ルートを通過した登山者の約7％が弾丸登山と見られるが、一気に山頂を目指すため高山病を発症したり、疲労のため救助を要請する事態につながり、救護所や地元警察等に大きな負担となる。特にコロナ禍以降、密を避けるために山小屋が定員を減らしたため、予約を取れないまま夜間に登山を強行するケースが増えている。その結果、道に迷う、登山道付近で仮眠し通行の障害となる、寒さに耐えかねて焚火をしたり周辺施設に不法侵入する、立ち入り禁止区域に入り込む、ゴミを投棄する等の問題行動が多発し、深刻な問題となっている。また、自動車道路が開通している5合目までは容易に到達できるため軽装の観光客も少なくないが、散策中に天候が急変したり、装備なしでは危険な地帯に立ち入ってトラブルとなる事例が生じている。

来訪者の増加がライフラインに与える負荷も問題である。上下水道のうち、飲料水は市販のペットボトル、生活用水は給水車での運搬や雨水の再利用で対応しているが、再生水の確保には限界があるため物流を担うトラクター道の通行量が増加している。トイレについては、世界遺産登録を目指す過程で未処理のし尿の露出や屋外排泄が大きく取り上げられたことから対策が講じられ、山小屋や休憩地点への環境配慮型バイオトイレの設置が進められている。しかし、ハイシーズンには絶対数が足りず、バイオ処理能力が追いつかないため稼働停止となる事態が生じている。電気は自家発電で賄われ、燃料は麓から運搬されているが、登山者の増加に伴い発電量が増えて発電設備や物流道路への負荷が高まっている。

②環境・生態系の毀損

前述のように、自家発電量やトラクターの通行量が増大しており、大気への悪影響が懸念される。またトラクター道周辺の土壌流出や動植物の生育環境へのダメージ、トイレの機能低下による土壌汚染も指摘されている。生態系については、珍しい高山植物や昆虫を採取したり、記念に溶岩を持ち帰ろうとする登山者の振る舞いが問題となっている。夏季を中心に環境省や県のレンジャー（自然観察官）がパトロールを強化しているが、注意されてもルール違反を続けるケースが報告されている。また来訪者が持ち込む外来種も、富士山の生態系にとって大きな脅威である。環境省が特定外来生物を指定し、地元自治体やNPOと連携して駆除活動にあたったり、自治体が登山口に種子の防除マットを設置したりしているが、根絶は困難な状況である。

③マナー・ルール違反

登山道周辺に来訪者がゴミを放置する問題は深刻である。世界遺産登録を機に啓発活動が強化されたため、放置されるゴミの量は減ってはいるものの、荷物を軽くしたい弾丸登山者などの間でマナー違反は続いている。その他のマナー・ルール違反としては、溶岩や木への落書き、写真等撮影時の振る舞い（標識に接触し動かしてしまう、登山道を占拠して通行の妨げとなる等）、5合目以上で禁止されているテントの設営、登山コース外への立ち入り・踏み荒らし等がある。また、トイレ不足のため、露天で排泄してしまい、環境や景観を損なう問題も依然として存在する。

④伝統文化の希薄化

かつての富士登山は、「富士講」という信者のグループによる定期的な参拝が主であった。現在でも富士講の信者に宿所を提供するほか、天候や危険箇所等の知見、言い伝え等を伝達して参拝を手助けする御師が山麓で活動を続けているが、今や、その存在を知らない登山者が大半を占めつつある。歴史的建造物や石碑等の老朽化・破損も進んでおり、富士登山の宗教的側面や伝統の継承は危機に瀕しつつある。

(3) オーバーツーリズムへの対応

①来訪者の増加、混雑→混雑情報の開示

登山シーズン中、山梨、静岡両県が「深刻な混雑」の基準を定め、その発生確率を予測したカレンダーを公表して、登山者に参考にするよう呼びかけている。背景には、特定の時点・地点に登山者が集中して接触や転落・将棋倒しが発生したり、長時間立ったまま御来光を待ち続けて体調不良に陥るトラブルを避ける目的に加え、世界遺産登録時にユネスコから「来訪者の管理戦略の策定」を求められた事情がある。具体的には、2015〜17年に両県がGPSを活用して行った登山者数調査に基づき、接触等の危険性が高まる基準として「登山道1平方メートルあたり1・25人」を算出した。さらに、このような「深刻な混雑」が発生する場合の1日あたり登山者数の目安を、吉田ルートで4千人、富士宮ルートで2千人と定め、混雑解消の数値目標として、登山シーズン中、

この目安を超える日を吉田ルートで3日、富士宮ルートで2日以下とすることとした。手段については、登山許可制などの厳密な総量規制は行わず、混雑情報の周知を徹底して登山者に自発的な回避行動を促し、時間的な平準化を図るものである。しかし、前述の登山者アンケートによれば、混雑予報カレンダー等の混雑情報を参照している登山者は全体の41％にとどまるのが実情である。

両県のこの方針に対し、「1日あたり登山者数が4千人または2千人を超える日は、現状でもシーズン中の数日にとどまっており、目標が低すぎる」、あるいは「1日あたりの登山者数で見れば目安以下の日でも、明け方の山頂付近では危険な混雑状況が頻発している」等の批判が寄せられ、登山者数の上限規制の導入を求める意見がある。他方で、宿泊施設などの経営者からは、努力目標にとどまるとはいえ 登山者数の上限を示すことで、富士山への来訪意欲を損ない、事業にマイナス影響を及ぼすという反対意見も根強い。

とはいえ、オーバーツーリズムの深刻化を前に、規制を強めるスタンスへの反対は減りつつある。利用人数が最多の吉田口を抱える山梨県では、2024年の夏シーズンから新たな入山規制に踏み切り、5月から予約システムを稼働している。規制の内容は、ⓐ吉田口ゲートを午後4時から午前3時まで閉鎖する（山小屋の宿泊予約がある場合を除く）、ⓑ1日あたりの入山上限を4千人とし、事前予約を奨励する（当日予約枠もある）、ⓒウェブ予約の際に富士山保全協力金（後述）と通行料の支払いを求める（ゲートでの支払いも可）、である。一方、複数の登山口のある静岡県の場合、入山規制は見送るものの、入山者による登山計画のウェブ登録を試行したり、登山口で山小屋への予約確認を厳格に行い、宿泊予約なしの登山者には夕方以降の登山を見送るよう求める方針である。

②大気汚染→自動車道の通行規制

富士山麓と5合目を結ぶ山梨県側の主要道路である富士スバルライン、静岡県側の富士スカイラインとふじあざみラインは、夏の一定期間、電気自動車等を除く自家用車の通行が規制されており、来訪者の大半は駐車場からシャトルバスやタクシーを利用しなければならない。規制期間は２０１２年時点では15日間と短かったが、徐々に延長を重ね、２０２４年の場合は、山梨県側の富士スバルラインは7月5日から9月10日まで、静岡県側の富士スカイライン等は7月10日から9月10日までの予定である。本規制の結果、自動車の通行量は大幅に減少した。たとえば、２０１２～14年の富士スバルラインについて比較すると、規制期間の延長（15日間→31日間→53日間）に伴い、自動車通行台数は8・6万台→6・4万台→3・5万台となり、減少幅は約6割に達した。

他方で新たな問題も生じている。２０１２～13年に行われた大気汚染調査の結果、以前渋滞が発生していた地点の二酸化炭素排出量は規制期間中に約6割減少したものの、渋滞が発生していなかった地点の排出量は3～4割増加しており、汚染地域の拡散が生じている。こうした事態に対し、山梨県では新たな交通手段の導入が課題にのぼっている。知事が抜本的な混雑対策として公約してきた次世代型路面電車（ＬＲＴ：Light Rail Transit）「富士登山鉄道」構想がそれで、現在の富士スバルラインの上に線路を敷設するものである。マイカーその他の自動車を通行規制して来訪者数の管理を容易にする構想であるが、地元の合意が得られていないうえ、建設の時期、移行期間の旅客輸送、運営主体、資金調達などの問題が山積している。実現には相当の時間を要するため、当面のオーバーツーリズム対策としては実効性に乏しいといえよう。

③環境・生態系の毀損↓入山料を徴収して環境整備に活用

山梨、静岡両県と地元市町村は富士登山の環境整備に活用する目的で、2013年の試行を経て2014年から任意で入山料（正式名称は「富士山保全協力金」）1000円を徴収している。2018年までは山頂を目指す登山者が対象であったが、5合目以上の来訪者も登山道やトイレを利用することを理由に、2019年からは徴収の対象としている。徴収場所は静岡県側3カ所（富士宮、御殿場、須走の各登山口）と山梨県側1カ所（吉田口の2地点に開設）のほか、登山シーズンの前からコンビニや県庁でも受け付け可能で、インターネット決済も導入されている。協力した人には木札の協力者証が進呈される（コンビニやインターネットの場合は後日郵送）。

徴収実績を見ると（図9）、初年度は世界遺産登録直後とあって多額の入山料を徴収することができたが、その後、これを上回る金額に達していない。県別では、最も登山者が多い吉田口を擁する山梨県が静岡県を大きく上回っているが、両者の差は縮まりつつある。また、山梨側の徴収実績には波がある一方、静岡側はコロナ禍の影響を受けた2021年を除いて、ほぼ右肩上がりとなっている。

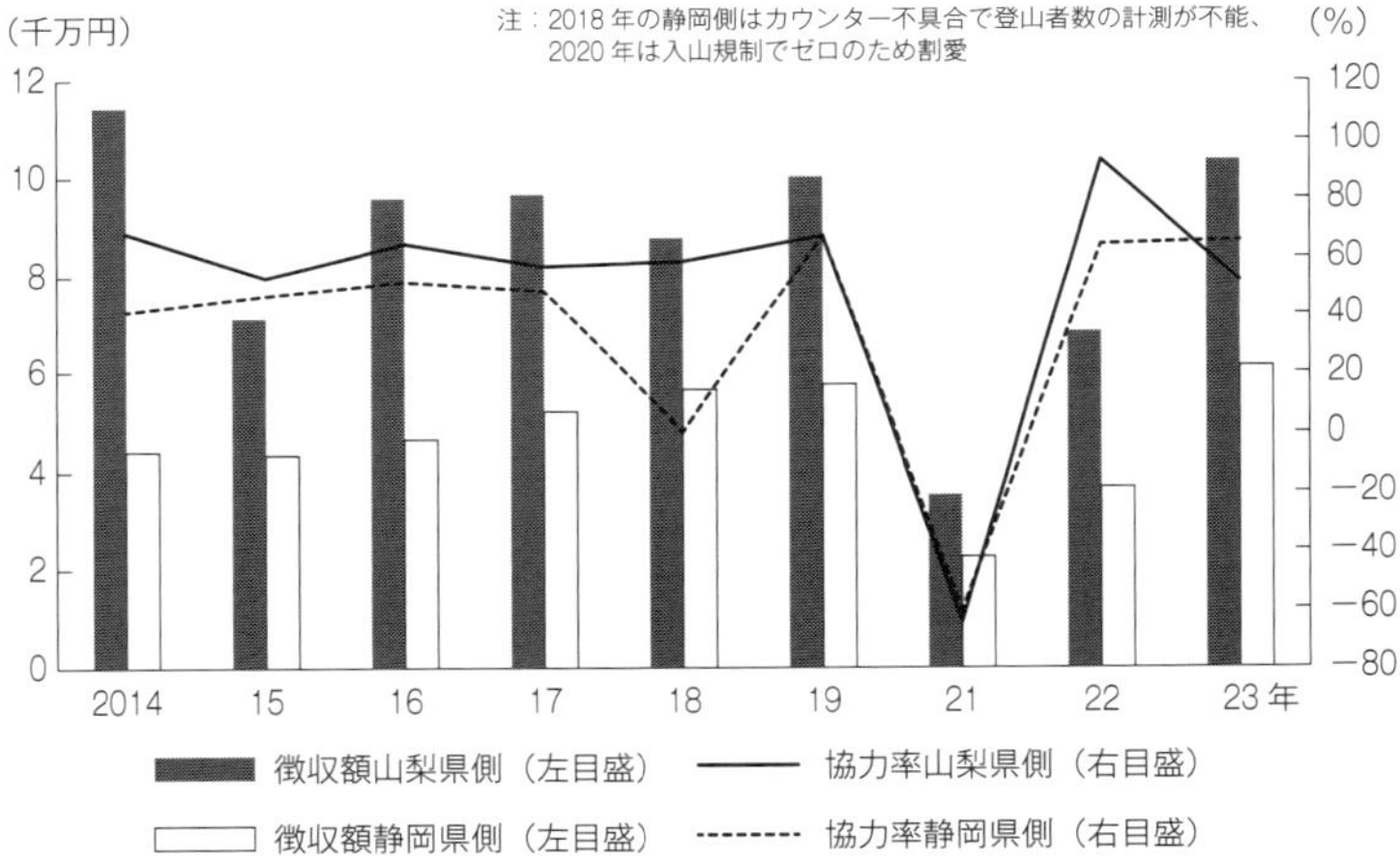

注：2018 年の静岡側はカウンター不具合で登山者数の計測が不能、
2020 年は入山規制でゼロのため割愛

図 9　富士山保全協力金の徴収状況
（出典：富士山世界文化遺産協議会作業部会資料（2023 年）に基づき筆者作成）

環境省が公表する8合目通過者を母数として、入山料を拠出した登山者数の割合（協力率）を見ると、２０２３年は山梨県76％、静岡県74％で、両県とも過去最高の協力率を記録した。同年は世界遺産登録10周年に当たり、記念協力者証が用意されたことが影響したとみられる。

入山料の主な使途は、ⓐ富士山の環境保全：自然環境の保護、山小屋バイオトイレの整備、臨時公衆トイレの整備、ⓑ登山者の安全確保：噴火時用ヘルメット・ゴーグルの配備、道標・防護柵等安全誘導装置、ビジターセンターの運営、ⓒ登山者支援：救護所の運営、多言語通訳、富士山情報の提供、に大別される。なお、入山料の収受と利用については山梨、静岡両県が独立して行っており、活動内容や事業区分には異同が多いため全体的な配分先等の把握は難しい。

入山料の主な課題としては、㋐任意であるためフリーライダーが不可避的に生じ不公平である、㋑登山者全体に占める負担者の比率（協力率）が低い、㋒徴収に際し、人件費を中心に少なからぬコストが発生する、が挙げられる。

関係自治体、環境省をはじめとする国の出先機関、住民や事業者の代表からなる富士山世界文化遺産協議会は、これらの課題について学識者を交えた富士山利用者負担専門委員会を設け、検討を行ってきた。現在の検討状況を紹介すると、現行協力金は富士山を保全する意識を醸成するうえ、環境保全や安全対策の原資となることから、本制度をベースに法定外目的税化し、5合目から上の登山者を対象に利用者負担を義務化する。徴収にあたっては、5合目付近に入域手続き施設を設け、富士登山に関する講習等を義務づける「条件付き入域制度」を導入する。具体的には、登山者は入域施設で講習、装備確認等を受けた後、入域手数料に併せて税を払うしくみである（ウェブによる入山予約者に対してはeラーニングを提供し、事前決済とする）。

検討内容については、技術的課題として、徴収コストが高いうえ、手続きせずに入域する登山者の阻止が難しいこと、運営主体や手続施設の確保が必要なこと、道路の利用に条件を付けるには法令改正が必要なこと、等が指摘されている。また、政策的課題として、入域人数の減少する恐れについて地元関係者の理解が不可欠なこと、富士山の保全・活用に必要なコストと経済効果を踏まえた役割分担が必要なこと、が挙げられた。このため、ＩＣＴの活用によるコスト軽減や運営団体のあり方に関する調査研究、関係者との意見交換等が求められ、法定外目的税化には時間がかかる見通しである。

④マナー・ルール違反↓清掃活動

ゴミで荒れた富士山を清掃するさまざまな取り組みが存在する。まず地元自治体や住民組織、NPO、学校等による清掃活動が定期的に行われ、年間数百トンのゴミが収集されている。対象は山林・原野にとどまらず、山麓各所に見られる清流や湧水でも盛んである。社会貢献活動として取り組む企業も多く、地元NPOと開催したイベントで清掃活動する社員を休日出勤扱いにしたり、企業対抗のゴミ拾いコンテストにチームをつくって参加する例が見られる。

清掃活動をしながら登山やハイキングを楽しむ企画も定着している。地元NPOと旅行会社が連携し、登山道のゴミを拾いながら登山する複数のツアーが毎年催行されており、著名登山家やタレントと同行できる企画等は人気が高い。また、山頂を目指すことは難しい来訪者向けに、清掃活動を兼ねて山歩きできるエコトレッキングコースが複数設けられている。

清掃活動の一方、ゴミの投棄自体を減らす取り組みも行われている。地元自治体、NPO、大学生が登山口において、ゴミを持ち帰るよう登山者に呼びかけ、ゴミ袋を配布する活動を行っている。近年のインバウンドの増加に対応し、2018年からは10カ国の言語で「ごみを持ち帰るまでが富士登山」と印刷したデザインを採用している。山小屋の運営者等から不法投棄が減ったと評価されるなど成果があったことから、2019年には12言語に広げ、配布枚数も増やして対応した。

⑤安全を軽視する登山↓登山者への情報提供

富士山のルールやマナー、山頂付近の渋滞情報、天候や登山道の状況などを提供し、来訪者側、受け入れ側の双方にとって安全で円滑な富士山観光を実現する取り組みである。媒体としては、マナー・ルールの啓発冊子、ルート別に安全な登山方法を紹介するビデオに加え、混雑状況などリアルタイムの情報をウェブサイトで発信している。

五つの言語で利用可能な「富士登山オフィシャルサイト」は２０１３年6月に開設され、事前に必要な準備、登山中の注意点、通行規制などの「お知らせ」、Ｑ＆Ａが主な内容である。リアルタイム情報としては、ルート閉鎖などの緊急情報、気象情報、登山者が密集している地点の実況等を行っている。その他にも混雑解消策に向けたレンジャーの現場報告として、山頂以外で御来光が望めるビューポイントを紹介し、滞留地点の分散化を図っている。

来訪者との接点の多い旅行会社やガイドに働きかけて、適切な情報提供を促す取り組みもある。具体的には、登山ツアーの企画会社、ガイドブックを発行する出版社、ウェブサイトの運営者、登山用品店等を集めてワークショップを交えた「富士山ガイダンス」を開催し、登山者が怠りがちな装備のチェックを促したり、高山病の予防対策を伝えるノウハウなど安全な登山に必要な情報提供について研修を行っている。

⑥伝統文化の希薄化↓コミュニティによる地域資源の復活

２０１３年の世界遺産登録に際し、富士山は評価機関である「国際記念物遺跡会議（ＩＣＯＭＯＳ）」から今後の管理・運営方法について勧告を受けた。勧告は神社や御師住宅、参拝路など神聖で美しい景観の保全に努めるよう求めている。現在、伝統的建造物・遺跡等の修復をはじめとして、山麓自治体の街並みや景観の改善が課題となっている。景観形成が求められる箇所は膨大であるため、行政のみで対応することは難しい。また住民や企業間の合意も必要であり、地元コミュニティの関与が重要となるなか、地縁組織やＮＰＯ主導で地域資源の修復と継承が行われている。

静岡県小山市では２０１６年から、須走口を通る登山者に対し、江戸時代に盛んだった「登拝《とはい》証」を交付し、須走地区中心部と5合目に鎮座する二つの神社の印章を受けるよう促す活動を行っている。登拝証は富士山を拝みつつ登った伝統を踏まえ、かつて御師が参拝の証として配った御礼にちなむもので、このような地区の由来や歴史を来訪者に伝えるため、住民向けの勉強会も開催されている。登拝証を受けた来訪者は下山後に神社を目指して須走地区を回遊するため、地域活性化の効果も期待されている。

静岡県裾野市では、明治期に廃道となった参拝路を再び整備する取り組みがある。鎌倉時代から続く須山口登山道の復旧活動に地元有志が着手したのは１９９０年代のはじめで、その後文献調査を通じたルートの確認、歩道の整備、道標の設置等を進めて１９９９年に上下歩道が完成した。現在も維持管理は地元住民による「富士山須山口登山歩道保存会」が担い、倒木の除去、階段や土の流出箇所の補修等に当たっており、広く富士山の愛好者に開放されている。

＊1　「京都観光総合調査」は、2020年に「観光客の動向等に係る調査」に改称された。
＊2　京都市「観光客の動向等に係る調査」2022年
＊3　＊2に同じ
＊4　＊2に同じ
＊5　京都市「京都観光総合調査」2016年
＊6　読売新聞2024年1月29日
＊7　朝日新聞2024年2月7日
＊8　国土交通省資料「京都市における観光課題について」
＊9　鎌倉市「鎌倉市の観光事情」2023年度版
＊10　観光客の回答は市のウェブサイトと実地アンケートの平均値、市民の回答は第2次鎌倉市総合計画に関連して行った市民意識調査結果に拠っており、時期や規模が異なる。
＊11　＊9に同じ
＊12　恩納村「令和4年統計おんな」2023年
＊13　休憩を適切にとらず一気に山頂を目指す登山を指す。富士山の場合、山小屋の宿泊予約等をせず、夜間に5合目を出発して夜通し登山するケースが特に問題視されている。

III
新たなオーバーツーリズムとその対策

6章
ソーシャル・メディアが生む
次世代オーバーツーリズム

オーバーツーリズムが発生する原因、影響が及ぶ範囲とスピード、対処方法等に新たな動きが生じている。その一つが、ソーシャル・メディア（以下、SNS）の影響である。最近、いわゆる「(有名)観光地」ではない場所に突然観光客が大挙して訪れ、コミュニティや地元住民とトラブルになるケースが増えている。背景には、情報通信技術（ICT）や人工知能（AI）の進歩、SNSの普及や情報共有が旅の一環となるなど、観光客の嗜好・行動の変化が影響している。以下では、この新潮流を「次世代オーバーツーリズム」と名づけ、その動きや影響に注目してみよう。

1　無名のスポットが突然ブレイクする現象

以下、便宜的に「もっぱら地元住民に親しまれている風景や神社仏閣、あるいは日常的な生活空間に、それまでとは桁違いの来訪者が突如訪れ、地元との軋轢が生じる事態」を「次世代オーバーツーリズム」と呼ぶ。観光地としての知名度が低い地域・スポットであるにもかかわらず、突然「ブレイク」する現象は数年前から日本各地で顕在化しており、表1のような事例がある。

たとえば、新倉山浅間《あらくらやませんげん》公園は、富士吉田市の新倉富士浅間神社に付随する駐車場を兼ねた公園であるが、第二次世界大戦の戦没者を慰霊する五重塔「忠霊塔」と桜、富士山が画面一枚に収まる構図が「いかにも日本らしい」として人気を博している。一説にはタイから来たカップルが構図の妙

スポット	所在地	観光地化の背景、インバウンドの楽しみ方
地獄谷野猿公苑	長野県山ノ内町	温泉入浴する野生の猿を身近で見る
あしかがフラワーパーク	栃木県足利市	アメリカのCNNで紹介され、インバウンドの来場が6倍に
江ノ島電鉄の踏切	神奈川県鎌倉市	漫画「スラムダンク」の舞台で主人公と同じポーズで撮影
ひたち海浜公園	茨城県ひたちなか市	4～5月に開花するネモフィラが東南アジア、特にマレーシアで人気
新倉山浅間公園	山梨県富士吉田市	富士山と五重塔、春には桜をバックに写真撮影
友ヶ島	和歌山県和歌山市	映画「天空の城ラピュタ」のイメージがある無人島
大久野島	広島県竹原市	野生化したウサギの大群に触れるため宿泊
河内藤園	福岡県北九州市	口コミ人気で混雑となったため入場方法を見直し中

表1　SNSや海外メディアで拡散した観光資源の例
（出典：日経トレンディ、日経ビジネスウェブサイト他に基づき筆者作成）

富士山と桜、五重塔が1枚の画面に収まる風景が「日本らしい」と人気を呼び、SNSで拡散される新倉山浅間公園（出典：Taitan氏のTwitter）

に気づいてＳＮＳに投稿したことから拡散したという。

また、広島県竹原市の大久野《おおくの》島の場合、小学校で飼育されていたウサギが野生化し、島外から持ち込まれたウサギとともに大量繁殖し、地元では迷惑していた。ところが、ＳＮＳに旅行者が投稿した内容が海外の複数のニュースメディアに取り上げられて拡散し、一挙に観光資源化した。当時、大久野島には国民休暇村しか観光施設はなく（現在はビジターセンターや海の駅がある）、地元ではインバウンドが大挙して訪れ、盛んにウサギに触れる事態に困惑したとの報道[*1]もある。

普通の街並みや風景が次世代オーバーツーリズムの舞台となる場合もある。５章の鎌倉の事例で触れた江ノ島電鉄の踏切周辺の風景は、海外でも広く読まれている漫画「スラムダンク」に登場するため根強い人気があり、インバウンドを含めていわゆる聖地巡礼する来訪者が多い。以前から人気があったが、近年はインスタグラムに投稿するため、漫画の登場人物と同じポーズの画像を撮ろうと車道に出たり、線路内に立ち入って撮影する観光客が後を絶たず、自動車・電車の通行に支障をきたし、安全面を危ぶむ地元住民の声も聞かれる。踏切を管理する江ノ島電鉄は警備員を置くなど対応を強めているが、制止を聞かない観光客も多く、事態はむしろ悪化している。

聖地巡礼の例は他にも多数あり、嚆矢としては２００７年に放映されたアニメ「らき☆すた」の舞台である埼玉県久喜《くき》市の鷲宮《わしのみや》神社、最近では、２０１６年に公開されたヒットアニメ「君の名は」に登場する岐阜県飛騨市図書館や東京都新宿区の四谷須賀神社に多数のファンが訪れている。千葉県君津市の「亀岩の洞窟」（「濃溝の滝」の名称で拡散）や福岡県篠栗《ささぐり》町の「篠栗九大の森」

の場合は、ＳＮＳに投稿された幻想的な風景写真がジブリ映画の一シーンのようだと人気が高まった例である。亀岩の洞窟の場合、自家用車のみならず観光バスが多数来訪したため、地元は急きょ駐車場を整備したり、警備員を置くなど対応に追われた。篠栗九大の森は福岡市のベッドタウン篠栗町に立地する九州大学の演習林で観光施設ではないが、地元住民の憩いの場として一般開放されている。観光客の中には、遊歩道を外れた森林や池周辺に立ち入って地面を踏み荒らしたり、木を傷つけたりするため、研究に支障をきたした大学側は対応に苦慮している。篠栗町も当初は来訪を歓迎していたものの、路上駐車が多発して町民の移動がままならなくなったり、森の静謐さが失われたりしたため、対応を見直し、駐車場などの整備はしない方針である。

もちろん、それまで顧みられなかった地域への来訪者が急増したからといって、常に深刻なトラブルが生じるわけではない。次世代オーバーツーリズムどころか、むしろ受け入れがうまくいって観光振興に寄与する場合もある。代表例として、佐賀県鹿島市の祐徳稲荷神社が挙げられる。祐徳稲荷神社はタイの映画やテレビドラマのロケ地となったことを契機に同国からの観光客が急増したため、タイ語の案内やお守り・おみくじを用意するなど機動的に対応している。

また、前述の飛騨市図書館も映画「君の名は」のファンによる聖地巡礼に理解を示し、被写体が特定されない条件で館内の写真撮影を許可したり、関連書籍やファンのメッセージ・イラストを集めた特設コーナーを置くなどしたため、ネットを中心に賞賛の声が寄せられた。ただし、周辺住民から苦情を寄せられた映画の製作委員会が、ファンにマナー遵守を呼びかけるなどトラブルの発生も指摘されている。一般に、伝統的な観光地以外の地域が、急増する観光客にうまく対処できずに次世代オーバーツーリズムに陥ると、その収拾は容易ではない。

2　観光客が突然押し寄せる要因

特段の広告やプロモーションを行っていない地域・スポットに、突然観光客が押し寄せるのはなぜか。主に三つの要因を指摘できよう。

(1)　先端技術の発達

直接的な契機となったのは先端技術の影響である。より詳しくは、情報伝達とナビゲーションに大別できる。

①情報伝達

ＩＣＴの発達により情報の拡散するスピードや範囲が急拡大し、伝達可能な情報量も増加して鮮明な画像や動画・音声の共有が可能となった。さらに、ＳＮＳが普及して一般人でも頻繁に情報発信できるようになったため、膨大・詳細な情報が社会に溢れ、影響力を増した。情報伝達をめぐるこれらの変化に観光客が積極的に反応し、行動に反映させたことが、次世代オーバーツーリズムの発生に大きく影響している。

ここで、旅行に関するSNSの参照状況を見てみよう。JTB総合研究所が行った、旅行スタイルの変化に関するインターネットアンケート[*2]（2018年、18～79歳の男女1030人を対象）では、3年前と比べ、旅行スタイルに生じた変化として、「旅行中に現地の情報を収集する」（41％）がトップとなった（図1）。また、国内旅行の情報を探す場合、最初に行う方法の1位は「検索エンジンでキーワード検索」（26％）、次に探す方法の1位は「旅行比較サイト」（30％）で、旅行会社等のリリースだけでなく、口コミを含めさまざまな情報を求める傾向が見てとれる（図2）。

さらに、同研究所が別に行った、旅行消費に関するインターネットアンケート[*3]（2018年、18～69歳の男女1030人を対象）で、「SNSで経験したこと」として、「SNSの投稿で行ってみたいと思った場所に行った」（21％）が行動のきっかけの1位となっている（図3）。

インバウンドについては、観光庁の「訪日外国人消費動向調査2017年版」（2018年について は質問項目が変更されたため、2017年が最新データ）の「役に立った旅行情報源」が参考となる。回答を見ると、出発前の情報源は個人のブログ（31％）、SNS（21％）、自国の親戚・知人（18％）の順、日本滞在中の情報源はスマートフォン経由のインターネット（70％）が圧倒的に多く、次いでパソコン経由のインターネット（18％）となっている（図4）。インターネット、

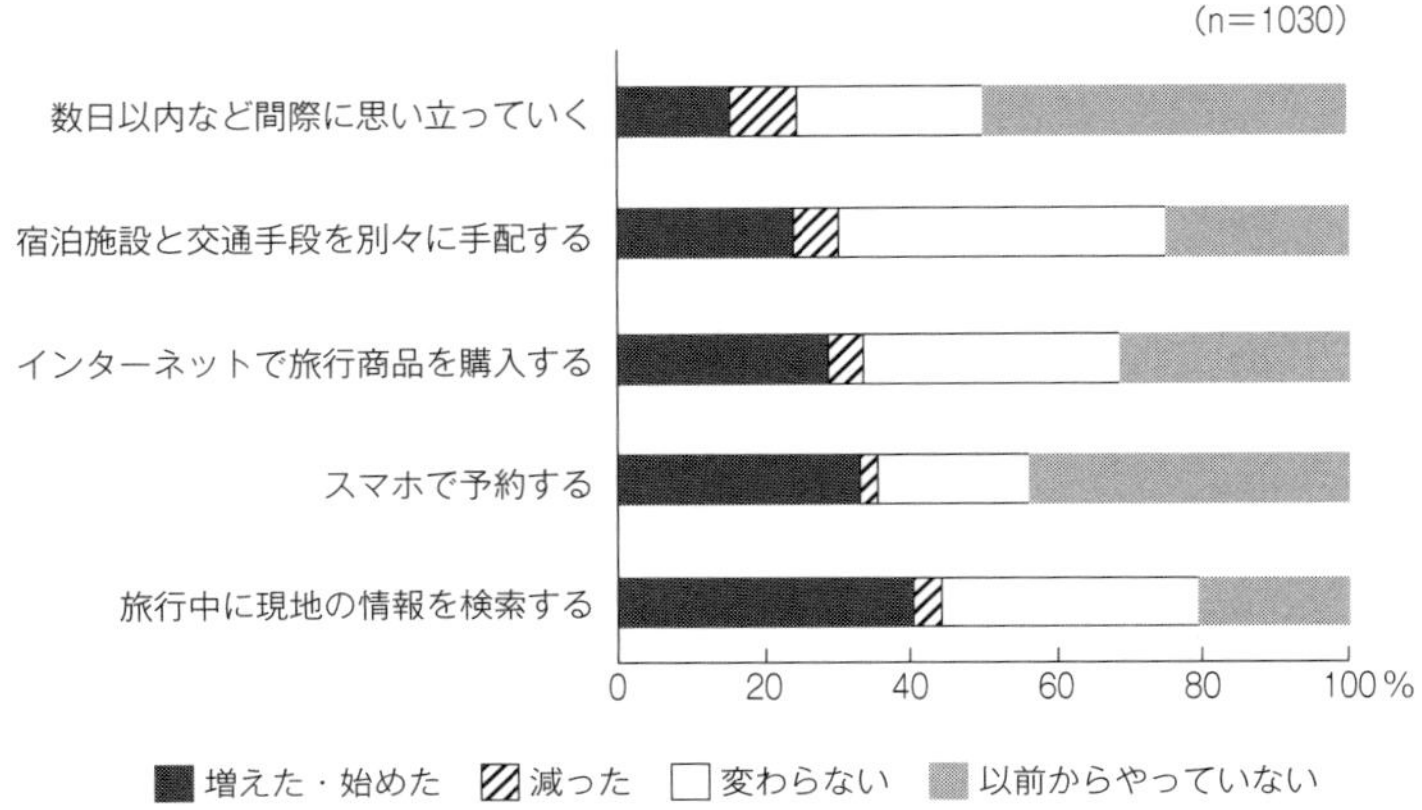

図1　3年くらい前と比較して旅行スタイルで変わったこと
（出典：JTB総合研究所「新しい技術やサービスの広がりとライフスタイル・旅行に関する調査」（2018年）に基づき筆者作成）

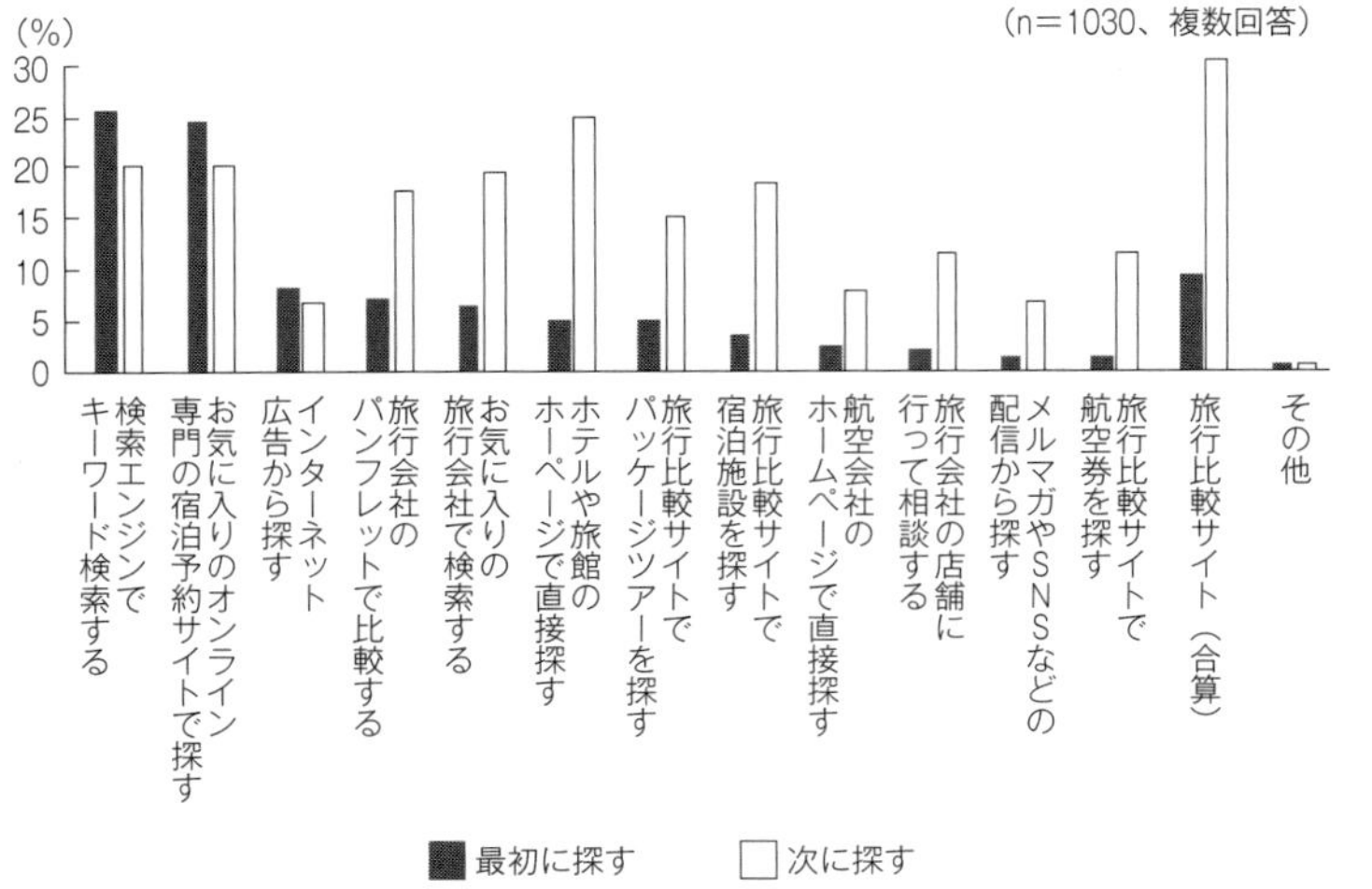

図2　国内旅行の情報を探す方法
（出典：JTB総合研究所「新しい技術やサービスの広がりとライフスタイル・旅行に関する調査」（2018年）に基づき筆者作成）

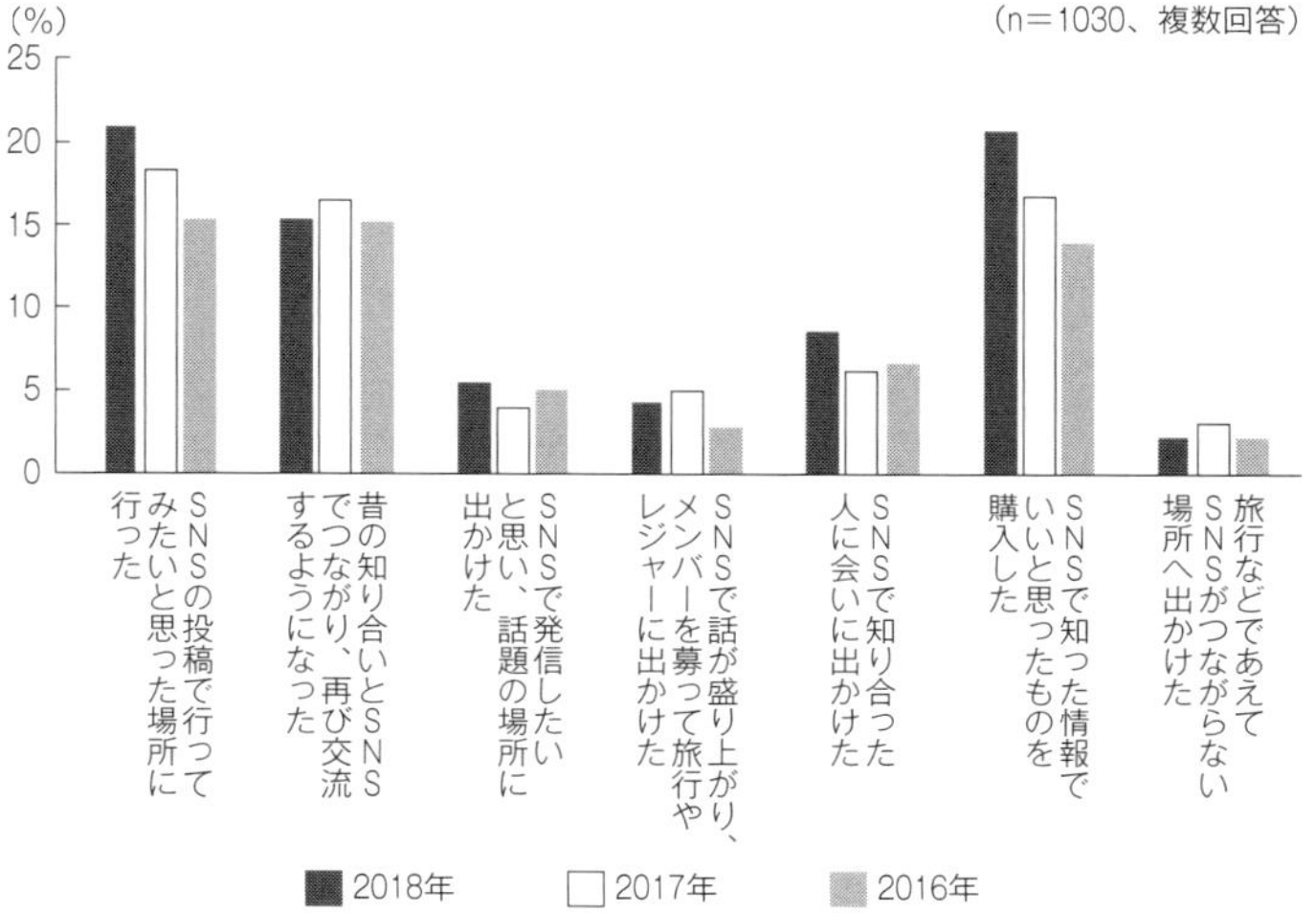

図3 SNSで経験したこと（つながりや移動のきっかけ）
（出典：JTB総合研究所「スマートフォンの利用と旅行消費に関する調査（2018年）に基づき筆者作成）

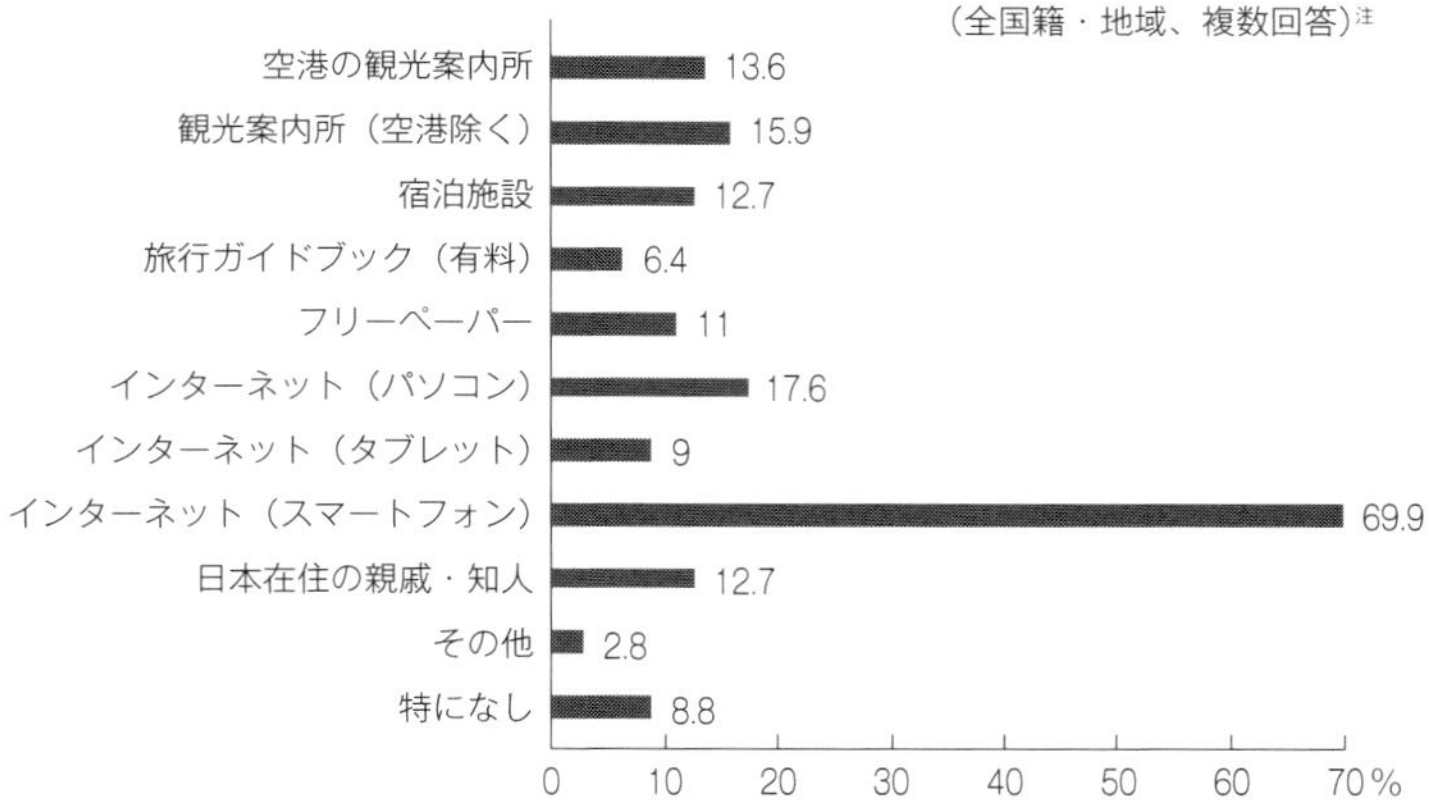

図4 インバウンドが日本滞在中に得た旅行情報源で役に立ったもの
（出典：観光庁「平成29年度訪日外国人消費動向調査年次報告書」（2018年）に基づき筆者作成）
注：本調査は空港・港から出国する20以上の国・地域の外国人に対する聞き取りに基づく

ＳＮＳで得た情報をもとに観光する様子が見てとれる。

とりわけ、若い世代の情報収集はもっぱらインターネット経由との調査結果もある。世界青年学生教育旅行連盟が２０１７年、１８８の国と地域の若年層約6万人に行った調査では、最も重視される情報源は従来通り「家族・友人」であるものの、ＳＮＳや検索サイト、メタサーチサイト・比較サイトも盛んに利用されている。実際、前回２０１２年調査に比べ参照される各種サイト数の各国平均は9から11に増えている。このように豊富なオンライン情報が影響力を増す一方で、対面型のコンサルテーションや印刷媒体など伝統的な情報源の重要性は低下傾向にある。

また、世界最大の宿泊予約サイトである「ブッキング・ドットコム（Booking.com）」のグローバル調査[*4]（２０１８年）によれば、18～24歳を指す「Ｚ世代」の54％（日本は28％）が「旅行に関する投稿や写真をＳＮＳで見るのが好き」であり、旅行先を決める場合に「ＳＮＳのインフルエンサー（閲覧者が多く、影響力のあるＳＮＳの発信者）に影響される」割合は世界中で35％（日本は24％）にのぼることがわかった。

実際、日本を訪れるインバウンドの7割を占める東アジア（中国、韓国、台湾、香港）からの旅行者を見ると、年齢層は20～30歳代と若く、訪日回数は2回以上のリピーターが大半である。彼らは一定の滞日経験があるため、予め詳細な旅程を立てない行動が増えている。すなわち、ＯＴＡ（オンライン旅行会社）で交通手段や（最初の）宿泊先だけを予約し、旅行中の行動（旅ナカ）はＳＮＳや検索サイトで得た情報を取捨選択して決定するパターンが目立つ。

背景には、日常生活に関する情報収集から予約・購買、決済までを主にスマートフォン上で行う消費行動の変化と、それを下支えする多機能型のアプリケーション（以下、アプリ）、具体的にはチャット、小売り、配車、デリバリー、サービスやイベントの予約、配送、決済等が可能なワンストップサービスの普及・定着が東アジアで著しい事情がある。

②ナビゲーション

かつてなら、魅力的な訪問先について情報を得てもアクセス方法がよくわからないため、実際に訪れることは難しかった。しかし、ナビゲーション技術の発達により、来訪は飛躍的に容易となった。今日では、地図情報や移動支援、地域情報等を提供するアプリに目的地と交通手段を入力すれば、最寄駅からの経路や道路案内、所要時間、必見のスポット等が提供される。また、明確な行先を決めていない場合でも、「〇〇時間で往復できる絶景（公園、美術館）」等と入力すれば、候補が提示され、好みの目的地を選ぶとナビゲーションに移行する機能が搭載されている。これらを使えば、現地の地理や交通手段について予備知識がなくても目的地にアクセスできるため、「知る人ぞ知る」スポットに観光客が短期間に集中する事態を招く。

ナビゲーションについては、最近ＡＩの活用も進んでいる。従来の観光行動や滞在・買い物履歴に関するビックデータに基づき、個々人の興味・関心を引きそうな行先や旅程を提案するプッシュ型通知の社会実装が進みつつある。今のところ、日本では一部の利用にとどまるが、今後は広く普及することが予想される（最新技術については7章で詳述）。

(2) 観光の対象、コンテンツの変化

観光の対象やコンテンツに生じた変化も、次世代オーバーツーリズムの発生に影響している。一つは、旅先の日常への関心である。以前は風光明媚な景勝地、伝統ある建築物や由緒ある宗教施設、収蔵品の豊富な博物館・美術館等が主な目的地であったが、最近は訪れた先の飾らない風景、住民の普段の生活、祭りや地元の行事を体験する「暮らすような」旅の人気が高まっている。買い物や食事も観光客目当ての店舗や大型ショッピングモールではなく、地元に根ざした店を選ぶ傾向が見られ、観光客と住民が交流し、豊かな経験を共有する例は珍しくない。半面、観光客、特に外国人の存在感が希薄な地域では、言語の障壁で相互理解が難しいこともあって、思わぬトラブルが持ち上がる可能性もある。

次に、観光目的が多様化・細分化し、地元の理解を超えた行動に結びつく場合である。前述した江ノ島電鉄の踏切におけるマナー違反はその代表例といえる。ユニークな目的の観光行動は聖地巡礼の他にもある。廃線間際の鉄道路線や引退予定の車両、ダムや橋などのインフラ、秘境や秘湯、隠れた絶景を求めて全国を旅し、成果をＳＮＳに投稿して同好者とシェアする旅行者は数多い。彼らの行動は、強い来訪意欲のあまり往々にして他を顧みず、地域住民やコミュニティから敬遠

や批判の声が寄せられがちである。他方で、こうしたセグメント化した関心を積極的に観光に結びける動きも活発化している。政府や自治体の取り組みに限っても、ダム（国土交通省）や棚田（農林水産省）、マンホール（2019年8月現在、454自治体による539種）等を紹介するカードを発行し、人々の収集意欲に訴える例が見られる。

(3) 観光客の表現意欲の高まり

従来、観光・旅行の経験や記録は、個人的・私的な領域にとどまることが多かった。しかしSNSの普及を機に、旅によって喚起された感動や興奮を社会に顕示し、広く共有しようとする傾向が強まっている。

SNSを観光振興に役立てる動きも活発である。日本政府観光局（JNTO）は2017年10月にインスタグラムの公式アカウントを開設して投稿を募っているし、自治体でも集客のためイベントや祭りの際にサイトを特設し、投稿を集めてフォトコンテストを行うケースが複数存在する（下呂市、平塚市など）。

さらに、単に画像を共有するだけでなく、他者の振る舞いをそっくりなぞってSNSに投稿する追体験も広まっている。先に漫画やアニメ映画のシーンと同じ構図・ポーズを撮る例を挙げたが、他にもインフルエンサーの投稿を真似る行動が見られる。このようなムーブメントは人々の旅行意欲を掻き立てる効果があるが、副作用として問題行動の連鎖を引き起こしかねない。そもそも、明らかなマナー違反ではないにせよ、限られたスポットに入れ替わり立ち替わり観光客が訪れて歓声をあげたり写真を撮ったりすれば、周辺住民の受けるダメージは計り知れない。

3　受け入れ態勢の未整備

次世代オーバーツーリズムは、従来訪れる人が稀であった施設・地域で発生することから、受け入れ態勢が未整備のことが多い。以下、具体的に整理してみよう。

(1) インフラ

次世代オーバーツーリズムが深刻化する要因の一つにインフラの未整備がある。問題が生じる観光スポットの大半はアクセス手段が不十分なため、駐車場や道路など交通関連の問題が生じやすい。生活道路を路上駐車が占拠し、農作業や通院など生活に支障をきたす例は多い。

また、景観の美しい目的地に至るには、舗装されていない道路を辿る場合が少なくない。なかには山道や原野、急斜面や崖の縁を歩き、携帯電話がつながらず、野生生物も出没するような厳しいルートが含まれる。にもかかわらず、観光客の装備は必ずしも十分でないため、地元では事故・怪我を懸念する声が絶えない。

そもそも、突如観光客が増える次世代オーバーツーリズムの場合、対応のリードタイムが短く、道案内の掲示板など最低限の受け入れ態勢を整えることすら難しい。さらに、地元自治体には、SNSをきっかけとしたブームは一過性で終わりかねないとして、厳しい財政状況のなかインフラ投資をためらう傾向もある。

(2) 住民の受容力

次世代オーバーツーリズムが起きるのは、観光地としての知名度が低い地域であるため、住民は域外からの来訪者に不慣れなことが少なくない。多くの場合、住民の自己認識は「とりたてて観光するような場所や物などない」であり、「観光目的で来た」といわれても、懐疑的になってしまう。とりわけインバウンドに対しては、不安や警戒心が先に立ちがちである。このような住民のスタンスは観光振興に悪影響を及ぼしかねない。たとえば、前述のように道案内等が不備ななか、住民が声掛けやガイド行為に消極的であると、観光客は歓迎されていないと感じる恐れがある。

(3) 対応する責任者

国の観光立国方針の下、大半の自治体には観光振興の担当者が置かれているが、行政改革の影響で兼職が多い。多忙のあまり、オーバーツーリズム現象が発生しても対応が後手に回り、問題が深刻化する事態が懸念される。大きなダメージに至らないまでも、対応が追いつかず、観光振興のチャンスを逸する可能性もある。

また、域内の観光資源が脚光を浴びても、管理責任者が地元自治体でなかったり、管理者が不明の場合は、インフラ整備やプロモーションに着手できないケースもある。たとえば、国有林の中にある滝や渓谷が人気を呼んだ場合、案内表示板等の設置は自治体の一存で進めることはできない。国と協議のうえ、国有地の一部を借り受けるなどの措置が必要となる。さらにいうと、国有林ならば少なくとも協議対象は明確であるが、全国の山林の中には所有者不明で対応困難なケースもある。

4 北海道美瑛町
——観光客と農家のWin-Winの関係づくり

本章の最後に、次世代オーバーツーリズムに悩まされ、独自の対策を模索する北海道美瑛《びえい》町の取

北海道美瑛町の四季彩の丘。花畑を散策する観光客

り組みを見てみよう。北海道の中央部に位置する美瑛町は、十勝岳などの山々に囲まれた緩やかな丘陵地帯を有し、ヨーロッパの田園を彷彿《ほうふつ》とさせる景観美を持つ。町も自認しており、「フランスの最も美しい村協会」にならったNPO法人「日本で最も美しい村連合」の組織化をリードした創設メンバーである。町の面積の15%を占める農地では、小麦、てんさい、じゃがいも、豆類、ビーツ等の輪作が行われ、パッチワークのように彩られる畑が波状に連なる様が観光客を惹きつける。2018年度の観光客数は226万人（17年度は168万人）で、前年比34%の増加であったという。*5

日本離れした景観を有するため、美瑛町には広告やテレビドラマ等に採用され、人気の出たスポットも複数存在する。1970～80年代に日産自動車の広告に採用された「ケンとメリーの木」や、日本たばこ産業の広告に使われた「セブンスターの木」があり、最近では2012年にアップル社のOSの壁紙に採用された「青い池」が著名である。これらも観光客を惹きつける有力資源である半面、次に述べる通り、美瑛町の基幹産業を脅かす原因ともなっている。

(1) オーバーツーリズムの現状

美瑛町では、美しい景観を写真に収めようとする観光客のマナー違反が深刻である。フォトジェニックな風景を撮影しようと、無断で畑に足を踏み入れたり、シャッターチャンスを狙って違法駐車をする例が後を絶たない。そもそも私有地である畑への立ち入りは犯罪行為であるが、とりわけ問題視される理由は農業被害の恐れによる。観光客の靴等についた菌や病害虫が作物や家畜に感染すると、長期にわたり当該作物の栽培ができなくなるなど甚大な被害につながりかねず、「ほんの短い間だから」「注意されたら出ればいい」では済まない。

また、観光客に注意して暴言を吐かれた体験が積み重なり、ストレスに悩む住民も少なくない。実際、日本航空のキャンペーンで使用され「哲学の木」と呼ばれた老いたイタリアポプラの所有者は、注意を繰り返しても畑の無断立ち入りが続く状況に嫌気がさし、倒壊の恐れもあったことから、木の伐採に踏み切った。その後、ネット上では、伐採を惜しむ声に交って所有者批判も展開されるなど、住民への負荷は軽視できない様相を呈している。

美瑛町は2003年に「美瑛の美しい景観を守り育てる条例」（2017年全面改訂）を制定するなど早くから独自の景観形成を進めており、マナー違反行為にも積極的に対応してきた。現場では、立ち入り禁止を謳う看板を立てたり、「観光アドバイザー」がマナーを記した冊子を配布し、2017年からは町内を巡回する「観光パトロール」によって違反行為への注意を強化しているが、問題の解決には至っていない。町は新たな取り組みを模索しており、2017年には農業・観光事業者、写真愛好家を集めたシンポジウムを開催して、農業と観光の共存に向けた対策の検討を呼びかけるなど、関係者の合意形成にも取り組んできた。

(2) オーバーツーリズム対策

① 美瑛町および関連機関

美瑛町は2018年2月、私有地（農地、宅地）への立ち入りやゴミ投棄の禁止、撮影時や三脚利用時のルールなど、従来の注意内容を改めて明文化し、統一ルールとして町のウェブサイトに明示した。またドローンを利用した撮影に関するルールも策定した。これに基づき、町の観光協会、2018年3月に設立されたNPO法人「美瑛町写真映像協会」、観光庁の認定DMO（観光地の振興や広報を担う専門機関）「丘のまちびえい活性化協会」が連携し、周知徹底や啓発活動に当たっている。具体的には統一ルールを多言語で記載した冊子やチラシを配布したり、ウェブサイトやSNSでの情報発信を強化している。新たな取り組みとしては、デジタルフォト・コンテストや、ガイドが案内する農地への立ち入りプログラムがある。前者は北海道全域の景観を対象に、美瑛の統一ルールを守って撮影されたデジタルフォトを募集するものである。後者は観光客の靴を消毒したうえで、農家しか知らない撮影ポイントに案内してゆっくり撮影する機会を設ける一方、農地管理の重要性とリスクを伝える企画である。

他方で、取り締まりを強化する動きもある。2019年6月、DMO「丘のまちびえい活性化協会」は、違反行為通報システム「美瑛観光ルールマナー110番」を発足させ、住民や観光客に対し、畑への立ち入り等を目撃したらスマートフォンで撮影し、位置情報を添えて報告するよう協力を求めた。観光客が増加し、観光協会等の行うパトロールや注意活動では対応が困難なことから、広くパトロール機能を分担するしくみである。集められた情報は分析され、重点パトロール地域の選定や、観光事業者にマナー・ルールの徹底を求める際の材料として活用する。窓口が始動して2カ月足らずの間に、マナー違反をしたバスツアーの主催旅行会社（海外）を特定し、日本の代理店を通じて注意喚起するなどの効果が上がっている。

②農業者

町や関係機関任せではなく、農業者が自ら取り組む動きもある。代表例が、あえて「立ち入り禁止」を謳わない看板を設置する「畑看板プロジェクト」である。町内の若手農家10人が参加する同プロジェクトは、農家と観光客の間の溝が広がりつつある現状を打破するため、絶好の撮影スポット3カ所に農家と観光客をつなぐさまざまな仕掛けを施した看板を設置する取り組みである。

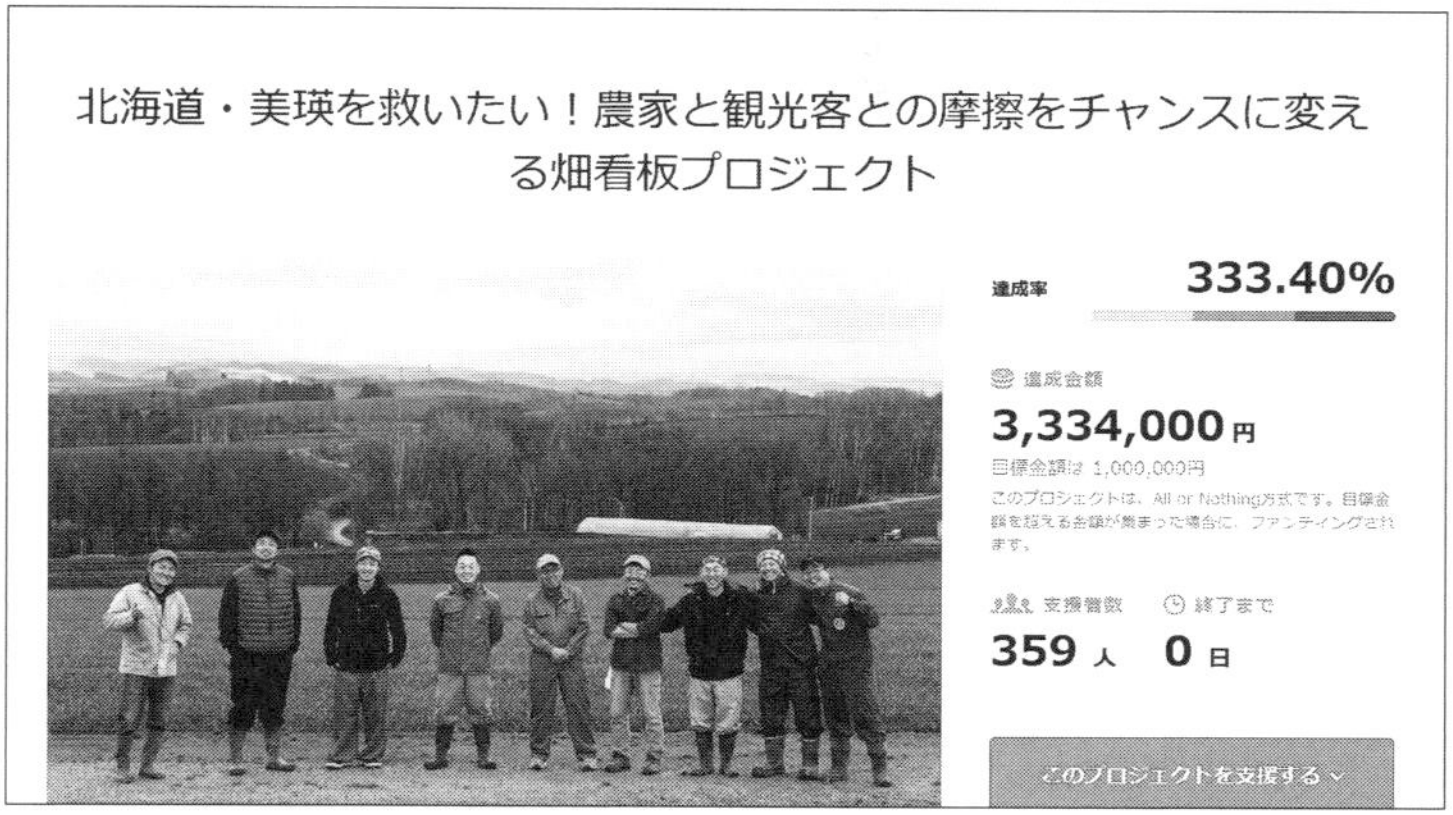

美瑛の農家が立ち上げた観光客との摩擦をチャンスに変える「畑看板プロジェクト」のクラウドファンディングのページ
（出典：JAPANKURU FUNDINGのウェブサイト「北海道・美瑛を救いたい！農家と観光客との摩擦をチャンスに変える畑看板プロジェクト」）

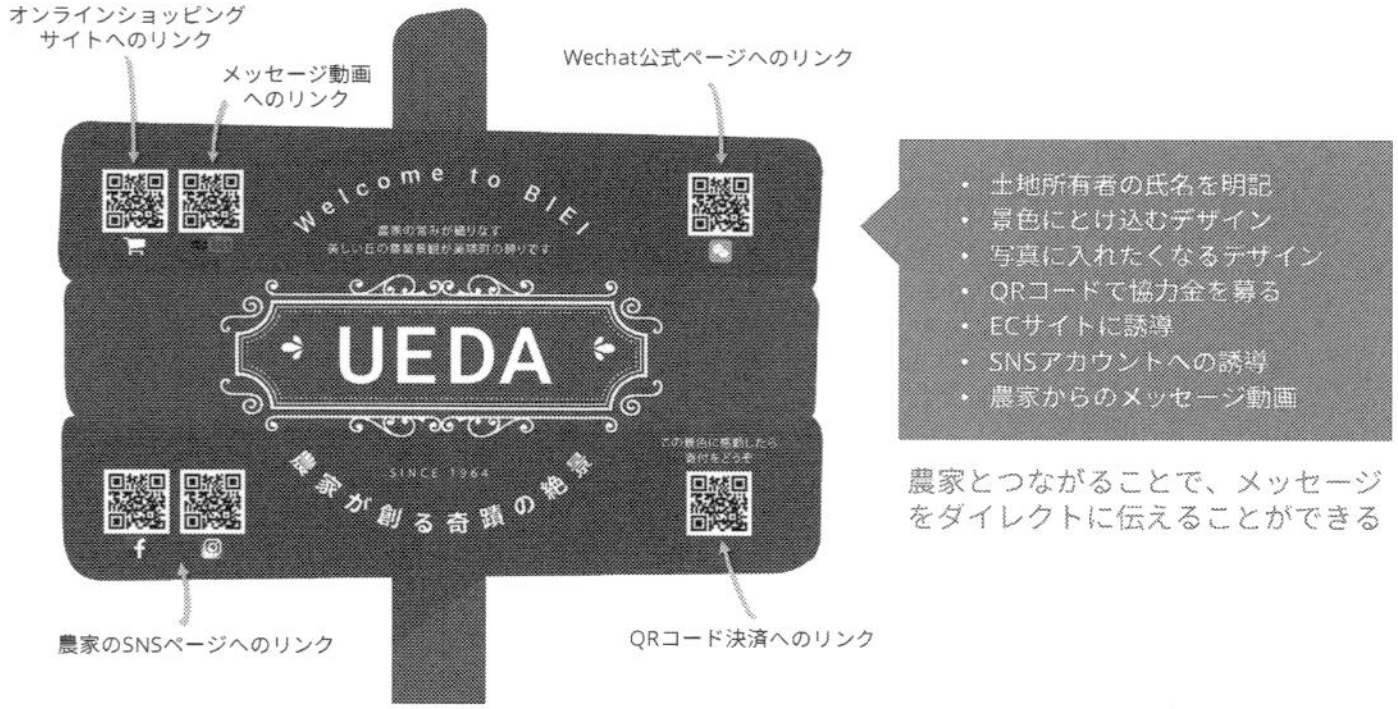

「畑看板プロジェクト」で設置する、農家とつながる仕掛けを盛り込んだ看板のイメージ図
（出典：JAPANKURU FUNDINGのウェブサイト「北海道・美瑛を救いたい！農家と観光客との摩擦をチャンスに変える畑看板プロジェクト」）

プロジェクトの内容は、ⓐ立ち入り禁止の代わりに農地の所有者名を記し、周囲の景観に溶け込むデザイン性の高い看板を設置する、ⓑ看板には複数のＱＲコードを搭載し、立ち入り禁止を訴える農家のＳＮＳ、美瑛の農産物を購入できるオンライン・ショッピングサイト、畑看板プロジェクトの資金を募ったクラウドファンディングサイト等にリンク可能とする、ⓒ資金拠出や寄付に対して、地元産の野菜や美瑛で活動する写真家のオリジナルプリントを贈る、が柱となっている。

プロジェクトを実行に移すため、２０１９年5月にクラウドファンディングで資金を募ったところ、わずか3日で目標額を達成し、その後も多くの資金が集まった。この看板プロジェクトは町の職員が以前から温めていながら実現方法がみつからなかったもので、ＱＲコードやクラウドファンディングの普及を受けて実現の運びとなった。現在は畑に看板が設置され、支援者に対する謝礼の野菜の発送も進められている。ＱＲコードを通じて農家の思いがどれだけ観光客に伝わるかは未知数だが、観光客の行動を縛るよりも、農家が観光客との関係を深めることで次世代オーバーツーリズムに対処しようとするユニークな試みといえよう。

＊1　Ｊタウンネット広島県、ご当地コラム「大久野島のうさぎに会いに行く前に、『知っておきたい大切なこと』」２０１４年11月24日
＊2　ＪＴＢ総合研究所「新しい技術やサービスの広がりとライフスタイル・旅行に関する調査」２０１８年
＊3　ＪＴＢ総合研究所「スマートフォンの利用と旅行消費に関する調査」２０１８年
＊4　ブッキング・ドットコム「『Ｚ世代』と旅行に関しての調査」２０１９年8月公表
＊5　ＮＨＫニュース「人口の２２０倍の人が来た！　丘のまちの〝観光公害〟とは?」２０１９年6月26日

7 章

ICT、AIを活用したブレークスルー

前章で、情報通信技術（ＩＣＴ）や人工知能（ＡＩ）の進歩が新たなオーバーツーリズムの発生の一因と指摘したが、一方で、これらの技術がオーバーツーリズムの軽減・解消に寄与する状況も生まれている。本章ではオーバーツーリズム対応における技術の活用状況を把握するため、目的別にＩＣＴやＡＩの内容と効果を整理したうえで、観光地における新たな活用事例を紹介する。

1　新技術の活用と効果

(1) 観光客の分散・誘導への活用

①ビックデータの収集・分析・活用

人々の旅行中の行動に関するデータを大量に収集、分析、加工してオーバーツーリズム対応に役立てる取り組みである。収集するデータの種類としては、携帯電話の基地局へアクセスしたり、アプリの位置情報（全地球測位システム、ＧＰＳ）機能を利用した場合に収集される所在地情報、走行する自動車の位置や速度の情報（プローブ情報）、交通機関への乗降時刻や乗り換え駅など経路の情報、キャッシュレスで買い物した購入履歴や決済情報、ＳＮＳへの投稿やダウンロードした情報の内容・頻度、監視カメラや入退室時のセンシング情報など広範かつ大量な情報が対象となる。

これらと過去に蓄積してきた各種データ、たとえば特定日時や季節ごとの集客数、観光地の天候・気温、休日の日並びやイベントの開催状況、施設や公共機関の利用実績、物品の販売実績、渋滞情報、交通機関の運行情報等のビックデータを組み合わせれば、ＡＩで解析し予測も可能となる。

具体的には、旅行者の集中する地点や季節、よく使われるルートと滞留地点（ネック）、混雑する時間帯と発生・解消の時刻、天候・気温と施設の入場者数や売れ筋商品の関係等を把握できる。なお、同じ所在地情報といっても、基地局にアクセスした場合のローミングデータはデータ量が多いうえ広域をカバーするため、季節による客数の変動等全体的な趨勢を把握するのに適している。これに対し、ＧＰＳデータはローミングデータより件数は少ないものの、狭域かつ頻繁に更新されるため、人気スポットを訪れた観光客がその後どこへ向かったかといった移動実態等を知るのに好適である。

オーバーツーリズム対策として位置情報の分析結果を活用する場合、以下のような可能性が考えられる。たとえば、人気スポットへ集中する観光客の分散を図るため、時間帯別の集中状況を「見える化」し、混雑する時間帯を回避するよう観光客に提案したり、目的地の途中にある隠れた観光地やユニークな店舗等の情報を通知して立ち寄りを促す、等である。また、蓄積されたデータをＡＩで分析して数カ月先まで観光客数と集中度を予測し、特定スポットの混雑の見通しや回避策、類似観光資源を提案し、旅程の参考に供することも今や可能となっている。

ＳＮＳへの投稿内容もオーバーツーリズム対応に活用可能である。たとえば、かつて花の美しい公園に関してポジティブ情報を投稿していた旅行者に、現在地周辺で見頃を迎えた花の名所を通知すれば効果的であろう。また6章で述べたように、SNSが観光客を呼ぶメカニズムを考えると、従来露出してこなかった地域に関するポジティブ投稿は、新たな集客チャネルの誕生とオーバーツーリズムの可能性を暗示するため、予防的観点からも注視が必要であろう。他方、SNS上のネガティブ情報については、投稿の背景や事情を調査し、解決策を講じることが可能となる。

これらのビックデータはさまざまな使途に加工でき、有益な情報を提供するものであるが、一方で限界も存在する。また、活用上注意すべき点もあり、慎重な取り扱いが求められる。

限界については、ⓐアンケートを併用して旅行目的等を特定可能な場合もあるが、多くのデータは観光客とそれ以外の利用者を無差別に取り扱う（例：基地局情報）、ⓑプライバシー保護の観点から、一定時刻におけるエリア内のサンプルが少ない場合は利用できない（GPS、購買履歴）、ⓒすべての観光客が移動支援や検索アプリを使用したりSNSに投稿するわけではなく、データに偏りがあるため、統計的な精度は高いとはいえず、分析結果の取り扱いには注意が必要である、等が主なものである。

注意すべき点としては、㋐予めデータの取得・活用について利用者の同意を得る必要がある、㋑個人を特定できないよう、利用するデータとそれ以外を切り離すクレンジングなど一定の処理が必要である、等が挙げられる。

②情報提供：プッシュ通知、提案、インセンティブ

ビッグデータの分析・加工で得られた情報をわかりやすく開示し、観光客の意思決定を支援することが基本である。自治体の特設サイトやＤＭＯのホームページに、リアルタイムや将来の混雑状況をエリア別に指数化して図示するなど、手軽に把握できる表示が望ましい。

情報の提供方法や媒体は多様化しており、たとえば、駅や空港、観光案内所などに設置されたデジタルサイネージ（電子掲示板）を活用すれば、最寄りのスポットの多言語情報をタイムリーに提供することが可能である。また、観光地の景観に配慮して、案内板の表面には各種情報を掲載せず、付設したＱＲコードで多言語案内を行うしくみも一案であろう。ＡＩが応対する「チャットボット」の専用サイトに観光客がスマートフォン等でアクセスすると、個々のニーズに合わせて道案内や観光情報が提供されるサービスも、一部で実証実験が始まっている（近鉄・奈良駅周辺）。

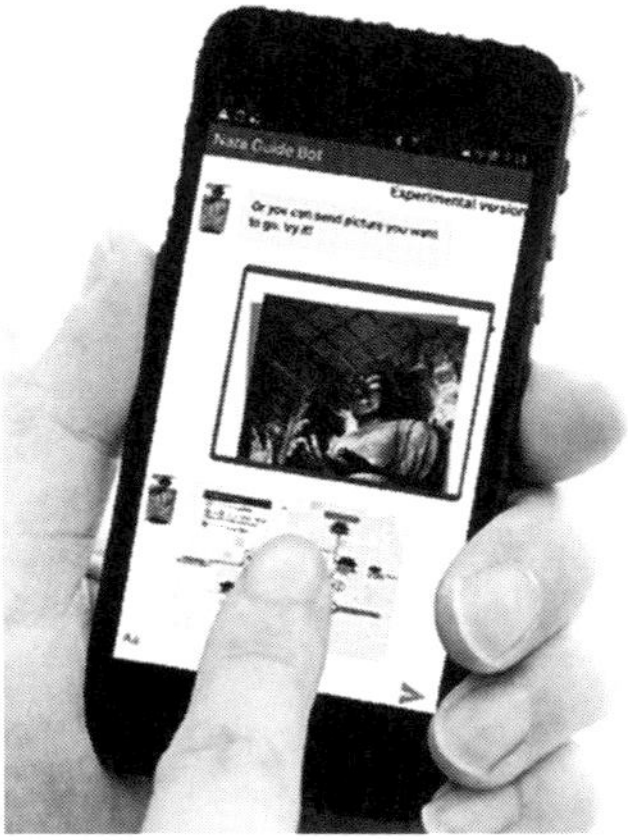

近鉄・奈良駅周辺の「チャットボット」による観光サイト（©西日本電信電話株式会社）

さらに、利用者の意思決定に先んじて情報を提供し、誘導するプッシュ通知の活用も始まっている。本サービスではパーソナルな情報が提供できるため、より大きな効果が期待できる。たとえば、個人の現在地と、周遊・購買の履歴やＳＮＳへの投稿内容から得られた関心・嗜好等を組み合わせ、アクセスが容易かつ興味をひきそうな観光資源を通知する場合が該当する。

すでに、オーバーツーリズムが深刻なオランダ・アムステルダムでは、観光客に市内ガイドのアプリをダウンロードするよう案内し、人気スポットが混雑の兆しを見せると、郊外に位置する美術館や公園、ビーチといった代替スポットを、個人の好みに応じて推奨するプッシュ通知を行っている。日本の例では、大型ショッピングモール内の飲食店が登録した客に対して間もなく空席になる旨を通知し、事前に注文を受けつけるサービスが見られる。

より強力に誘導を図るには、アクセス手段をガイドするナビゲーションサービス、代替スポットが提供する割引やノベルティなどのインセンティブ情報を、混雑情報と併せて通知することが有益であろう。たとえば、マーケティング企業による販売促進の実証実験では、GPSと気温を図示するヒートマップのデータを組み合わせ、「暑いなか、ゆっくり移動する人＝休憩を求めている」と判断してスマートフォンに割引クーポンとともに付近のカフェ情報を配信している。

この場合、観光客を迎える現場の対応にも注意する必要がある。実際にインセンティブを付与する窓口を目立つ場所に設け、多言語表示やイラスト等で案内したり、店舗側にスムーズにサービスを提供するよう周知するしくみが重要である。分散・誘導による混雑の解消だけで事足れりとせず、ヒューマンタッチな対応によって観光客の満足度を高める姿勢が望まれる。

(2) 観光地経営への活用

ビックデータの収集・分析結果は、観光客の誘導・分散だけでなく、観光地経営にも活用できる。

たとえば、地域交通を管理する自治体の場合、渋滞データをもとに発生地点における観光客の移動についてシミュレーションを行い、バイパスの建設、観光シーズン限定の車線数の見直しやシャトルバスの運行といった対策の検討材料にすることができる。また、交通事業者の場合、混雑する時間帯・旅客のデータから、必要な臨時便の本数や頻度を割り出すことができるし、ＤＭＯは、人気スポットを訪れる主な客層の属性・関心を分析して、当該客層に好まれそうなイベントや土産物、飲食メニューを企画し、代替観光地のセールスポイントとして強く訴求する、等が考えられる。

(3) 時間短縮、行動の円滑化への活用

切符の購入や支払い、宿泊予約、移動時の荷物の運搬など旅にまつわる諸々の手続きや作業に対し、技術を活用して時間の短縮を図る。一連の行動が円滑に進むことで観光客の滞留を防ぎ、混雑を緩和する効果が期待できる。日本の言葉や事情に不慣れなインバウンドにとって特に利便性が高く、インバウンド対応がなかなか進まない地方の事業者にとっても集客のハードルを下げる副次的な効果も期待できる。

①情報登録・認証

目的地に到着後、移動支援アプリ等をダウンロードする際、さまざまな個人情報を登録し、スマー

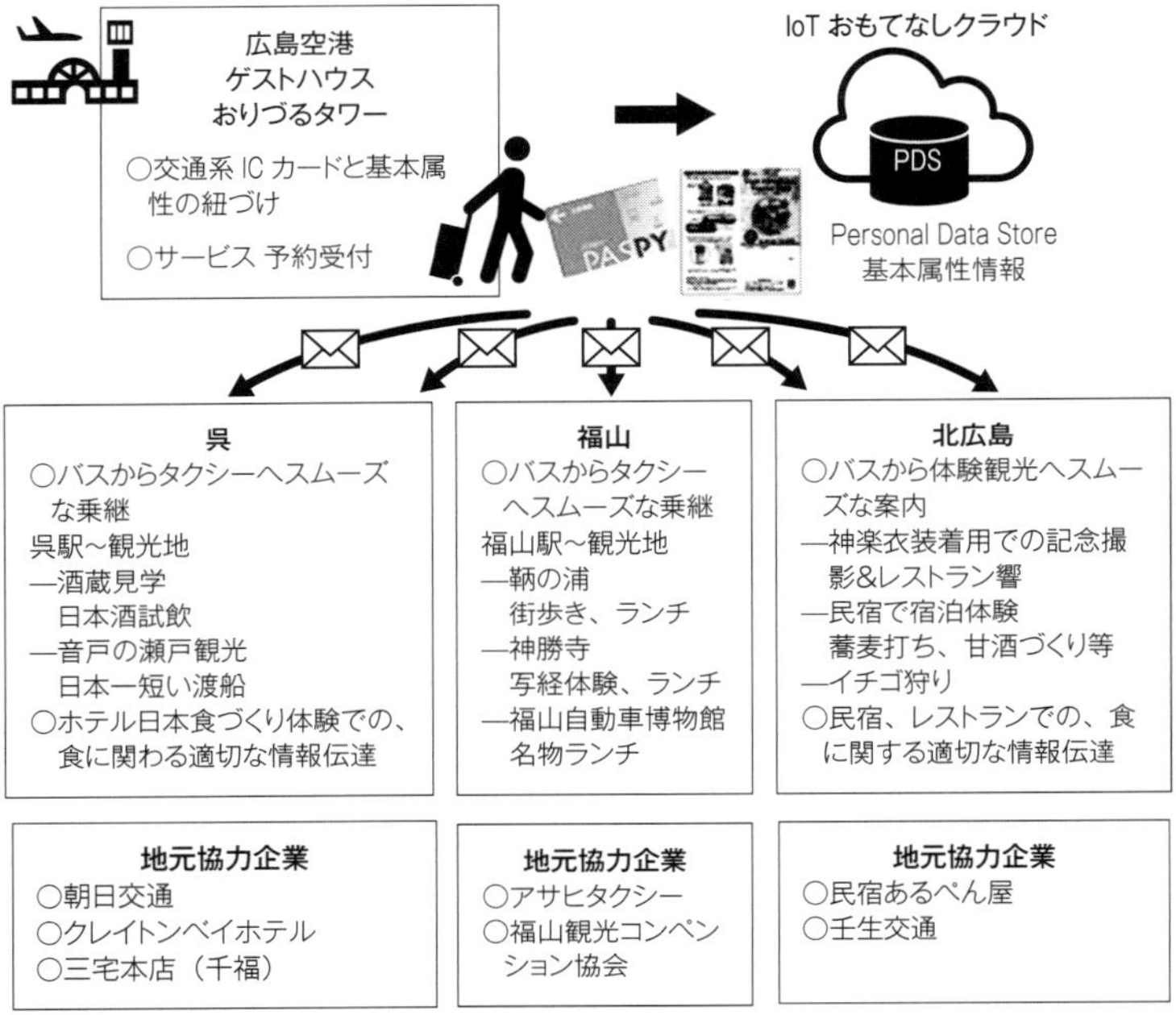

広島県福山市等で社会実験が行われたアプリによるワンストップ観光サービスのイメージ図
（出典：総務省中国総合通信局のウェブサイト）

トフォンをかざすことで以後の各種手続きをワンストップで行えるようにする。宿泊やレンタカー等の予約確認、イベントの切符の受け取り等が円滑に行えるメリットがある。

総務省による実証実験の段階であるが、２０１８年に鞆《とも》の浦を擁する広島県福山市等で試行された取り組みでは、まず、広島空港等で観光客の使用言語や旅程、アレルギー情報等を登録し、交通系ＩＣカードに連動させる。これらの情報は実証実験に参加する宿泊施設やタクシー会社に共有されるため、タクシーで宿泊先に向かおうとする観光客は日本語のホテル名を覚えずに済む。また、宿泊時にも、合わない食材やアレルゲン（化学繊維、薬品等）について改めて伝える必要がなくなる。

②キャッシュレス

クレジットカードや予めチャージする電子マネーのほか、スマートフォンを専用端末にかざしたり、ＱＲコードを読みとることで、支払いを完了できる。両替や釣り銭の計算など煩雑な手続きが不要となるため、時間の短縮になるほか、手軽さから「ついで買い」を誘うなど消費促進効果も期待できる。

現状、日本の地方圏ではこれらのサービスが利用できないケースが多く、特にインバウンドには言葉が通じにくいことと相まって、支払時にストレスを感じる場合が少なくない。地方都市でのキャッシュレス普及に向けて、政府も２０１９年の消費税引き上げに併せて導入支援措置を打ち出しているが、企業独自の取り組みも見られる。ある飲料メーカーは、全国に点在する自販機の稼働率アップのため、専用アプリで自販機の飲料を購入するとポイントや特典を得られるしくみを導入している。

観光地ならではのキャッシュレスサービスも普及しつつある。５章で紹介した富士山では、年々インバウンドの登山者が増加する状況に合わせ、入山料（富士山保全協力金、徴収は任意）や山小屋の利用料をキャッシュレス払いできるようになっている。また、山梨県の河口湖畔や広島県廿日《はつか》市《いち》市宮島の弥山《みせん》にある展望台では、事前にスマートフォンでロープーウェイの日時指定と決済を可能にし、混雑緩和に役立てている。

③手ぶら観光（荷物配送）

小口荷物の配送網が全国をカバーし、紛失・破損等のトラブルも少ない日本の強みを活かし、手荷物を持ち歩かずに移動可能な「手ぶら観光」も時間短縮の有力な選択肢である。手ぶら観光は、決められた時間までに発送すれば、一定エリア内で当日夕方までの配送が保障されるため、飛行場やターミナル駅に到着した段階でサービスを利用することが効果的である。インバウンドの場合、伝票の記入がネックであるが、前述①のような情報登録を予め行っておけば、本人確認と予約している宿泊先の情報登録を即時に行うことが可能となり、ストレスなく旅を続けることができる。

実際、有名観光地では、大きな手荷物を観光客がバスや路面電車に持ち込み、スペースがとられて混雑が募る、無頓着に携行されるキャリーバックに歩行者が足をとられて転倒する、キャスター（車輪）で寺社の参道が傷む、等の問題が生じている。このような事態を解消するため、関係者の間では、手ぶら観光の認知度と利用しやすさを高める取り組みが進んでいる。

具体的には、交通機関と配送事業者が連携して、バス・ターミナルや駅、空港に手ぶら観光を受けつける専用カウンターを設けている。政府は専用ロゴマークの作成やＰＲサイトの開設を通じてプロモーションを強化しているほか、専用カウンターの設置補助、カウンターを検索するアプリの公開等を進めている。青森県・市や愛媛県松山市では観光客に「身軽になってサイクリングなどのアクティビティを楽しんでほしい」と考え、配送業者と連携して手ぶら観光を推奨する実証実験を行っている。具体的には、インバウンドにも人気の高い奥入瀬渓流やしまなみ海道のアクティビティを手軽に楽しめるよう、駅やホテルの特設カウンターで受けつけたスーツケース等を夕刻までに次の宿舎に届けるサービスで、２０２０年からは本格的な実装が予定されている。

2　自治体等による新技術の活用事例

(1)　京都市：専用サイトによる観光快適度の見える化

５章で見たように、京都市はオーバーツーリズム対策として、空間、時間、季節の三つの分散を重視しており、その一環として積極的にＩＣＴの活用に取り組んでいる。

２０１８年11～12月、京都市と同観光協会は、国土交通省近畿運輸局と連携し、人気スポットにおける観光客の集中状況を「見える化」することで分散を促す実証実験を行った。具体的には、嵐山地区の13エリアにスマートフォンなどのWi-Fiアクセスを検知するパケットセンサーを配置し、特定時刻における各エリアの人出を把握する一方、別途アンケート調査を行って快適な観光についての指標（観光快適度）化した。センサーで得られたデータを元に、観光客の移動状況に関するトレンドをＡＩで分析して将来の混雑ぶりを予測し、日本語と英語の専用サイトに1時間ごとの観光快適度を表示した。併せて、混雑を避けた快適な推奨周遊ルートも掲載した。観光客はこの「嵐山快適観光ナビ」（以下、嵐山ナビ）で訪問日と滞在時間、エリアを選択すると、時間単位の快適度を確認できるしくみであった。

嵐山ナビの利用を促すため、京都市や観光協会は関係機関のホームページとリンクしたほか、京都駅と嵐山地区の三つの駅にポスターやチラシを用意した。また、Google広告により周知を図った。実際の嵐山ナビの利用状況（開設期間38日）を見ると、アクセス数２万２６２３、ページビューは15万６３０７であった。

２０１９年5月に公表された評価報告書によれば、以下のような結果が得られた。まず、時間の分散化については、嵐山ナビを見た観光客の約半数が、混雑時間帯を避けて訪問しようと考えた（図1）。実際、嵐山地区の混雑スポットである「竹林の小径」を訪れた人数を見ると、過去のピーク時間帯（10～12時台）では約1％減少し、朝（7～8時台）と夕方（15～16時台）に微増した。場所別の観光地への誘導については、嵐山ナビの閲覧者の約1割が、空いている場所に目的地を変更しようと考え、実際に嵯峨や松尾・上桂を訪れた人の約4割が嵐山ナビを見ていたことがわかった。

嵐山ナビの評価については、観光スポットの混雑が気になると答えた観光客の84％が、嵐山ナビを「大変参考になった」「参考になった」と回答した。

本実験については周知期間が短かく、閲覧者アンケートのサンプル数も限られたため、精度につ

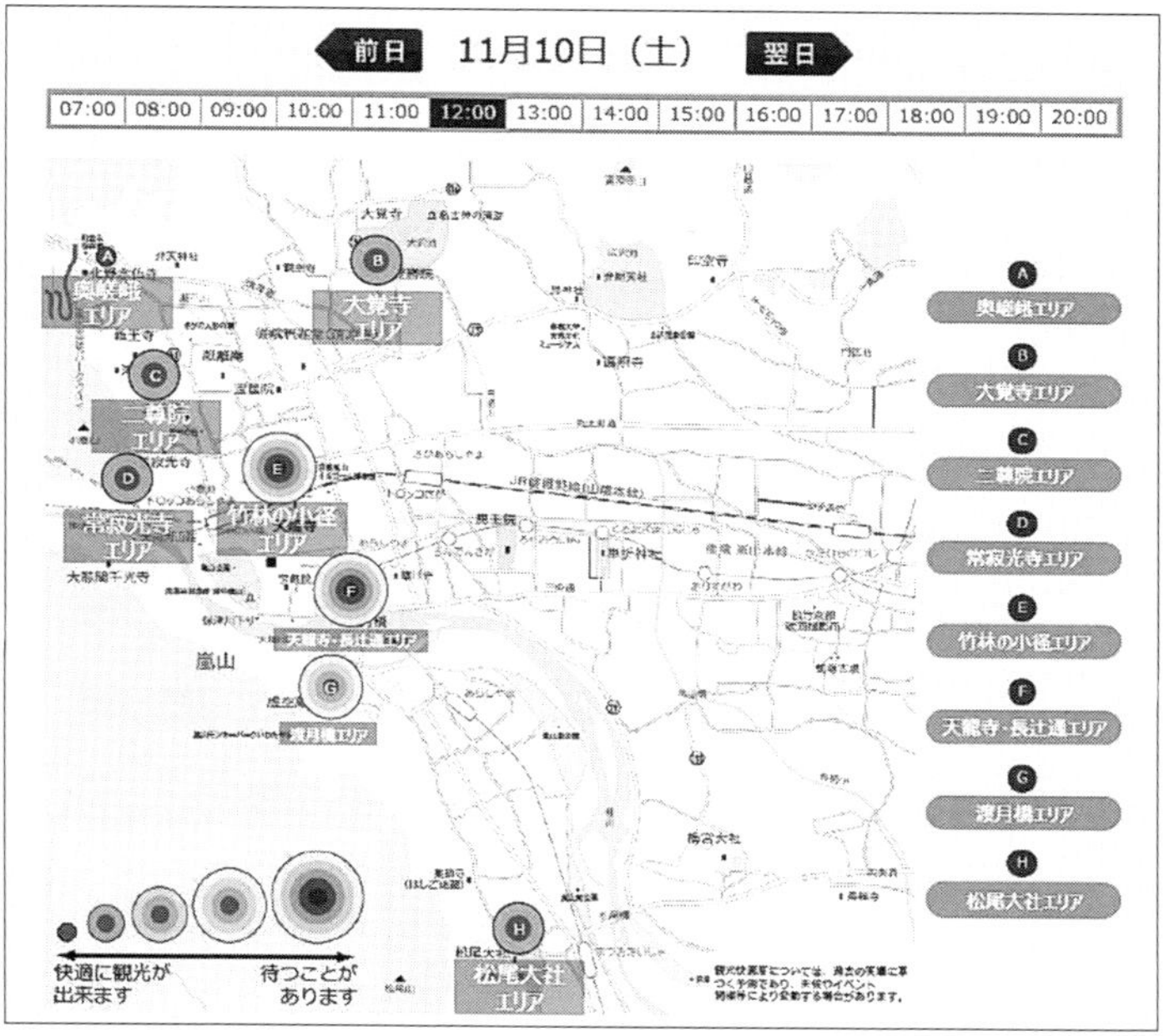

京都市の嵐山快適観光ナビのウェブサイト

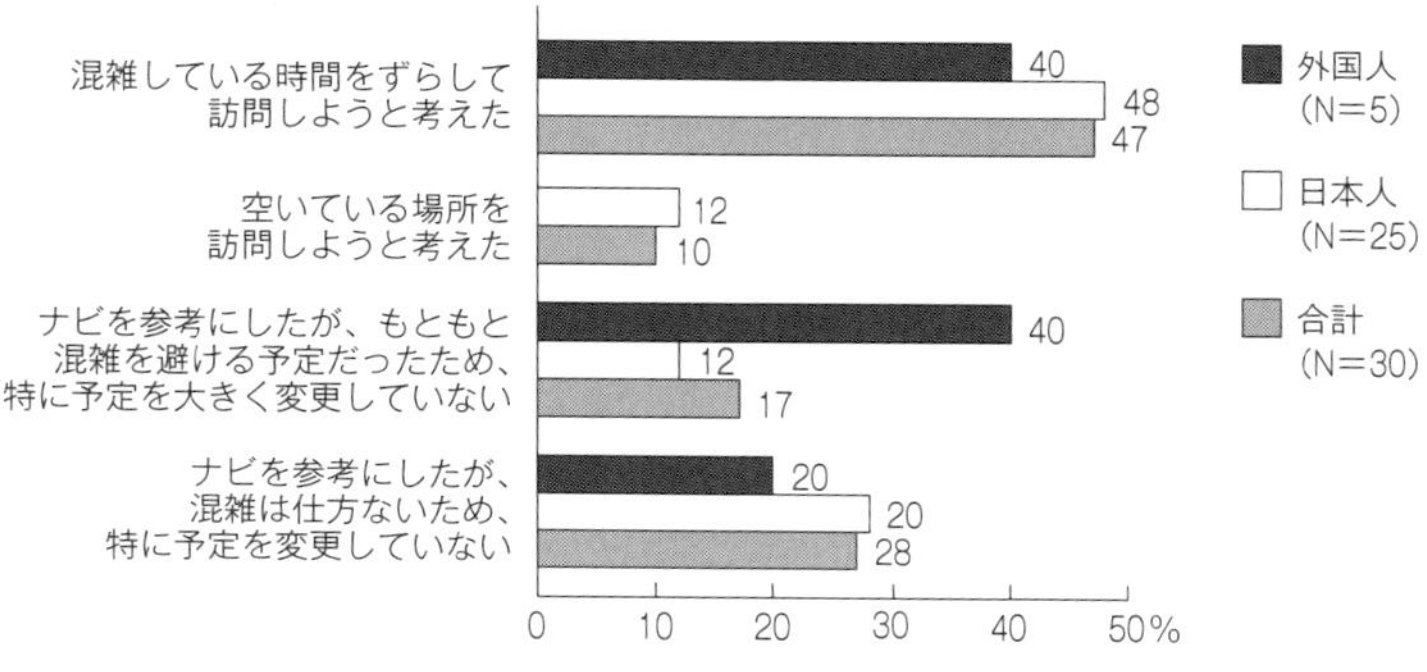

図1　京都市の嵐山快適観光ナビの2018年実証実験の結果
（出典：京都市産業観光局「嵐山地域における観光快適度の見える化による分散化実証事業の実施結果について」（2019年）に基づき筆者作成）

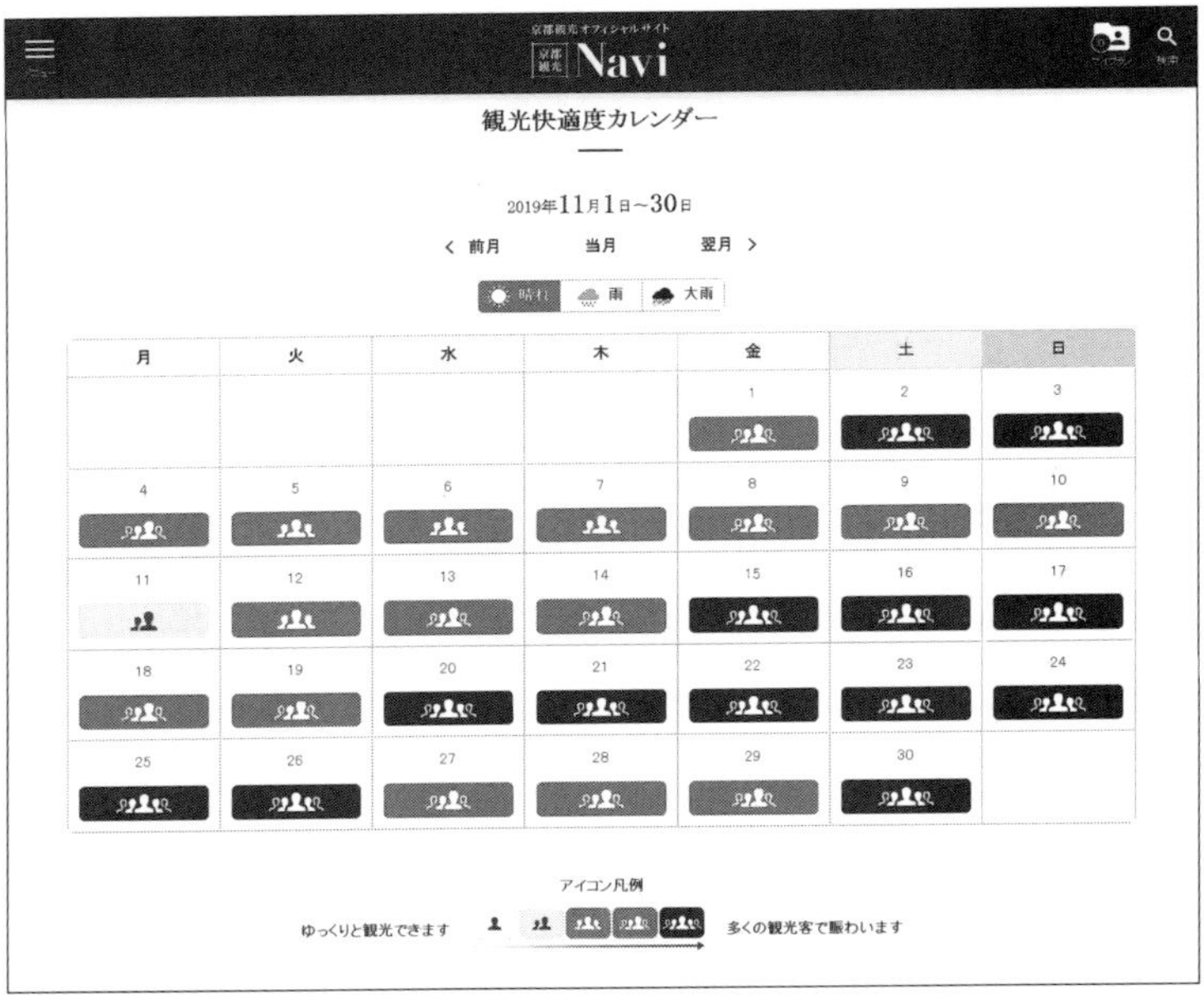

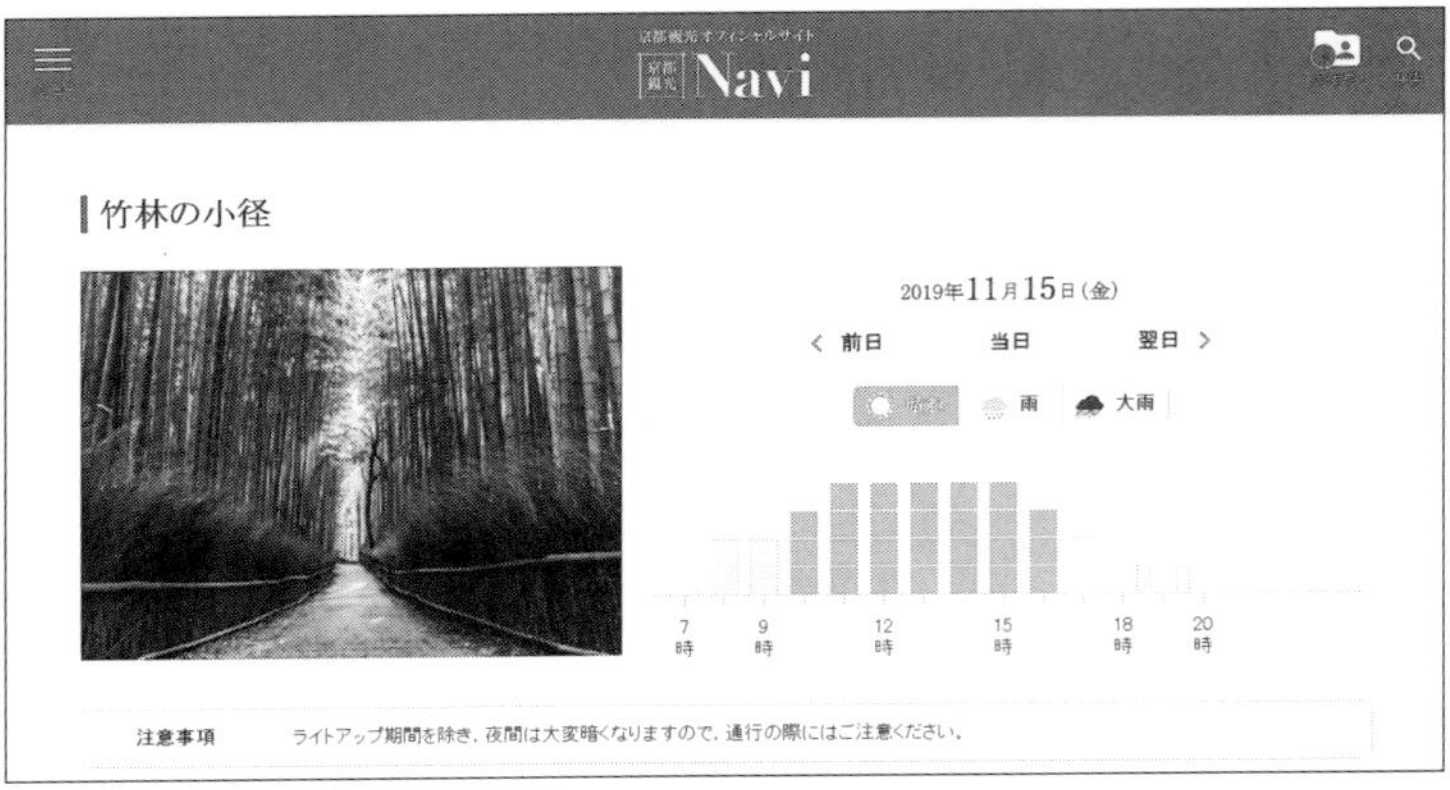

京都観光 Naviのウェブサイト。各月のカレンダーで混雑状況を予測し、特に人気のスポットは時間ごとの混雑状況も予測する

いて問題が残った。また、報道によれば＊1、京都市の担当者の自己評価は「一定程度、分散化を促したが、効果は限定的」であったという。

実証実験の結果を踏まえ、2019年夏、京都市と観光協会は観光快適度の見える化に本格的に取り組むこととした。取り組みは以下の二つのパートに分けて進められた。

まず、2019年9月から、市内全域を対象に、向こう半年間の1日あたりの混雑予測を提供する。具体的には、企業の協力の下、過去3年間に蓄積されたスマートフォンの位置情報、天気や曜日、休日、混雑した時間等に基づいてAIが予測した5段階の観光快適度を、市のオフィシャルサイト「京都観光Navi」（以下、京都ナビ）にカレンダー表示する。利用者は訪問希望日や天候を選んで混雑予測を確認できるほか、搭載された天候メニューを使うことで、曇りや雨の場合に混雑がどの程度解消するかについても知ることができる（直近1週間については現実の天気予報も表示される）。加えて、全市的には混雑していても、快適に観光できる一部のエリアを紹介する。京都ナビは、現時点では市全域を対象とした大まかな混雑予測にとどまるが、対象期間が6カ月と長いため、事前に旅程をたてる際の参考となることが期待される。

さらに、2019年10月からは、春と秋の観光シーズンに限り、祇園・清水、嵯峨・嵐山、伏見の各エリアについて詳しい混雑状況を見える化する。具体的には、各エリア内の人気スポット5〜8カ所について、時間帯別に観光快適度を予測、表示するほか、推奨ルートも提案する。観光客が比較的空いている時間帯を選んだり、周遊する順序を見直すことで、分散化が進む可能性がある。

観光快適度の予測と実際の混雑状況との乖離が懸念されるが、京都ナビではアンケートページを設けて対応することとしている。具体的には、今後利用者から、観光快適度の予測値と実際の混雑状況がマッチしていたか否かについて体感的な報告や意見を集め、ＡＩによる予測の精度を高める方針である。

(2) 広島県：専用アプリでストレスフリーの観光を提供

広島県も観光地の混雑問題を、ＩＣＴによって軽減する取り組みを進めている。広島県の場合、専用サイトによる情報提供ではなく、利用者のニーズに応じた情報を、スマートフォンにインストールしたアプリを通じて配信するしくみである。混雑するスポットの人出、道路の渋滞状況、アクセスの所要時間、駐車場の空き情報、トイレの空き具合まで幅広い情報を取り扱う。

これは、広島県のプロジェクト「ひろしまサンドボックス」の第一次公募で選定された取り組みで、事業主体はＮＴＴ西日本広島支店と廿日市市、宮島観光協会、大学関係者、データ分析事業者である。ひろしまサンドボックスとは、ＡＩやＩｏＴ（モノのインターネット）を活用して、地域課題の解消のための実証実験を行うプラットフォームで、県は２０１８年から3年間で本事業に約10億円を投資する意向である。ちなみに「サンドボックス」とは、政府の規制改革会議で提唱されたコンセプトで、「砂場（サンドボックス）で子どもが砂山を積み上げては壊すように、試行錯

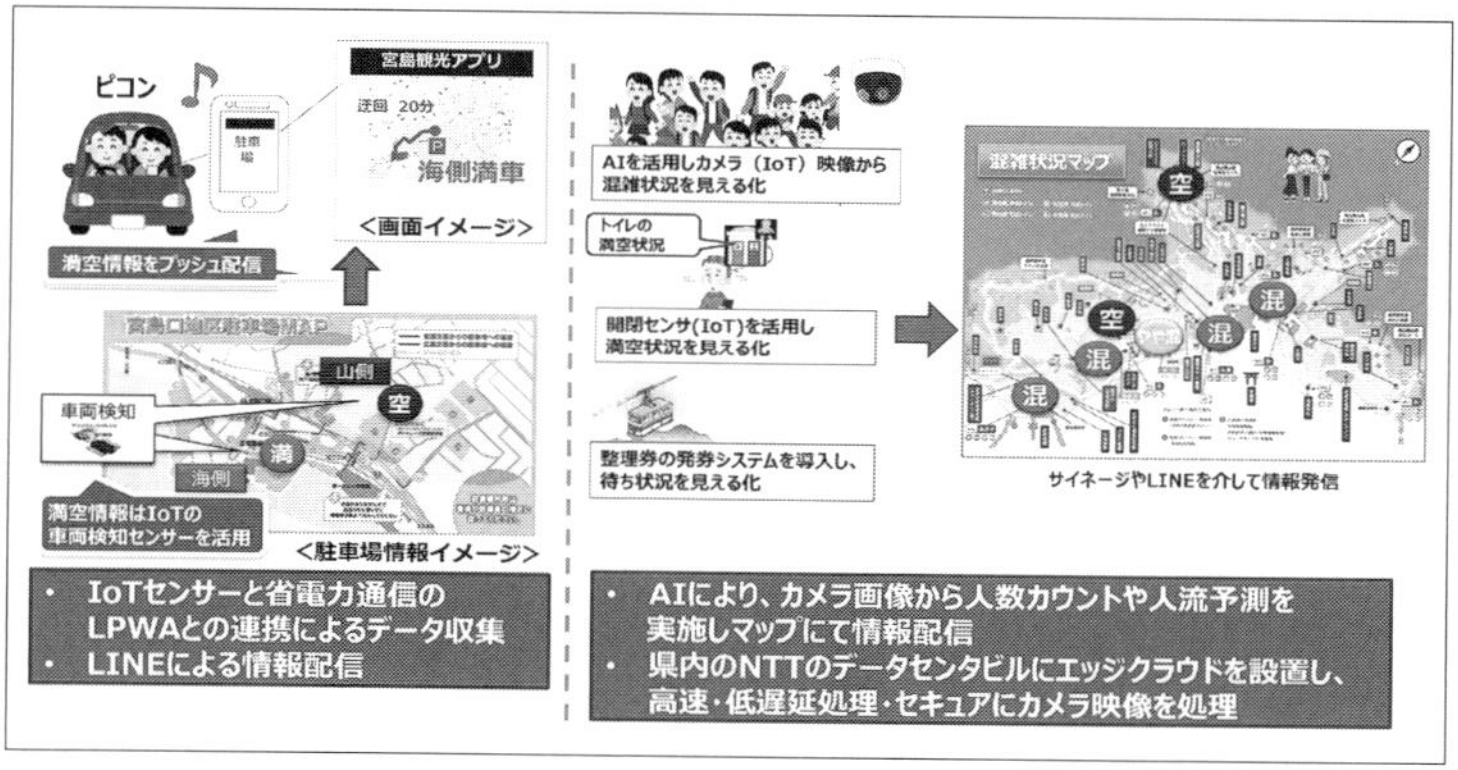

宮島エリアにおけるストレスフリー観光のイメージ図（出典：ひろしまサンドボックスのウェブサイト）

誤する場」を意味する。全国レベルで着手することは困難な規制緩和や新技術の導入を先行実施し、社会的課題のブレークスルーを図る取り組みである。

実証実験の舞台には、日本三景の一つである宮島が選ばれた。厳島神社や弥山を擁する宮島は、２００５年には世界遺産にも認定され、内外から年間４５７万人（２０１７年、乗船者数ベース、廿日市市調べ）もの来訪者を惹きつける世界的観光地である。近年は混雑が甚だしく、年始や紅葉が美しい秋を中心に、厳島神社周辺や桟橋には人があふれている。加えて、対岸の宮島口周辺の国道は大渋滞に陥り、フェリー乗り場やトイレに長い行列ができるなどの問題も生じている。このため、観光客がストレスを感じるだけでなく、周辺住民も大量のゴミや交通渋滞など生活面で支障を感じるケースが少なくない。

ＩＣＴを使って、このようなオーバーツーリズム現象を解消するのが本事業の目的である。具体的なしくみを見ると、混雑については、島内各所（人気スポット、桟橋、商店街）や対岸の駐車場、フェリー乗り場に設置されたカメラで観光客の人数や移動速度、年齢、性別等の情報を収集して集中ぶりを把握し、アプリやデジタルサイネージに3段階に分けて（混雑、やや混雑、空き）表示する。また、個人情報を切り離した購買履歴や人の流れのデータについて、ＡＩ分析と蓄積を進める。

その他に提供される混雑対策コンテンツとしては、宮島口側の国道沿いに設置したカメラを使用して自動車の通行量と渋滞状況を把握する。また、駐車場の入口に設置した車両検知センサーで空き状況を確認し、島内各所にある駐車場のうち、利用可能な箇所を割り出す。主な女性トイレのドアにはセンサーをつけ、開閉状況で空き状況を把握する。これらのセンサーやデータ通信網には最新の低電力消費タイプが使用されている。

これらの情報は、２０１８年5月にリリースされた対話アプリ・ラインの宮島観光協会のアカウントで簡単に見ることができる。２０１９年9月現在、提供されているのは、人と車両のリアルタイムの集中状況と「おすすめ」「新着」「ロープウェイ」の各情報、「もみ爺と話す」の6メニューである。「おすすめ」は島内の見どころ情報と地図、ナビゲーションを提供し、「ロープウェイ」は弥山山頂へ登る便の時間と人数の予約ができる。「もみ爺と話す」は利用者の質問に本アカウントのゆるキャラ「もみ爺」が答え、豆知識なども披露する。

現状はリアルタイムの情報提供が中心であるが、今後は、データの分析と蓄積を進め、早期に混雑予測の提供を開始する予定である。さらに、ⓐ混雑を避けてストレスなく観光できる周遊ルートや、ⓑ島内や宮島口の駐車場が混雑している場合に、対岸にいる観光客に対し、最寄駅周辺に車を停め電車とフェリーを乗り継いで来島するルートを提案することも計画している。また、穴場スポットや一足伸ばす観光ルートをアピールし、観光客の分散を図ったり、島での滞在時間を延ばす取り組みも検討されている。

県主導の実証実験であるため、地元との調整は比較的スムーズに進んだが、問題がなかったわけではない。一つは、カメラの設置方法である。宮島全域が文化財保護法で「特別史跡及び特別名勝」に指定されているため、カメラの外見や設置箇所、据え付け方等について極めて厳格な基準が存在し、なかなか適切な場所を見つけることができなかった。また、商店街にカメラを設置する場合の位置どりや各店の意向についての調整も必要であった。このような事情もあり、事業全体では16カ所にカメラを設置予定であるが、開始当初は6カ所、2019年時点で9カ所にカメラを設置したにとどまる。また、アプリで提供するおすすめ情報の選定にあたり、特定の飲食店や小売店を取り上げることが難しいなど、公平な取り扱いが求められる県事業特有の問題もあった。

将来的には宮島だけにとどまらず、ストレスフリーな観光を広島県全域に展開することを目指し、関係者はデータの蓄積と活用について試行錯誤を重ねている。また、宮島で得られたさまざまな知見を、同様に混雑に悩む余所の観光地にいかに適用していくかも大きな課題である。広島県は瀬戸内海を囲む7自治体による観光振興組織「せとうちＤＭＯ」の主要メンバーとして、域内連携にも積極的に取り組んでいる。本事業の成果をせとうちＤＭＯその他の枠組みに基づいて広げ、応用することが期待される。

(3) 国際的広がり

最新のデジタル技術をオーバーツーリズム対策に活用する動きは、国際的にも広がりを見せている。２０１９年10月に北海道倶知安町で開催された主要20カ国・地域（Ｇ20）の観光大臣会合の官民セッションでは、通信系のマーケティング企業が携帯電話を通じて観光客のデータを収集・分析する「モバイル空間統計」について報告した。

同会合に合わせ、日本政府は「観光×テック」をテーマに、先進的なサービスや技術のアイデアを募るピッチコンテストを開催した。22カ国１０８件の応募から上位19団体が倶知安町に招かれ、Ｇ20の観光大臣を前に多彩なプランを披露した。入賞は、インドを拠点にヒマラヤの無電化地域に旅行者がソーラーパネルを届けるツアー、インバウンドに無料のＳＩＭカードを配布して行う観光情報のプッシュ型発信、利用者が体験したバリアフリー情報を共有するスマホアプリであった。いずれも観光を通じた地域振興や社会課題の解決に取り組むもので、ＩＣＴによる観光の可能性を示すものといえる。

＊1　時事通信ニュースサイト・官庁速報「観光客分散化、一定の効果＝ウェブでの『快適度提供』」２０１９年7月8日

8 章

レスポンシブル・ツーリズム（責任ある観光）

世界各地のオーバーツーリズムへの対応を見ると、多くの場合、観光客を受け入れる地域の行政機関や観光振興組織による対症療法的な取り組みが基本となっている。もっぱら受け入れ側主導でオーバーツーリズム対応が進められる背景には、「観光客あっての観光地、観光ビジネスであり、観光客に対応を求めて心象を害することは望ましくない」「住民も（間接的にせよ）観光客の来訪からメリットを受けており、観光客がもたらす一定の負荷はやむをえない」という認識がある。

しかし、近年、受け入れ側だけが問題解決に苦慮するのではなく、観光客の側にもオーバーツーリズムへの応分の対応を求める動きが生じつつある。「レスポンシブル・ツーリズム（責任ある観光）」と呼ばれるこの趨勢については、すでに4章でハワイの例を紹介したが、本章ではオーバーツーリズムの新しい潮流として、改めてレスポンシブル・ツーリズムを取り上げ、登場の背景やハワイ以外の地域の取り組みを見ていこう。

1　レスポンシブル・ツーリズムとは

観光客の責任ある行動の重要性については、１９７０年代以降、環境と開発の関係を規定した「持続可能な開発」の文脈から論じられてきた。その後、１９９９年に国連世界観光機関（ＵＮＷＴＯ）が「世界観光倫理憲章」（副題はfor Responsible Tourism）を策定すると、推奨される活動のリストアップなど、レスポンシブル・ツーリズムを具体化する試みが盛んになった。さらに、国連による「持続可能な開発目標（SDGs）」（2015年）の採択を受け、2017年が「持続可能な観光国際年」とされると、UNWTOは前述の倫理憲章を要約した冊子「責任ある旅行者になるためのヒント」を取りまとめた。その主な内容は、ⓐ旅先に住む人々に敬意を払い、私たちの共有遺産を大切にしよう、ⓑ私たちの地球を守ろう、ⓒ地域経済をサポートしよう、ⓓ旅先の情報に通じた旅人になろう、ⓔ尊敬される旅人になろう、である。取り組みを詳細に見ると、ガラパゴス（4章参照）などですでに実行されている取り組みが多くを占めている。観光客に責任ある行動を求める動きは、まず現場の取り組みが先行し、国際機関がそれらを取り上げて規範化したといえよう。

2 パラオ共和国——観光客が自発的に環境保全にコミットするしくみ

パラオ共和国は西太平洋の赤道に近いミクロネシアに属し、人口は約1・7万人である。586の島々とそれらを囲むサンゴ礁からなる小規模国家であり、エネルギーをはじめ食料、日用品等をほぼ輸入に頼っている。そのため貿易収支が慢性的赤字となるなか、観光業は貴重な外貨獲得源として、国の基幹産業に位置づけられている。

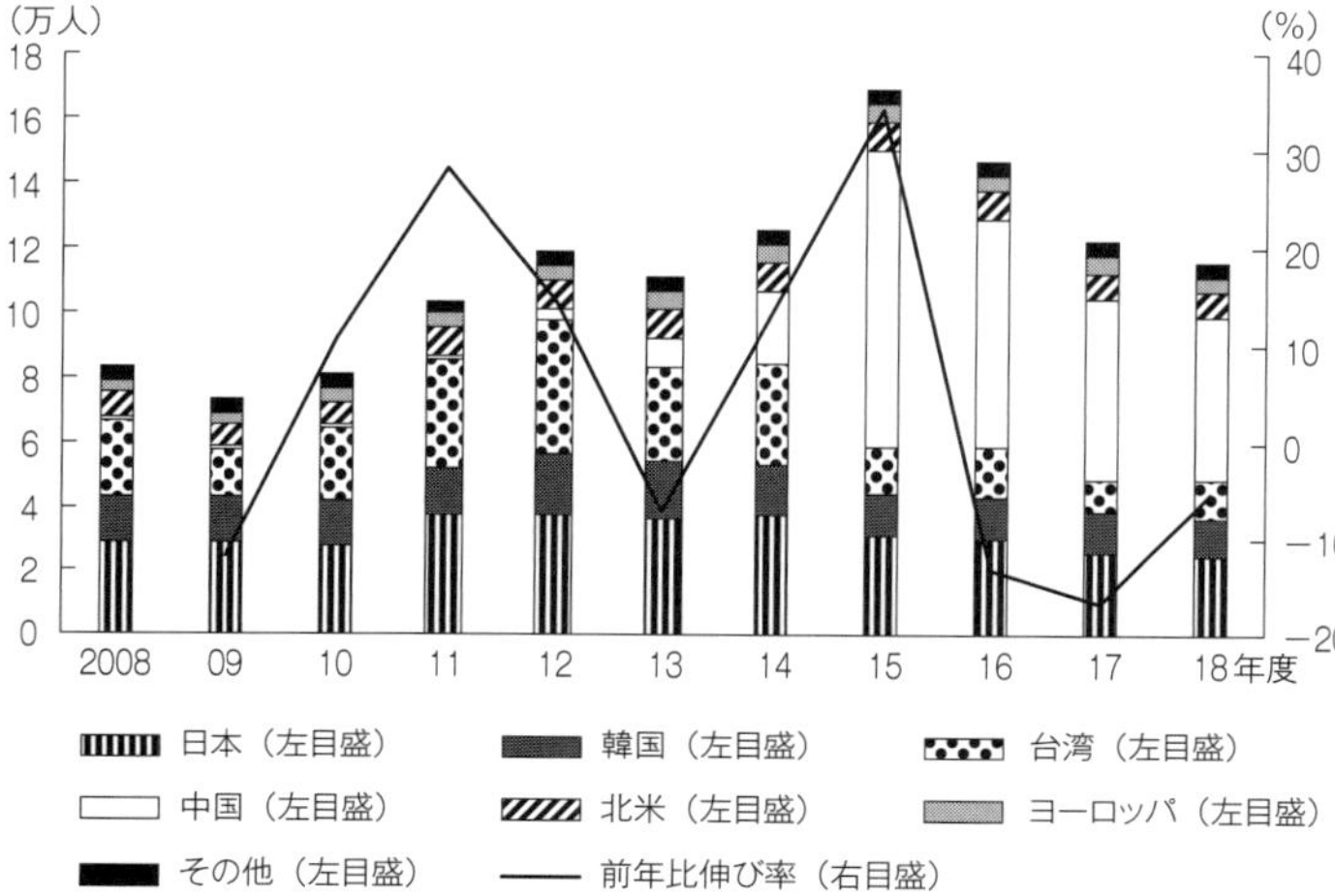

図１　パラオへの国・地域別訪問者数の推移（出典：PalauGov.pw, Visitors Arrivalsに基づき筆者作成）

(1) パラオ観光の現在

２０１８年にパラオを訪れたのは約12万人で人口の７倍にのぼる。うち日本人観光客は２・４万人を占める。１９９４年の独立以来、おおむね観光客数は増加基調であるが、２０１７年末、パラオ政府が派遣した訪問団が台湾を訪問したことに反発した中国政府が、パラオへの渡航を実質禁止したことなどが影響し、２０１８年の総観光客数は約６千人減少した（図１）。これを機に、パラオ政府は量ではなく質を重視した高付加価値型観光を目指すとともに、中国偏重であった送客国の多角化にも努め、事態を打開しようとしている。パラオ最大の観光資源は海洋で、透明度を誇る水質、美しい水生動植物は世界からダイバーを惹きつけている。沿岸部では、イルカとの触れあいや亀の観察、環礁巡り、フィッシング、サンセットクルーズなど多彩な観光商品が開発されている。陸地でも、バードウォッチングや灯火に影響されない天体観測、ノスタルジックな街並み散策、遊覧飛行等の人気が高い。

地球温暖化に伴う水位上昇に脅かされるパラオ国民は、もともと環境意識が高く、海洋保護区の設立・運営や、自給目的以外の漁業規制に力を入れてきた。パラオは大陸に属したことがないため稀少な固有種を多数有する生態系を誇り、2012年に「ロックアイランド群と南ラグーン」が世界遺産（複合遺産）の認定を受けたこともあって、観光関連の環境保全ルールも極めて厳格である。

国の中枢であるコロール州では、観光客の行動エリアを州法で規定するなどして保護区を管理し、入域料（Entrance Fee）100米ドル[*1]を徴収している。その他の州でも観光スポットを訪れたり、ダイビングや釣りなどを行う目的で海に出る際には、別途、州政府発行の各種証明書の取得と携行が義務づけられている。違反すると、証明書の発行手数料（Permit、金額は州により異なる）の数倍の罰金が科される。また、海洋全域にわたり、ゴミの投棄はもちろん、生物への餌付けや接触、サンゴ礁を傷つける行動、水中銃の使用等は禁じられている。

(2) オーバーツーリズムの状況

このような厳しい規制にもかかわらず、近年の観光客数の増加がパラオにもオーバーツーリズム現象をもたらしている。特に2014年後半以降、中国人観光客の急増ぶりが目立ち、前掲図1

で２００８年に６００人程度であった中国からの来訪者は２０１８年に約5万人となっている。また、２００８年と中国人観光客数のピークであった２０１５年（９・１万人）を比較した場合、約１５０倍に達している。

具体的なオーバーツーリズム現象としては、ビーチや湖の汚染が挙げられる。ビーチへのゴミ投棄、サンゴ礁や生態系を傷つける振る舞いが頻発し、環境汚染は深刻である。クラゲと一緒に泳げる汽水湖ジェリーフィッシュレイクの場合、２０００年以降は入域料50米ドルを徴収し、水質の悪化を受けて２０１２年にはこれを１００米ドルに引き上げた。しかし、高額な入域料がさしたる効果をあげないまま、クラゲの大量死が発生したため、２０１７年に閉鎖を余儀なくされた。他にも、観光客が窓口となって広まった肉食中心の西洋的な食生活や習慣がパラオの伝統的なライフスタイルに置き換わり、糖尿病等の健康被害や習俗への悪影響

クラゲと泳げる、パラオの汽水湖ジェリーフィッシュレイク。水質悪化のため 2017 年に閉鎖された（©iStock.com/ Global_Pics）

が生じている。さらに、パラオの経済界からは、外国資本がホテル等を買収し、自国観光客の受け皿として活用するため、「地元に利益が落ちない」という不満の声も聞かれる。

(3) オーバーツーリズムへの対応

こうした状況に対し、政府は、旅行者に対して責任ある持続可能な観光を義務づけることを打ち出した。2017年12月に導入された「パラオ・プレッジ（Palau Pledge、誓約）」では、まず、旅行者は機内で、パラオの環境の貴重さと保全の必要性に関する解説ビデオを鑑賞する。アニメ仕立てのビデオでは、島の自然を損なう巨人がパラオの子どもたちから環境保護の重要性を教えられる。その後、入国手続きの際に、旅行者はパスポートに押印された誓約文に署名することで、子ども世代に美しく豊かな自然を残すため、滞在中の行動に責任を持つ義務を負う。

誓約文は島の環境保全に努め、思いやりを持ち、節度ある行動をとること、島に存在するものを傷つけたり取ったりせ

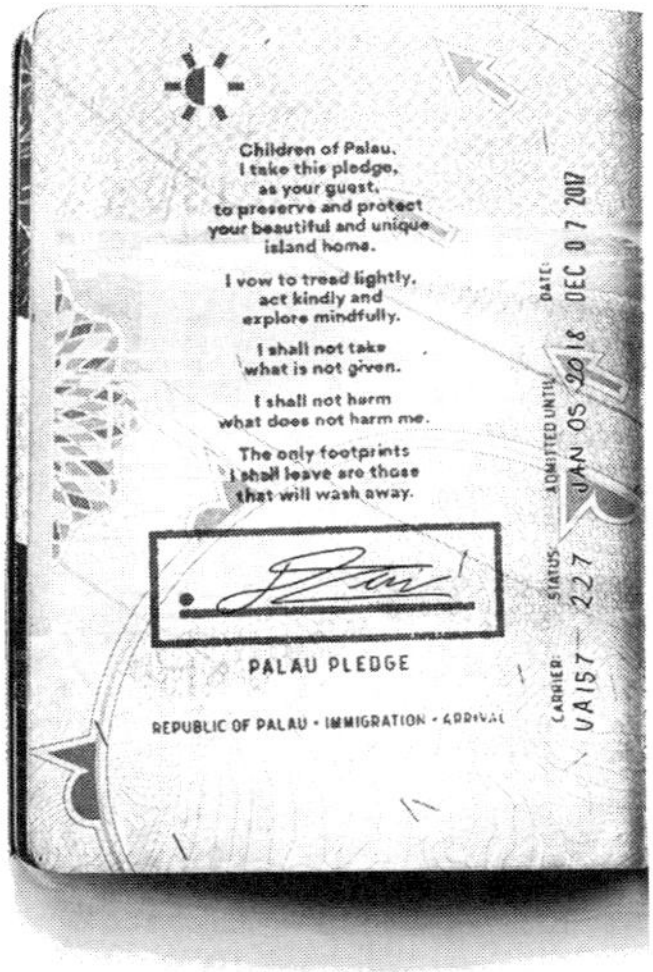

パスポートに押印されたパラオ・プレッジに旅行者は署名する
（出典：Palau Pledgeのウェブサイト）

ず、自然に消える以外の痕跡を残さないことを誓う内容である。誓約文の策定にあたり、子ども世代の意見も積極的に採用された。なお、誓約を破った場合には最大で100万ドルの罰金が科される規定があるが、実際に適用されたケースは今のところ見られない。

パラオ・プレッジは2020年1月現在、26万人以上が署名に応じ、誓約を拒んだ旅行者はいないという。また、入国せずにウェブで署名することも可能で2018年7月7日時点で1・8万人余りが参加している。プレッジへの賛同は著名人の間にも広がり、導入早々の2017年12月にはアメリカの俳優レオナルド・ディカプリオがツイッター（現X）上で支持を表明した。なお、プレッジへの署名にはパラオ国民も参画しており、署名者第一号はレメンゲサウ大統領であった。

パラオ・プレッジは国際社会からの支持も得ている。2018年6月には、世界三大広告大賞であるカンヌのライオンズ国際クリエイティビティ・フェスティバルに新たに創設されたSDGs部門を含む3部門でグランプリを受賞した。ライオンズの審査員長はパラオ・プレッジを「新鮮でありながら現地の文化や伝統に基づく参加型のキャンペーン」で「実に楽しく計画、実行され、しかも奥深く、可能性を秘めている」と評している。

パラオ政府はプレッジをベースに、一連のレスポンシブル・ツーリズム対応を強化しつつある。最も大きな取り組みは「プリスティン・パラダイス環境税（PPEF）」の導入である。PPEFとは、従来の出国税（20米ドル）と環境税（30ドル）に代わり、2018年1月以降、100ドルを航空券代に上乗せして徴収するものである。PPEFの内訳は環境税に30ドル、漁業保護基金に10ドル、州財政に12・5ドル、残り47・5ドルが国庫に配分される。新たなPPEFの目的は、環境保護財源の強化に加え、環境を重視するパラオ政府の姿勢をアピールする点にある。その他にも、子ども世代や地元コミュニティに対する環境教育の教材としてプレッジが活用されている。観光事業者に対して、行動規範にプレッジの精神を反映させるよう求める動きもある。また、パラオ政府は周辺のミクロネシア諸国に対して、プレッジと似たしくみを導入し、レスポンシブル・ツーリズムの推進で共同歩調をとるよう働きかけを強めつつある。

パラオ・プレッジの特質は、闇雲にマナー遵守を求めるのではなく、誓約という形で観光客が自ら環境保全にコミット（参画）し、それをパラオ側が認めて入国を許可する点にある。すなわち、パラオの自然や環境が美しく豊かなままに保全されることで、観光客の貢献意識や達成感、承認欲求が満たされる仕掛けとなっている。観光客の自発的な参画を担保するしくみを備えていることが、この取り組みを推進する鍵となっている。

パラオ・プレッジの効果については、遵守状況を監視する体制を伴っておらず、罰則規定も名目にとどまる点が弱点といえる。誓約した旅行者の良心と参画意欲に期待するしかないため、実効性を疑問視する声は小さくない。しかし、環境保護や途上国経済の発展のため、消費者の倫理観や規範意識に訴える動きは個人や企業の間で広く受け入れられつつある。たとえば、途上国の商品の購入を促す「エシカル消費」は世界的に広がりを見せている。観光分野でも、ビーチのゴミ拾いや、運河のプラスチック廃棄物の収集を目的としたツアーが開発され、社員研修等に活用する企業も登場している。日本の場合、富士山麓のゴミ拾いツアーは同様の取り組みといえよう。

実際、パラオ・プレッジに通じる動きはヨーロッパにも広がりを見せている。フィンランド政府観光局（Visit Finland）は2019年10月に「サステナブル・フィンランド・プログラム」のスタートを公表した。本プログラムの目的は、フィンランドの財産である手つかずの自然環境と素朴でありのままの文化・ライフスタイルを育み保護することにあり、その一環として観光分野においても、国外からの旅行者に対して「サステナブル・フィンランド誓約」への署名を求める。誓約にはゴミを残さない、遊歩道の外を歩かない、キャンプ地の設営場所に注意する、地元住民へ配慮しむやみに写真を撮ったりしない、など具体的な内容が盛り込まれている。

3　ニッチな業界から観光の本流に向かうサステナブル・トラベル

(1) 観光客の意識

レスポンシブル・ツーリズムにおける観光客は、一方的にもてなされる立場ではなく、応分の責務や役割を担う存在である。観光地の自然・社会環境、住民（特に原住民）の生活・文化等に対し

	世界の旅行者のうち「はい」と答えた割合（%）	日本の旅行者のうち「はい」と答えた割合（%）
次世代のために地球を守るには、人々はすぐに行動し、サステナブルな選択を行う必要がある	72	40
宿泊施設がエコに配慮していることを知った場合、その施設を予約する可能性は高くなるだろう	70	36
よりサステナブルな旅行を行うためにすべきことを理解している	50	28
よりサステナブルな旅行を行う方法がわからない	37	49
サステナブルな旅行を行う選択肢は目に入るものの、その他の選択肢の方か魅力的に感じる	34	36
旅行会社はよりサステナブルな旅行の選択肢を消費者に提供すべき	71	—
旅行中によりサステナブルな行動をとるためのアドバイスを旅行会社から得たい	41	22
サステナビリティを高めるために旅行中の行動を変え、可能な限り徒歩や自転車の利用、ハイキングを行うようになった	52	34
滞在する宿泊施設のカーボン・フットプリントを相殺できる方法があるなら実行したい	56	34
旅行中に使ったお金を現地コミュニティに還元してほしい	68	49
サステナブルな旅行に必要な追加出資を賄えない	36	37
予定があるため、選べるサステナブルな選択肢に限りがある	34	49
サステナブルな旅行の目的地はその他の旅行先よりも魅力的ではない	34	36

表1　サステナブル・トラベルに関する意識調査
（出典：ブッキング・ドットコム「サステナブル・トラベルについての調査結果」2019年4月18日に基づき筆者作成）

て敬意を払ったり、保全に寄与する人物像が想定される。

では、観光客自身は、レスポンシブル・ツーリズムについてどの程度意識しているのであろうか。世界的な宿泊予約サイトである「ブッキング・ドットコム（Booking.com）」が2019年に実施した「サステナブル・トラベル（旅行先の環境やコミュニティに配慮した旅行）」に関するインターネットアンケート[*2]（世界18カ国、18歳以上で2018年中に旅行した男女約1万1千人を対象）によると、「次世代のために地球を守るには、人々はすぐに行動しサステナブルな選択を行う必要がある」と回答した比率は、全世界では72%、日本では40%であった。また、「宿泊施設がエコに配慮していることを知った場合、その施設を予約する可能性は高くなるだろう」との回答者は、全世界では70%、日本では36%であった（表1）。総じて日本の旅行者の意識は、世界と比較して低い傾向にあるが、その理由として、日本人の34%が「旅行は特別な時間であり、サステナビリティについて考えたくない」と回答しており、責任ある観光よりも旅の特別感、解放感を優先する傾向が見てとれる。これには、日本人の旅行日数がアンケート対象国のうち最短であることも関係していよう。あるいは、「よりサステナブルな旅行を行う方法がわからない」とする日本人の比率は49%と、全世界の37%を上回っており、情報の少なさが影響している可能性もある。

(2) 観光事業者による取り組み

前述のブッキング・ドットコムの調査によると、サステナブル・トラベルの実現に向けて、旅行会社の役割に期待する観光客の声は大きい。「旅行会社はよりサステナブルな旅行の選択肢を消費者に提供すべき」とする回答は全世界で71％に達し、「旅行中によりサステナブルな行動をとるためのアドバイスを旅行会社から得たい」との回答は全世界で41％であった。

では、観光事業者はレスポンシブル・ツーリズムをどのように捉えているのであろうか。すでに1970年代頃から、開発と環境の関係に配慮した旅行商品や現地ツアーを提供する専門業者は存在した。ただし、それらは環境への意識の旺盛な一部顧客のためのニッチビジネスという色彩が強く、旅行者一般を対象とするものではなかった。その後、レスポンシブル・ツーリズムの普及・定着を図るため、国際機関や旅行業界によって複数の顕彰制度が設けられた。2004年には「レスポンシブル・ツーリズム・アワード」が発足し、ヨーロッパ最大級の旅行・観光に関する国際見本市「ワールド・トラベル・マーケット（WTM）」で、例年表彰式が行われてきた。同アワードでは文化遺産、野生生物保護、ビーチ観光など13部門にわたり、優れた活動がノーミネートされ、NPOや自治体に交じって多くの企業も受賞してきた（表2、3）。近年、WTMで表彰される部門が整理される一方、アフリカやインドなど地域別の顕彰制度が発足した。アフリカについては、2018年にペットボトルの使用量の大幅削減に成功したボツワナのサファリキャンプ運営会社が受賞した。

日本においても、2015年に発足した「ジャパン・ツーリズム・アワード」の特別賞として「UNWTO部門賞」（2018年から「UNWTO倫理特別賞」に改称）が設けられている（表

部門[注]	対象となった活動
貧困削減	農業観光（アグリ・ツーリズム）の商品開発
動物福祉	動物を狩猟場で飼育しハンターに提供するビジネスに対する反対キャンペーン
炭素削減	炭素削減に効果的なツアーの提供
ビーチ観光	自然環境に配慮したツアーの提供
現地雇用をするホテル	地元住民の雇用
文化遺産	文化遺産をつなぐ遊歩道の運営
地域文化交流	地域社会を対象としたツアーの提供
障害者対応施設	施設の運営、障害者サービス
デスティネーション	ホエール・シャークウォッチングの拠点の整備
自然保護	地元コミュニティと連携したマングローブの保全
クルーズ	湖水地方の環境に配慮した周遊サービスの整備
レスポンシブル・ツーリズム	責任ある観光開発やマーケティングのアドバイス
ピープルズ・チョイス	国・地域別の動物保護インデックスの開発

表 2　レスポンシブル・ツーリズム・アワードの各部門と対象となった活動（2015 年）
（出典：トラベルボイス・ウェブサイト「レスポンシブル・ツーリズムとは？」2015 年 11 月 6 日に基づき筆者作成）
注：部門名は年により変更されている

受賞年	受賞者	受賞理由
2018 年	佐賀嬉野バリアフリーツアーセンター	高齢者・障害者・外国人を含めたバリアフリー観光
	富士山ネイチャーツアーズ	富士山の知られざる魅力に出会うツアーの企画・催行
	JTB熊本支店	語り部と熊本地震の遺構や復興の現場をめぐる「学びのプログラム」の実施
	クラブツーリズム	障害者・高齢者等に同行するボランティア=トラベルサポーター制度の実施
	エイチ・アイ・エス	高齢者・障害者向けホノルルマラソンツアー「車椅子・杖で行く旅」の開催
	ピッキオ	軽井沢の自然を残すエコツーリズムの実践
2019 年	佐賀嬉野バリアフリーツアーセンター	高齢者・障害者・外国人を含めたバリアフリー観光（2 年連続）
	屋久島野外活動総合センター	屋久島におけるエコツーリズムの持続的展開

表 4　ジャパン・ツーリズム・アワード UNWTO部門賞の受賞者
（出典：ツーリズム EXPOジャパン広報資料に基づき筆者作成）

	部門[注]	受賞者	所属	備考
2018年	野生生物保護	世界自然保護基金	国際NGO	動物保護に旅行業界が関与することを支援
	責任ある観光	TUI UK（旅行会社）	イギリス	サステナビリティに配慮したマーケティング
	優れた管理運営	バルセロナ市	スペイン	都市観光の適切な管理
	地域経済の利益創出	ワンシード・エクスペディションズ（投資会社）	アメリカ	責任ある観光を意識した投資活動
	雇用	イントレピッド・グループ（ツアーオペレーター）	ネパール	スタッフの待遇改善
	大賞	バルセロナ市	スペイン	都市観光の適切な管理
2019年	野生生物と自然保護	シックスセンシズラーム（リゾート）	モルディブ	海藻の保護を通じた海洋環境の改善
	炭素の削減	フェイナンエコロッジ（宿泊施設）	ヨルダン	100％太陽光発電によるロッジ運営
	プラスチック廃棄物削減	イベロスター（ホテルチェーン）	スペイン	使い捨てプラスチックの使用停止
	透明性の高い報告	TUI（旅行会社）	ドイツ	財務報告におけるサステナビリティの重視
	優れた管理運営	グエル公園	スペイン	住民と連携したオーバーツーリズム対応
	地域経済の利益創出	グリーンピープル&バクリチャップ・ナチュラル・ヒマラヤプロデュース（NPO）	インド	観光を通じた洪水被害からの復興支援
	審査員賞	グルートボス（観光地）	南アフリカ	自然の保全、地元コミュニティ支援

表3　レスポンシブル・ツーリズム・アワード（金賞）の表彰団体

（出典：ワールド・トラベル・マーケット広報資料に基づき筆者作成）

注：部門名は年により変更されている

4）。同賞はＵＮＷＴＯの世界観光倫理憲章に対する日本社会の理解を深めるため、同憲章に沿った優れた活動を行う企業や団体を表彰するものである。なお、表彰されるには、倫理憲章に署名済みの組織である必要がある。２０１９年度については、佐賀嬉野バリアフリーツアーセンターと屋久島野外活動総合センターがＵＮＷＴＯ倫理特別賞を受賞した。ちなみに、ジャパン・ツーリズム・アワード２０１９の観光庁官賞には、前述のパラオ共和国の「パラオ・プレッジ」が選ばれた。

顕彰をはじめとする広報活動により、レスポンシブル・ツーリズムが徐々に社会に普及する一方、深刻化するオーバーツーリズムへの対応を迫られる形で、近年、一般の旅行事業者の行動にも変化が生じつつある。アメリカの旅行・観光情報の専門メディア「Skift」の記事[*3]によれば、顧客に対して著名スポットを回避する旅程や、ピークタイムの代替的な過ごし方、混雑するスポットとさほど混まないスポットを組み合わせたルートを提案するツアーオペレーター（現地案内の専門業者）が増えつつある。その動機は、もっぱら混雑に巻き込まれた顧客の満足度の低下を防ぐことにあるという。日本においても、２０１９年10月以降、ＪＴＢが京都へのパッケージツアー客に手ぶら観光（7章参照）を無料で提供するなど、混雑を避け快適度を追求する動きが始まりつつある。

より積極的にオーバーツーリズム対応に取り組む事業者も増えている。欧米の旅行会社の間では、ＳＤＧｓの達成を求める社会の要請に応えるため、旅程の立ち寄り先やクルーズ船の寄港候補地の環境保全状況を調査し、取り組みの進んでいる地域を優先的に組み込んだツアーを造成する「環境配慮」型商品の割合が高まっているという。環境容量の小さな観光地に配慮し、大型バスやクルーズによるツアーを取り扱わない企業、あえて閑散期に著名観光地へのツアーを企画する企業も登場している。また、人気スポットを避けつつ顧客満足度の高い旅行商品を開発するため、現地事情に精通する人材と連携し「穴場」を見出そうとする取り組みも見られる。

最近になって、影響力の大きい大手航空会社や世界的ホテル・チェーン主導の、サステナビリティを意識した取り組みがグローバルに広がりつつある。環境への負荷を軽減するため、ルフトハンザ・ドイツ航空は2019年秋から、二酸化炭素の排出を抑えることのできる割高な燃料を一部フライトに使用し、賛同する顧客には追加負担のうえ搭乗するよう広報を強化している。ホテル業界でも、マリオット・インターナショナルが2020年末までに使い捨てのアメニティやストロー等を大幅削減して廃棄プラスチック量を抑える行動計画を発表し、タイのホテル協会は2019年2月から政府観光庁主導のプラスチック廃棄物削減活動に参画している。

4　地域住民の観光受容力を高める

(1) 地域住民の参画が必要な理由

ここまで観光地の行政機関や振興組織、観光客や事業者によるレスポンシブル・ツーリズムの取り組みを見てきた。では、残されたステークホルダーである地域住民の参画は必要ないのであろうか。

従来、観光産業に従事していない住民は観光ビジネスから実質的なメリットを受けている実感がなく、混雑や騒音、渋滞等に迷惑しつつも、地域経済全体としては観光ビジネスからメリットを享受しているため沈黙を余儀なくされている、と捉えられてきた。住民はいわば諦めていたわけであるが、近年は、観光に対する住民の異議申し立てや要求水準の高まりが顕在化している。実際、バルセロナやベニスでは、観光客を排斥する住民のデモが行われ（40頁参照）、政治的な争点にもなっている。また、ＵＮＷＴＯとフランスの調査会社ＩＰＳＯＳが都市住民を対象に行った共同調査（２０１８年12月〜２０１９年１月、英・米・仏・日・韓・アルゼンチンなど15カ国1.2万人に実施）によると、「地元コミュニティに観光の恩恵が及ぶようにする」ことを求める回答が全体の65％にのぼった。すなわち、オーバーツーリズム現象に対して住民が諦め距離を置くかつての状況は変化しつつあり、今後は、住民の観光（客）に対する受容力を向上させることが課題となろう。

住民の観光受容力が重要な理由として、以下の２点が挙げられる。

一つは、観光客の嗜好の変化に対応していく必要性である。観光客、とりわけインバウンドの間では、景勝地や伝統的建造物の見物だけでは飽き足らず、ユニークな体験をする「コト消費」や地元の日常生活に価値を置く傾向があることはすでに指摘した。この場合、必然的にコミュニティとの接触・交流が生じるため、住民の観光受容力が極めて重要となる。実際、観光客が街を散策するような場合でも、住民が友好的に受け入れる雰囲気の有無は観光客の満足度を左右する。ましてや観光客が道に迷ったり、天災等のトラブルに遭遇した場合、周囲からの声掛けや手助けの有無は、当該地域ひいては訪問国全体に対する彼らの心象を左右する結果となろう。これらのイメージがSNSで拡散し、大きな影響力を持つことは6章で指摘した通りであり、軽視はできない。

もう一つは、地域の観光開発やまちづくりを適切に管理していく必要性である。近年のインバウンドブームを受けて各地で観光開発が進んでおり、著名観光地やリゾートではホテルや娯楽施設の建設ラッシュと地価の高騰が報じられている。これらの開発は観光客の受け皿整備として必要な側面もあるが、古くからの街並みに変容をもたらし、本来は観光振興のために保持すべき資源すら毀損される恐れがある。今後は、無秩序な開発に陥らず、住民生活にとっても、また観光にとっても好ましいまちづくり、地域開発が重要となるが、そのためには住民の観光に対する理解と地域の意思決定への主体的な参画が必要不可欠である。

地域の街並みの保全と整備を管理するのは、自治体が所管するさまざまな行政計画や条例等の役割である。主な行政計画としては総合計画、都市計画と立地規制、景観基本方針・マスタープランや建築・サインに関するデザインのガイドライン等がある。条例については、景観法に基づく景観条例のほか、北海道美瑛町の「住み良いまち美瑛をみんなでつくる条例」や大分県由布市の「潤いのある町づくり条例」、50年以上の伝統を持つ岡山県倉敷市の「倉敷市伝統美観保存条例」等、すでに各自治体が地域事情を踏まえて策定した多くの条例が存在する。一方で、主権者である住民がこれらの制度に精通し、使いこなしているとは言いがたい現状がある。しかし、観光開発を含むまちづくりの主体は紛れもなく住民であって、魅力的なまちづくりを進めるにはその参画が不可欠である。地域社会や自然環境、さらには将来世代に対して責任を負う趣旨に照らせば、住民はレスポンシブル・ツーリズムの重要な当事者である。各地域の観光地経営や開発のあり方に住民が積極的に関与していくことが極めて重要なのである。

(2) 住民の観光受容力を高める方策

以下では、観光に対する住民の受容力(以下、観光受容力)を高める方策について、世界各地で行われている事例を交えて整理する。

① 観光のメリットの見える化

ⅰ 観光収入と使途

住民に対して、観光客や関連ビジネスが地域社会にもたらす金銭的メリットを具体的に示し、それがどのように還元されているかを説明することである。

観光産業就労者に対する給与を除いた上で、コミュニティ全体が享受可能な金銭的メリットを財源別に整理すると、税金、入場料・利用料等の料金収入、事業者の支払う納付金・負担金に大別できる。さらに詳細に見ると、税金は、観光客が支払う消費税や事業者の収入への課税といった普通税のほか、宿泊税や出国税など観光に特化した税目が存在する。料金収入は、伝統的建造物や景勝地への入場、アクセス手段（ロープウェイなど）の利用時に観光客から直接徴収したり、ツアー料金に上乗せする。事業者への負担金は、観光客が多い中心市街地に立地する観光目的の不動産に対して、所有者の同意のもとに税金に上乗せして徴収するしくみ（観光産業改善地区、Tourism Improvement District：ＴＩＤ）で、日本での実績はほとんどないが、欧米を中心に広く導入されている。

こうして集められた資金は、観光開発やオーバーツーリズム対策、具体的には、住民と観光客の動線を分けるインフラ整備、警備員の増員や清掃費用、生態系の維持保全等に充当される。その際、どのような目的で何に配分し、どんな効果を期待し、どのような成果が出たのか、について詳細に開示することは、住民の観光受容力を高めるうえで重要である。以下、先進事例を見てみよう。

ハワイのＤＭＯ「ハワイ・ツーリズム・オーソリティ（ＨＴＡ）」は州経済局の管轄下にある公的法人で、ハワイ州観光業の質の向上と質の高い観光商品開発、雇用の創出・確保、自然資源と文化の保全、州民の生活水準の向上をミッションとする。ミッションに基づくＫＰＩ（重要業績評価指標）には、観光客の満足度や観光消費額、航空便座席数の販売率、ＭＩＣＥの開催数などの指標に加えて、住民の観光産業への理解度と満足度の向上も掲げられている。

住民の観光産業への理解度と満足度の向上は、ＨＴＡの重要な業務分野の一つであり、定期チェックの対象である。具体的には、ＨＴＡは地域社会に対して、宿泊税を柱とする収入の内訳を開示したうえ、その使途と効果、たとえば国別プロモーションに投じた費用に対する、各国からの集客数などのリターン（効果）を詳細に説明し、いかに成果があがっているかをアピールする。また、住民からの疑問や不満を聞きとって丁寧に回答し、必要に応じて対策を講じることも重要な役割である。HTAは日常的にこうした活動を行うことで、住民をはじめとする地域のステークホルダーがHTAの活動、ひいては観光産業に理解と共感を抱くよう努力を重ねている。

なお、DMOが事業活動の費用対効果を説明し、職責を全うしていることを証明するこの手の活動は、総じてアメリカで顕著に見られる。その理由として、ⓐアメリカのDMOの活動原資は税金（ハワイの場合、HTAが独占的に使用できる財源ではなく、観光以外の使途と競合関係にある）や事業者の負担金であるため、アカウンタビリティ（会計的な説明責任）が厳しく問われる、ⓑ運営責任者（マネージャー）は多くの場合公募で採用され、パフォーマンスが低調な場合は任期中でも契約解除される可能性があるなど厳しい業績評価に晒されているため、目に見える実績を上げ、アピールに努める、等が考えられる。

ⅱ交通機関・施設等を維持する効果

観光客や関連ビジネスが地域社会にもたらすもう一つの大きなメリットとして、交通機関や施設の維持管理効果がある。人口減少が進む日本社会では、電車やバスの利用者が減って路線の維持がままならない状況が生じている。あるいは、地域から病院や小売店舗、ガソリンスタンド等が撤退し、住民は遠方の通院を余儀なくされたり、「買い物難民」に陥るケースも見られる。

人口減少地域への観光客の来訪は、このような事態を好転させるチャンスである。たとえば、いったんは廃線の瀬戸際に追い込まれた和歌山県の私鉄路線「和歌山電鉄貴志川線」の例を見てみよう。本路線の場合、貴志川駅の構内に住みついたネコを駅長に任命したことが話題を呼んで乗客数が増え始めた。チャンスと捉えた経営陣がネコのイラストを描いた車両を走らせるなどプロモーションを強化し、狙いが当たって国内外からネコ駅長、ネコ電車目当ての乗客が集まるようになった。現在では貴志川線は市の観光ウェブサイトにも登場する人気路線となっている。

②観光客だけでなく住民も利用可能な施設・サービスの拡充

観光客だけでなく、住民も利用可能な施設やサービスを整備し、利便性や快適性を高めることで、住民の観光受容力を高める取り組みである。*4

デンマークでは、首都コペンハーゲンを含むデンマーク首都圏への宿泊客数が2010年以降増加傾向にあり、2018年には約1200万人近くに達した。オーバーツーリズムへの懸念も浮上するなか、コペンハーゲン市が策定した観光計画は「市の魅力は地元住民」と謳い、観光客に対して住民が寛容で開放的に接することを目標に掲げた。デンマーク首都圏のDMO「ワンダフル・コペンハーゲン」は、この目標を実現するための環境整備に努め、その一環として、観光客のみを対象とした施設・インフラが整備される状況を変えようとしている。すなわち、観光客とともに住民も気軽に利用できるような施設やサービスを市内に増やすため、DMOはホテル等を建設する事業者に対して、地域に開かれたスペースを設けるよう促している。この結果、ホテルに併設されたカフェやベーカリーで、観光客と住民が肩を並べ、交流する光景が見られるという。

ハワイにも観光客と住民の双方が利用できるサービスがある。ホノルル市などでは、市内を周遊する観光客のため、乗り降り自由な自転車が貸し出されているが、住民にも活用されているという。

③体験による観光理解の促進

宿泊やイベント参加など、観光客の滞在時の振る舞いを住民にも体験させることで、住民の観光受容力を高める取り組みである。*5

ドイツの首都ベルリンは、東西ドイツ統一後、観光客が増加し、2017年には2006年の約2倍にあたる1300万人に達した。それに伴い、混雑やゴミの投棄、夜間の騒音、飲酒によるトラブル等が頻発し、住民の不満が高まった。ベルリンのDMOである「visitBerlin」は聞き取り調査やウェブサイトへの投稿等で住民の不満・要望を集め、対策を講じる一方、観光客の立場を住民が体験することを通じて観光受容力を高めるよう努めている。「あなたの街を体験」と銘打たれたこのプロジェクトは、閑散期にホテルの協力を得て、住民に対し、宿泊と食事やイベント参加がパッケージとなった特別プランを格安で販売するものである。住民は普段立ち寄らないホテルに泊まり、オペラやジャズコンサートを鑑賞するなど観光客の立場で街を楽しむ。ホテル側としては、宿泊客が少ない時期の販売促進活動となるほか、住民にホテルのサービスを知ってもらい、将来的な顧客の開拓につなげる意図もある。

(3) 観光受容力の向上と住民参加

観光受容力の向上は観光客の円滑な受け入れに大きく寄与するものであるが、それだけにとどまらない。観光受容力を高めた地域住民が、観光に関する基本方針や計画の策定に参画することが重要である。それによって、地域事情を反映した観光振興策や、住民が大切に思う観光資源の保全、観光客との関係性のあり方、等を検討し、実現していく効果が期待できる。以下、観光開発の方針や具体策に住民が深く関わり、コミュニティに根ざした観光を目指す例を紹介する。*6

タイは、年間4千万人近い観光客を受け入れるアジアの観光先進国である。同国の観光・スポーツ省下の専門機関「持続的観光特別地域開発管理機構（DASTA）」は、全国から希望地域を募って観光地開発を支援している。支援により受け入れ態勢が一定基準に達した地域については、政府観光庁（TAT）が積極的にプロモーションし誘客につなげるしくみである。

DASTAの目標は、観光振興によって経済的自立を果たした地域が観光客をますます円滑に受け入れる好循環である。このため、DASTAは観光に期待する役割を解説した「誰のための観光？（Tourism…for whom ?）」と題する冊子で住民の観光受容力を高めつつ、地域社会が参画する観光開発を推進している。具体的には、まず、各コミュニティで飲食、交通、物品製造販売、民泊等に携わる関係者を集めてワーキンググループを組織し、観光開発の利害得失、営業活動の進め方、関係者の連携等について話しあい、今後の方針と予想される課題を洗い出す。これを受けるのは政府機関や研究機関、ＮＰＯ、業界団体等、地域を支援する側のワーキンググループである。支援サイドは地域主体が実行可能な対策を検討したり、地域主体に協力相手を紹介する。

観光地開発の実践段階では、ＤＡＳＴＡが観光開発に関する国の基準を示しつつ、地域固有の課題を見出すためのツールや、取り組みの達成状況を測る指標を提供する。住民はこれらのツールや指標を活用することで、自らの手で開発の道筋・ステップをデザインし、実行に移していく。地域の参画を重視するこのしくみにより、当該地域の観光ビジネスは自走に移行し、それとともにＤＡＳＴＡは他地域の観光開発に重点を移していくこととなる。地域主導の取り組みが重視されるなか、地域で成果のあがった開発方針が、国の観光戦略に採用される好循環も報告されている。

＊１　州の管理する入域料は地域ごとに異なり、10～１００米ドルと幅がある。

＊２　ブッキング・ドットコムが２０１９年2～3月に実施した「サステナブル・トラベル（旅行先の環境やコミュニティに配慮した旅行）についての調査結果」。同社では4年前から毎年、世界アースディ（4月22日）を前にこのアンケートを実施・公表している。

＊３　Skift, Overtourism Has Travel Advisors Telling Their Customers to Please（２０１９年3月5日）。トラベルボイス・ウェブサイトの翻訳記事「オーバーツーリズムに解決策はあるのか？　外国の現状と対策事例から専門家が考えた」（２０１９年4月26日）

＊４　本項の一部事例の記述については、国土交通政策研究所「持続可能な観光政策のあり方に関する調査研究Ⅱ」『国土交通政策研究』１５０号（２０１９年）に多くを負っている。

＊５　＊4に同じ

＊６　＊4に同じ

9章

コロナ禍を経た、オーバーツーリズムの現在

1　コロナの影響と世界的な回復状況

２０２０年初めから新型コロナウイルス感染症が世界的に蔓延し、移動や交流が厳しく規制された結果、２０２０年の世界の国際観光客数は前年比72％の大幅減となった。２０２１年も観光産業の苦境は続いたが、２０２２年以降は徐々に回復に転じており（図１）、エリア別のばらつきはあるものの、２０２４年にはコロナ禍前の国際観光客数を超えることが有力視されている。

一方、観光の急回復に伴い、各地でオーバーツーリズムが再燃している（表１）。２０２１年春、ベニスは早々に隔離なしでの観光客受け入れを再開し、旅行意欲を募らせていた人々が同地をこぞって訪れた。その結果、ゴミや騒音、混雑等のオーバーツーリズムが再燃し、感染懸念と相まって住民の不安を掻き立てた。特に観光客の過半を占める日帰り客の多くは、クルーズ船等で大挙来航するものの市内での消費額は少なく、景観や環境へのダメージの方が大きいと批判された。市当局は大型クルーズ船の寄港を規制したほか、日帰り客から旧市街地への入域料を徴収してオーバーツーリズム対策費に充てる構想を打ち出し、２０２４年春夏に試行して効果を確認する方針である。また6月から、旧市街地での団体ツアーの人数制限と拡声器の利用禁止も予定している。こうした措置の背景には、オーバーツーリズムが再燃するベニスに対して

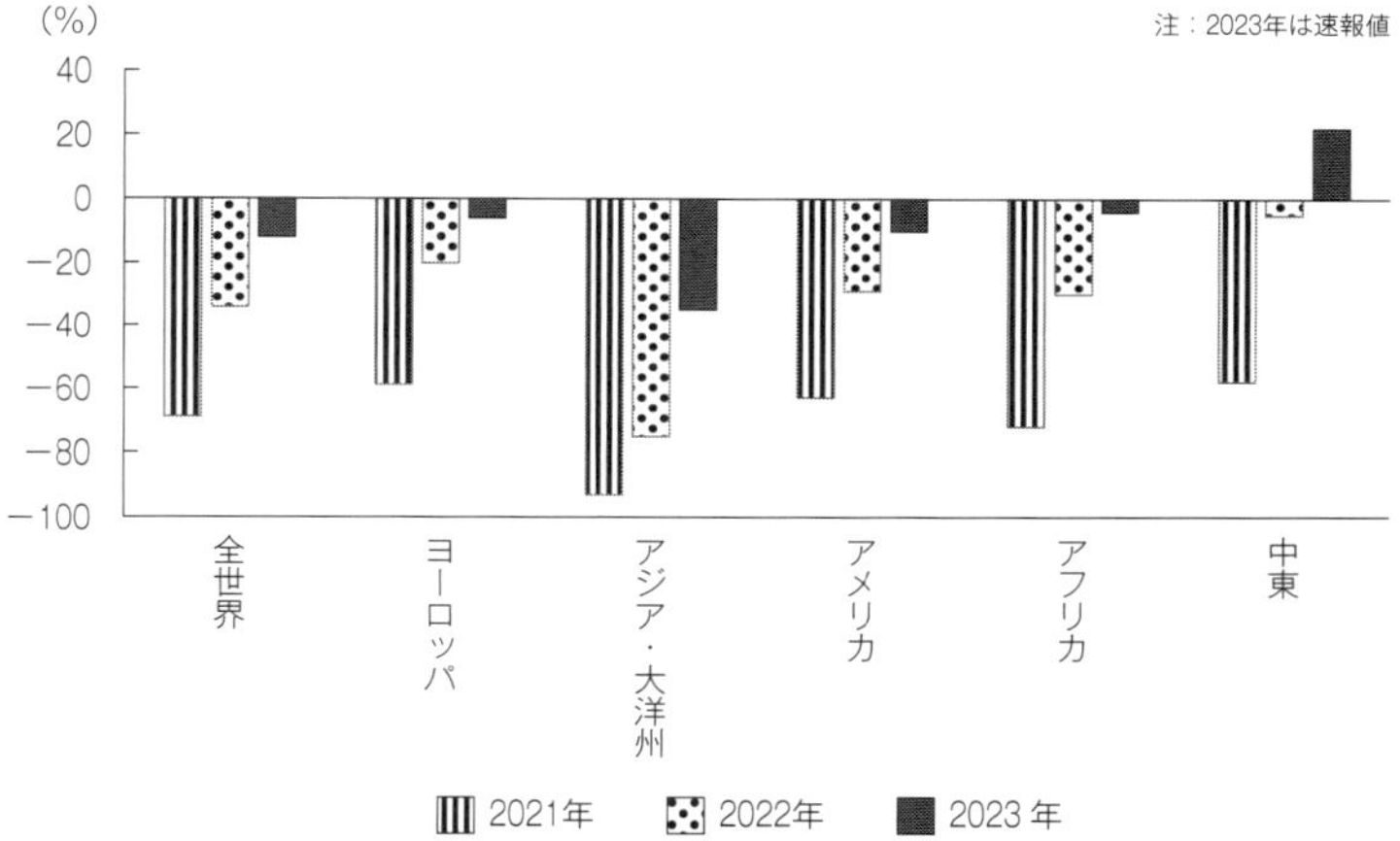

図1　世界各エリアの観光客の回復状況（対 2019 年変化率）
（出典：UNWTO「世界観光指標」2024 年 1 月号）

実施地域	問題事象	対策
ベニス	混雑、観光消費の少なさ	ベニス本島への日帰り客から入島料徴収（2024 年 4 月～）
アテネ	混雑、ゴミ	アクロポリス見学者に上限設定、事前予約制の導入
エディンバラ	渋滞、住民の歩行困難	自家用車の乗り入れ禁止
アムステルダム	飲酒・麻薬関連のトラブル	迷惑客に来訪しないよう求める動画を制作、相手国で放映
ポルトガル	海水浴客のマナー違反	大音量の音楽に罰金
イタリア、スイス	自撮り行為	自撮りおよびそのための立ち止まりに罰金
バリ島	混雑、ゴミ、交通規制軽視 露出したスタイルでの往来	レンタルバイクの使用禁止 ヒンドゥー教施設等公的な場での行動規範の公表
タヒチ	混雑、費用対効果の悪さ	定員 3500 人以上のクルーズ船の入港拒否

表1　再燃する世界のオーバーツーリズムと対策の例
（出典：新聞報道等をもとに筆者作成）

「世界危機遺産リストに掲載する」とユネスコが警告したことが大きいが、オーバーツーリズムへの積極的対応を求める住民の声があがって久しいことも影響している。

また、クラブやカフェなど開放的なナイトカルチャーが若年層を惹きつけるアムステルダムでは、アルコールや麻薬絡みの騒動を引き起こす観光客に照準を絞って来訪を拒否する「Stay Away（来ないで）キャンペーン」が展開されている。2023年、迷惑客の主要送り出し国であるイギリス向けに、同市は羽目を外し過ぎて収監される若者の動画を放映した。2024年春からは対象国を拡大のうえ、クイズ形式の特設サイトで歓迎されない観光スタイルを選ぶと厳しい顛末が待っていることを示す第二弾のキャンペーンがスタートした。こうした思い切った施策に踏み切った背景には、アムステルダムにおけるオーバーツーリズムが急速に深刻化した事情がある。同市はこれまでも、中心部における観光客向けベッド総数の規制（民泊を含む）、土産物店・観光客向け飲食店の新規出店制限、宿泊税の引き上げ等を行ってきた。コロナ禍後はガイドツアーの人数制限、観光客向け店舗を住宅など地元向け施設に転用するNPOへの資金提供に着手している。

他にも、スコットランドの古都エディンバラは、2020年、旧市街地の二つのメインストリートで公共交通と許可車両を除く自動車の乗り入れを禁止し、現在は主要駅周辺における自動車通行規制と市内駐車料金の大幅引き上げを検討している。当初はソーシャルディスタンスを確保するための措置であったが、現在は歩行環境の安全と快適さの確保が目的となっている。

アテネのアクロポリスでは、2023年9月から1日あたり入場者を2万人に抑えるとともに、[*1]

時間帯別予約制によって客数の平準化を図っている。ポルトガル海事局は、2023年夏、ビーチで大音量の音楽を鳴らす海水浴客に200〜4000ユーロの罰金を科す旨を公表した。イタリアのビーチリゾートやスイスの小山村は自撮り禁止地区を設け、撮影スポットに長く立ち止まる観光客には罰金を科すこととした。ヨーロッパ以外でも、インドネシアのバリ島はヒンドゥー教施設でのマナー啓発と観光税の導入（2024年予定）、タヒチでは大型クルーズ船の寄港制限、を行っている。

後述するように、日本のオーバーツーリズム対応が誘導・啓発を柱とするのに対し、世界的には罰金、あるいは行動制限、交通規制といった強制力ある措置に踏み切る地域が増えている。背景として、コロナ禍で生じた意識の変化を指摘できよう。感染抑制のため移動や交流が制限された結果、長らく観光地を悩ませていた渋滞や騒音などが霧消したばかりか、ビーチや運河の水質改善など自然環境への好影響も見られた。[*2] 環境の好転は、かえって観光に付随する負荷の大きさを浮き彫りにし、人々の間に、行動規制が解除されても従前の観光スタイルへ戻ることは不適切とする風潮を生んだといえよう。

ブッキング・ドットコムが2023年に実施した「サステナブル・トラベル」調査[*3]（世界35カ国、18歳以上で2023年に旅行した約3万3千人（うち日本人は約1千人）を対象）からは、旅行者が受け入れ側の持続可能性に配慮を深める様子が伺える。具体的には、「今後1年間、よりサステナブルに旅行したい」と回答した比率は、世界では76%（2022年比5%増）、日本では

56％（同10％増）、「訪れた場所をより良い状態にして帰りたい」と回答した比率は、世界では66％（同7％増）、日本では56％（2022年度は不明）であった。また、過去1年間で「混雑回避のためピークシーズン以外の時期に旅行した」という設問に、世界では43％、日本では37％、「旅先でゴミをリサイクルする」という設問に、世界では45％、日本では23％がイエスと回答しており、持続可能性の重視を唱えるだけでなく、具体的にアクションを起こそうとする傾向が強まりつつある。

この風潮は、実際のオーバーツーリズム対応に影響を及ぼしている。コロナ禍前はオーバーツーリズムが深刻化しても、抗議するのは甚大な被害を受けている一部関係者にとどまっていた。[*4] しかし、観光需要の蒸発によって環境が好転する様子を目のあたりにしたことで、直接的な被害をこうむらない住民も、オーバーツーリズムとはコミュニティに悪影響を及ぼす「自分ごと」と考え、積極対応を求めるようになった。一方、観光客の側でも、受け入れ側にばかり負荷を負わせるのではなく、自らも負荷軽減に取り組む意識を持ち始めている。住民と観光客の双方に生じた意識変容を反映して、より積極的な、すなわち強制力の強いオーバーツーリズム対応を住民が求め、観光客もそれを支持・容認する風潮が形成されつつある。

2 日本におけるコロナの影響と回復状況

日本の観光もコロナ禍で大打撃を受け、特にインバウンド需要は2020年4〜7月に2019年同期比99・9%減とほぼ「蒸発」した。しかし、2022年春以降、行動規制が段階的に解除されると、観光も再興に向けて徐々に動き始めた。2024年3月現在の国内の延べ宿泊者数は、7カ月連続してコロナ禍前の2019年を超える水準となっている。インバウンド市場も順調で、コロナ禍以前は全体の3割を占めていた中国人客の戻りが鈍いにもかかわらず、2023年のインバウンド客数は2019年比8割近い水準に達した。

観光の再興と軌を一にして、日本においてもオーバーツーリズムが再燃している。京都市と鎌倉市、富士山については5章で触れたので、他の地域に絞って紹介しよう。

ⓐ北海道美瑛町では、写真撮影のため農地に立ち入ったり生活道路で長時間路上駐車し、住民の生業の妨げとなるケース（6章参照）、ⓑ沖縄県竹富町の西表島では、島内の貴重な自然や生態系、伝統的な祭祀施設が荒らされるケース、等が報告されている。

こうした問題への対応を見ると、㋐美瑛町では人気スポットにAIカメラを設置し、混雑状況を周知したり、私有地に立ち入る観光客へ警告メッセージを発する、[*5] ㋑西表島では、1日あたり入島客数の上限を1200人とする、等の取り組みが行われつつある。

ただし、京都市や鎌倉市も含め各地の例を見ると、コロナ禍以前に着手済み、あるいは検討されていた取り組みが少なくない。また、誘導や啓発が中心で、強制力のある対応は稀である。こうした状況から、コロナが猛威を振るった2020年以降、観光地を抱える自治体の多くは需要激減への対応に追われ、オーバーツーリズムが再来する可能性を等閑視していた可能性を指摘できよう。目下の観光の回復ぶりから、日本は今後経験したことのない規模のインバウンドを迎える可能性がある。オーバーツーリズムが懸念される地域も増えつつあり、対応の強化が急務となっている。

3　コロナ禍後、変化した政府のオーバーツーリズム施策

これまで、地域主導のオーバーツーリズム対応を見てきたが、改めて、この問題に対する日本政府の施策を確認しよう。政府がオーバーツーリズム対応に本格的に着手したのは２０１７年春であった。まず、国土交通省所管の国土交通政策研究所が2年度にわたって、また国交省総合政策局も２０１８年度に、持続可能な観光に関する調査報告書を公表した。観光庁について見ると、２０１８年に「持続可能な観光推進本部」が設置され、翌２０１９年6月には国内アンケート調査等を踏まえて取り組みの方向性が公にされた。[*6]

このように、日本のオーバーツーリズム対応は「持続可能な観光（サステナブル・ツーリズム）」（定義については2章参照）政策の一部として取り扱われてきた。オーバーツーリズムは持続可能な観光を危うくすることから、観光庁の取り扱いは、あながち的外れとはいえない。しかし、持続可能な観光とは極めて幅広く、かつ多義的概念であるため、その一部とされることにより、オー

バーツーリズム対応が後景に追いやられる、あるいは埋没しかねない状況が生じてしまうことも事実である。

実際、政府の打ち出す持続可能な観光政策は、現実に生じているオーバーツーリズムに対し、どのような効果が期待できるのかが大変わかりにくいため、自治体やＤＭＯの取り組みは進んでいないのが実情である。２０２３年１〜２月に全国の自治体向けに行われた調査結果を見ると、観光に関して何らかの計画・ビジョンを策定している自治体は全体の89％にのぼったものの、[*7]このうち持続可能な観光を計画中に明記している、あるいは持続可能な観光に資する取り組みについての記述がある自治体は48％と半数に満たない。

オーバーツーリズム対応を副次的に取り扱う政府の姿勢に変化が見られたのは、コロナ禍からの観光再興を急ぐ過程であった。２０２３年８月末、岸田文雄首相は沖縄県那覇市を訪れた際、オーバーツーリズム対応に今後本腰を入れることを表明し、驚きをもって受け止められた。[*8]９月初旬に観光庁長官を議長に関係省庁連絡会議が設置され、早くも10月18日には「オーバーツーリズムの未然防止・抑制に向けた対策パッケージ」（以下、対策パッケージ）が観光立国推進閣僚会議の場で決定、公表された。

表2は、３部構成の対策パッケージの概要である。Ⅰ部は現実の問題に向けた具体策が中心で、一定の効果は期待できるものの既存施策中心で新味に乏しい。Ⅱ部も既存施策であるが、元来は富裕層の地方誘客のために立案された事業であり、オーバーツーリズムに実効があるかは疑わしい。

Ⅰ．集中による混雑やマナー違反への対応		
	受け入れ環境の整備・増強	公共交通機関の乗車時と車内の混雑緩和
		輸送力の増強
		観光客が集中する地域の受け入れ環境の充実
	需要の適切な管理	入域や交通の管理・規制
		需要に応じた運賃・料金の柔軟な設定
	需要の分散・平準化	空いている時間帯・時期・場所への分散
	マナー違反の抑制・防止	旅マエ・旅ナカにおける啓発
		マナー違反の抑止
Ⅱ．地方部への誘客の推進		
		地方部における観光地の魅力向上
		受け入れ環境整備
Ⅲ．地域住民と協働した観光振興		
		地域協議会の実証事業
		相談窓口を観光庁に設置

表２　政府のオーバーツーリズムの未然防止・抑制に向けた対策パッケージの概要
（出典：観光立国推進閣僚会議資料に基づき筆者作成）

これに対し、Ⅲ部は新たな取り組みであり、効果は未知数ながら期待の持てる分野といえる。

そもそも、オーバーツーリズムは観光地のタイプや来訪者の属性によって問題やダメージの内容が異なることから、地域ごとに最適解を追求することが求められる。また、今後、積極的なオーバーツーリズム対応を求める住民の声の高まりが予想されるなか、海外のような強制力ある対応を取り入れるうえでも、地元の連携・協働が重要となってくる。次節では、こうした地域連携によるオーバーツーリズム対応（ＣＢＯＴＡ：Community Based Over Tourism Approach）の可能性を探ってみよう。

4　今後求められる、コミュニティベースのオーバーツーリズム対応

(1) ハワイのリジェネラティブ・ツーリズム

以前からハワイでは住民に配慮した観光施策が採られてきたが（4章参照）、コロナ禍を機にそれが加速した。2020年、観光ビジネスが全面停止に追い込まれると、ハワイ州観光局（HTA）および州・郡・市の観光担当者は、この期間を有効活用しようと各地に出向き、観光の意義や効用、コミュニティの関与の重要性について啓発活動を行うとともに、住民から現状認識や懸念、将来の希望等を聞き取り、意見を交わした。

この対話をベースに、島ごとの行動計画（Destination Management Action Plan：DMAP）を策定する運びとなり、各島の経済振興担当者、観光案内所、研究機関、環境や文化保護に携わるNPO、農漁業者や観光事業者、自治組織の代表など幅広いメンバーが参画した。行動計画の素案は住民説明会に提出され、その意見を取り入れたうえ、観光局との調整を経て完成した。現在は、新設された各島のマーケティング・マネージャーが観光事業者やNPO、その他の地元関係者と協働して行動計画の実行にあたり、進捗状況を3カ月ごとに公表している。

取り組みのうち最も目を引くのは、コロナ禍を機に取り戻された静穏や自然美を維持する活動である。ダイヤモンドヘッドなど特に人気の高い6観光地は〝ホットスポット〟とされ、入域人数の管理と付近の渋滞解消のため事前のオンライン予約と入域料の支払いが必須となった。ホットスポット以外でも要注意箇所は地図上に明記され、こうしたスポットの過度な露出は避けるよう、宣伝担当者やメディア向けに要請が出されている。

各島の行動計画に沿って地域課題を解決する取り組みも始まっている。ⓐ渋滞緩和のためにレンタカーを規制し、自転車など代替手段の利用を促す、ⓑ宗教や風習上の理由で立ち入りが好ましくない場所に近づくと、注意喚起するアプリを開発・提供する、ⓒ不動産賃貸料の上昇を招くとして批判が根強いバケーションレンタル（観光客向け短期滞在アパート）について、営業許可と利用条件を厳格化する、等が実施されている。

新たな動きとして、観光資源を保護する地元住民の活動に、観光客の参加を促す取り組みも始まっている。コロナ禍前から、ハワイは観光客に対して、固有の自然、風習や文化、伝統を傷つけないよう求めてきたが[*9]、この取り組みはさらに進んで、観光客に積極的貢献を求めるものである。具体的には、地元コミュニティが行う植樹やビーチコーミング（海岸の漂着物を収集すること）への参画を観光客に提案し、環境保全を進めるだけでなく、住民が交流を通して観光客に親しむ効果が期待されている。一方、観光客の側でも、環境保全への貢献意識と達成感を得ることで、ハワイ観光に対してより強い満足感とロイヤリティを抱く可能性がある。こうした取り組みは「再生型観光（リジェネラティブ・ツーリズム）」と呼ばれ、コロナ禍前の2019年に策定された州の観光戦略ですでに言及されており、ハワイはコロナ禍で加速した観光への意識変容を先取りしているといえよう。

(2) コミュニティベースのオーバーツーリズム対応のポイント

海外事例から、日本におけるコミュニティベースのオーバーツーリズム対応への示唆として以下の4点が挙げられる。

① 地元関係者の観光受容意識の醸成

まず、観光の意義・効用の説明や具体的なメリットの提供（例：ハワイ州観光局のコミュニティ助成、4章参照）を通じて、住民をはじめとする地域の関係主体に、観光の重要性を認識させる活動である。住民が観光を「自分ごと」と捉えて関わりを深めることは、コミュニティベースのオーバーツーリズム対応の基盤を固め活発化への道を拓こう。これに対し、メリットの提供が観光の支持者を増やす効果はともかく、啓発活動はさまざまな意見を生み、問題解決に要する時間やコストを増やす恐れが大きいとの反論もあろう。しかし、旅先の日常を楽しむスタイルが普及して観光客とコミュニティの距離がますます近づく現状においては、住民や地元関係者を棚上げしたオーバーツーリ

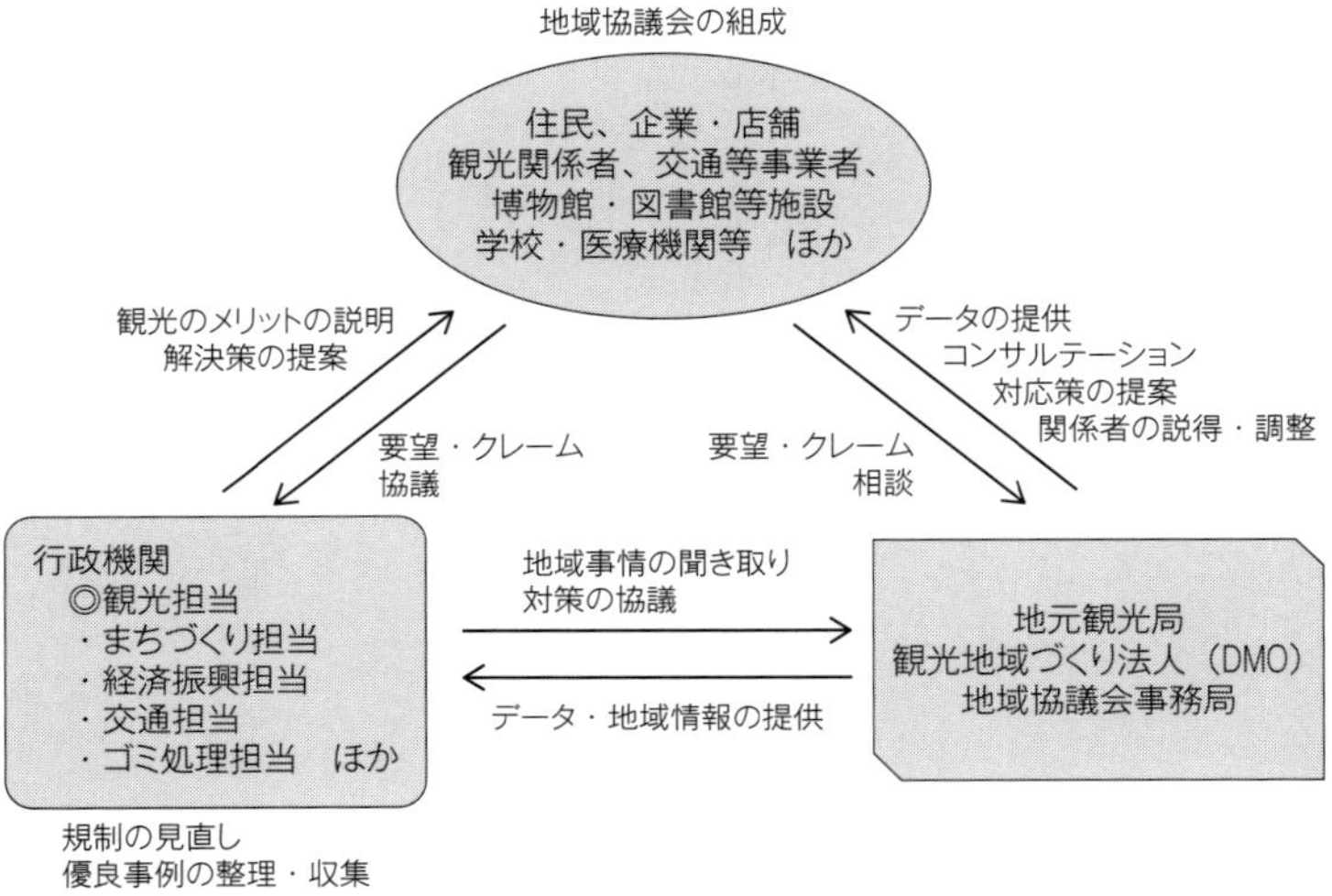

図2　コミュニティベースのオーバーツーリズム対応の関係者と相互作用の例

ズム対応は長続きしないと思われる。

事例に挙げたハワイ州観光局や8章で取り上げたベルリン市のDMO「visitBerlin」は、コミュニティへの説明・啓発活動を特に重要な職務分野としている。これらの組織には住民等の声を真摯に受け止め対応する用意があり、そのことが啓発活動の信頼性を高めている。バルセロナ市の場合は、関連データと専門的な分析結果の公開、および住民が意見を出し合い討議するプラットフォームの提供に力を入れており、住民の自律性をより重視するスタイルといえる（4章参照）。

②多様な関係者が参画する枠組みづくり

次に、地域の幅広い関係者が参画するオーバーツーリズム対応が実効性を発揮するよう、その枠組みを整えることである。図2

は、こうした枠組みを「オーバーツーリズム対応地域協議会（仮称）」と名づけて模式化しており、枠組みの構成主体と相互作用を示している。

構成主体には、観光事業者、地域の住民や企業、NPO[*10]、研究・教育機関、医療など公共サービス機関まで、さまざまなバックグラウンドや専門性を持つ個人・組織が参加することが想定される。これらの多くは観光の専門家ではないため、意識共有や合意形成の環境を整え、討議が円滑に進むよう支援する必要がある。すなわち、基盤となる各種データの提供、観光の現状や行政施策、関連法規等に関するわかりやすい説明、討議の叩き台を準備するコンサルテーションや進行を手助けするファシリテーション、等が望まれる。すべてを整えることは容易でないが、自治体の観光担当部署やDMO、外部の専門機関による時宜に応じたサポートは必要である。

③幅広い意見の聴取

さらに、オーバーツーリズムをはじめとする観光の問題点や課題について、住民や地元関係者の意見、不満、要望や提案を幅広く聴取する活動である。一般に、社会問題の解決にあたっては、住民意見を尊重する重要性が指摘されるが、日本の場合、海外事例の示唆する以下のポイントを必ずしも実行できている訳ではない。今後コミュニティベースのオーバーツーリズム対応に取り組むうえで、以下のポイントに留意した意見聴取のしくみをつくることが重要である。

第一のポイントは、住民等のアクションを待つのではなく、担当者が能動的に住民意見を収集することである。行政やDMOの職員には、観光客の迷惑行為や交通事情、生活環境へのダメージといった具体的なテーマを投げかけ、住民や地元関係者が漠然と抱いている不満や要望を聞き取り、言語化する行為が求められる。ハワイ州観光局やvisitBerlinの住民等への頻繁な働きかけと対話はこうした活動の典型である。

第二のポイントは、多様な意見を掬い取るしくみを整えることである。バルセロナ市はスマートシティとして名高いが、オンラインになじみの薄い人々に配慮して対面ワークショップも頻繁に開催している。ハワイでは住民の意見を掬い取る重層的なチャネルが形成され、ベルリンではDMO職員に直接訴えにくい不満やクレームについては、別途受付窓口が設けられるなど、細やかな配慮がなされている。

第三のポイントは、他者の意見を参照するしくみを整えることである。ハワイの住民説明会や協議会の多くは一般公開され、バルセロナのDecidimは他者の意見を参照するだけでなく質問、反論・再反論も可能であり、討議内容を施策案にまとめあげるのに適したしくみとなっている。

④意見の取り扱いの見える化

最後に、住民等の意見がどのように取り扱われたかを「見える化」するしくみづくりが重要である。さまざまな意見が寄せられても、それらが「聞き置く」状態にとどめられては意味をなさないし、住民等の参画意欲にも悪影響を及ぼす。こうした事態を避けるため、住民等から出た意見が伝達された部署、検討結果とその根拠、対応の内容、対応されなかった場合の理由等が公表されることが望ましい。対応に時間がかかり、意見の帰着を明らかにすることが難しい場合でも、どの部署が担当し、関係者への照会等がなされたかどうか、の公表は可能であろう。

今後、各地に組成されたコミュニティベースのオーバーツーリズム対応（ＣＢＯＴＡ）の枠組みを活かすには、これを支える態勢が極めて重要となる。ＣＢＯＴＡの存在意義は、従来軽視されていた地域の関係主体の意見を掬い上げて合意形成につなげる点にあり、いわば観光のアマチュアが参画するしくみである。このため、実際のトラブルを解決・解消する能力には限界があり、ＣＢＯＴＡのサポートには高度な専門性に基づいて施策を具体化・遂行する機能が強く期待される。任に当たる自治体の担当部署やＤＭＯには、人材、財源を含めて態勢の強化が急務といえよう。

＊１　２０２２年のアクロポリスへの入場者は３００万人超であったという。トラベルボイス２０２３年８月４日
＊２　たとえば、ハワイのシュノーケルスポット「ハナウマ湾」は感染対策のため半年間封鎖される間に水質が60％改善し、ベニスの運河にも魚が戻ってきたといわれる。社会環境については、渋滞の解消など。
＊３　ブッキング・ドットコム「ブッキング・ドットコム、２０２３年版「サステナブル・トラベル」に関する調査の結果を発表」２０２３年７月10日
＊４　市民の多数派が規制積極派の市長への交代を選んだバルセロナのような例外もある。
＊５　日本経済新聞ウェブサイト「北海道美瑛町『観光客は増やさない』オーバーツーリズム危惧、頼るテック」２０２４年３月14日
＊６　観光庁「持続可能な観光先進国に向けて」２０１９年６月
＊７　「観光振興計画等の詳細な計画・ビジョン等を作成している」（43・７％）と「総合計画や総合戦略等に観光の記載がある」（42・５％）

と回答した自治体の合計（n＝604）。観光庁「地域における持続可能な観光の実現に向けた調査業務報告書―地方公共団体編―」2023年

＊8 沖縄テレビのウェブサイトは、地元NPO代表の声として、「驚きました。首里で課題としているオーバーツーリズムについて、総理が自ら語ったということは、非常にありがたいです」と伝えている。「政府も本腰のオーバーツーリズム対策　首里城再建に向けて長年の課題を住民が議論」2023年9月20日

＊9 ハワイ州観光局の「マラマハワイ」サイト参照。マラマは「思いやり」の意。

＊10 観光や旅行、まち歩き等の愛好者のほか、歴史・文化・自然の愛好者、環境・自然保護組織、外国人との交流や多文化共生を目的とする組織など、当該地域の観光資源によって幅広いNPOが考えられる。

10章

オーバーツーリズムへの向きあい方

ここまで、オーバーツーリズムの定義、発生する観光地のタイプ別の問題とその対応策、国内外の事例、新たなオーバーツーリズムの潮流について整理してきた。その結果、オーバーツーリズムの様相は観光地の地理的・社会的背景、観光資源の性格や稀少性・脆弱性、観光客の数や属性、地域社会と住民を取り巻く社会・経済環境によってさまざまに異なり、問題の深刻さや取りうる対策もまた千差万別であることがわかった。このことから言えるのは、あらゆるオーバーツーリズムを一挙に解決できる特効薬的な手法は現状では存在しない、ということである。観光地はそれぞれの事情を整理し、同様の問題が生じている他の例を参照しつつさまざまな手法を組みあわせ、いわば対症療法的に最適解を模索するしかない。

とはいうものの、実際にオーバーツーリズムが発生した場合に、関係者がどのように問題に向きあい、ダメージの軽減に取り組むかについては、ある程度共通項が指摘できる。最終章では、オーバーツーリズムへの向きあい方を三つのポイントに要約し、本書のまとめとしよう。

1 危機管理としてのオーバーツーリズム対応

(1) 起きてからでは手遅れになる理由

オーバーツーリズムは現在、日本の大半の自治体にとって身近で切実な問題とは捉えられていない。それらの地域にとって「観光客の集中による弊害」はむしろ贅沢な悩みにほかならず、「オーバーツーリズムに悩む立場になりたいものだ」と皮肉を込めて語る関係者は決して少なくない。背景には、日本で観光立国が喧伝され、インバウンドブームが叫ばれて久しいとはいえ、一部の有名観光地以外では依然として観光客の誘致に腐心する現状がある。集客に成功して初めてオーバーツーリズム現象が起き、対策を考え始めるのが実情であろう。しかし、今までの例を見ると、オーバーツーリズムが「発生してから考える」発想では対応が後手に回り、事態の悪化を招く可能性が高い。

その理由として3点を挙げることができる。

第一は、オーバーツーリズムの潜在的リスクの大きさである。観光資源や観光地としての評判がいったん損なわれた場合、その回復には多大な時間とコストを要する。さらにいえば、最終的に回復するならまだしも、街並みや生態系のように完全な原状回復が不可能、もしくは半永久的に先という観光資源は決して少なくない。あるいは東日本大震災における放射能汚染をめぐる風評のように、多大な労力を傾けて対策を講じ、品質の証明に努めても、相手の受け入れるところとならず、完璧には払拭できない場合もある。これらを考えると、オーバーツーリズムが深刻化する前に迅速に具体策を講じ、ダメージを最小化することが極めて重要である。

第二に、観光には多数の利害関係者が複雑に入り混じるため、合意形成には相応の時間が必要である。オーバーツーリズムが発生してから合意形成に努めるのでは対応が後手に回りかねない。あらかじめDMOや自治体、観光事業者やコミュニティの代表といった関係者の間で、オーバーツーリズムに関する問題意識と大まかな方向性を共有しておくことが重要である。定期的に関係者間で理解を深める機会を設け信頼を醸成する息の長い取り組みが、オーバーツーリズムへの耐性あるいは強靭性を強めることになるだろう。

第三に、情報拡散の速度や範囲が飛躍的な高まりを見せている近年の変化への対応である。6章で見たように、メディアでの露出やSNSでの情報拡散を契機に、観光客が突発的に増加する可能性は全国至るところに存在する。むしろ、著名観光地でない地域の方が、観光客への対応に習熟していない分、混乱に拍車がかかる恐れは大きい。たとえばアニメやコンテンツの「聖地巡礼」でダメージを受けた他地域の例を参考に、具体的ケースを想定した対処方針の検討が望まれる。

以上を踏まえ、現在、問題が発生していない地域においても、予防的観点を取り入れたオーバーツーリズム対応に取り組むことが重要である。いわば危機管理の一環と捉え、その一形態である事業継続計画（Business Continuity Plan：BCP）を参考にすることも一考に値しよう。BCPとは、企業やNPOなどの組織が、危機発生時に備え、事業活動の円滑な継続にフォーカスして事前に練る行動計画である。簡単な観光BCPであれば、活動目標を地域の観光活動・ビジネスの継続と観光地のイメージ保全に置き、初動対応の担当者と役割・活動内容、初動終了後の関係者の組織方法と職務分担、協力体制のあり方くらいまでを想定するイメージである。

(2) 地域ができる予防的対策

オーバーツーリズムが起きる前に、地域で取り組める具体的対策として主に3点が考えられる。

①地域の実情把握を踏まえた問題・対応の想定

自治体および地元の観光振興組織（観光協会やＤＭＯ）は、まず、当地の観光資源の特徴、観光客の属性や来訪動機、立ち寄りルート、滞在時間等について分析する必要がある。次に、条件が類似する地域の事例を探し、想定される問題・対策の洗い出しと当地への適用作業を行う。実行方法やコストの見積もり、協力態勢の構築や課題解決策について具体的に検討することが重要である。どの窓口に情報を集約し、どのような体制で判断し、どの範囲の関係機関に連絡し、いかなる具体的措置を、誰が実際に行うのか、具体策を打ち切る目途をどこに設定するか、等について簡単なシミュレーションを行うことが有効であろう。これらのシミュレーションは、地方財政がタイトで観光振興予算が限られる現状であっても実行可能であり、早期に着手することが望まれる。

オーバーツーリズムを無縁と見なしがちな地域でも、近年の観光客の動きなど状況変化に対応することも重要である。地元の施設や景勝地がアニメや映画の舞台になったり、ＳＮＳ上で拡散される可能性への目配りが求められる。併せて、オーバーツーリズムのリスクを示す具体的な指標を予め設けることが望ましい。たとえば住民の苦情を指標とするのであれば、どの程度の頻度で苦情が寄せられた場合に警戒を開始し、苦情がどの程度増えたら初動態勢に切り替えて具体策を講ずるのか、等を予め検討しておく。

②関係者間の意識の共有・すりあわせ

広く関係者を集め、オーバーツーリズムに対する意識共有を図る。地域のDMOが中心となり、行政機関、観光事業者、観光資源の周辺住民、自然／文化財保護や郷土研究等を担う民間組織、学識者等に参加を呼びかける。こうして組成された関係者の集うプラットフォームで、問題の深刻さやコミュニティへの影響、オーバーツーリズムに対応した場合の事業上のデメリット、等について意識をすりあわせる。

③外部との協力関係の構築

オーバーツーリズム発生時に協力や支援が期待できる外部主体を想定し、関係構築を図る。候補としては、観光ビジネス関係者のほか、所管の行政庁・自治体、広域で観光振興に取り組むDMO、オーバーツーリズム対応の先進地域の経験者等が考えられる。また、国の情報提供を活かして活用可能な制度・しくみや相談窓口を確認、連絡することも有用であろう。5章で紹介した沖縄県恩納村における漁協と生活協同組合の関係のように、平時から特産物開発等を通じた交流を深め、問題が発生した場合に支援を仰ぐケースも一考に値する。

2 関係主体間でWin-Winの関係を構築

オーバーツーリズムの解消・緩和に向けた各地の事例を見ると、もっぱら観光事業者や自治体の観光振興担当者が対策に奔走している印象である。観光客はあくまで取り組みの対象であるし、一部の住民は迷惑をこうむっているとはいえ、オーバーツーリズム現象に対して自ら対策をとる立場にない。しかし、近年、観光に対するこうした主体の関わり方には変化が生じつつある。今後は各主体がオーバーツーリズムに向きあい、対処することが望まれる。

関連主体に生じている変化とは、以下の通りである。まず、8章で述べた通り、近年、観光客を一方的に「もてなしを受ける側」にとどめず、責任ある行動をとる主体と見なすレスポンシブル・ツーリズムの考え方が普及しつつある。次に、住民については、各地で観光が地域経済を支える基幹産業となるなか、「地域経営やまちづくりに観光をどう活かすか」という目標と住民は無縁ではいられない。最後に、観光地の魅力を日常的な暮らしや生活体験、行事に求める傾向が強まるなか、観光事業者や自治体は、住民の理解を促す取り組みに注力することが不可欠となっている。このように、自治体、事業者、観光客、住民はそれぞれの役割、立場の変化を踏まえて相互に連携を図り、オーバーツーリズムに対処していくことが重要となっている。

本書で取り上げた事例に即していえば、以下のように説明できる。

8章で紹介した「パラオ・プレッジ」のケースでは、観光客と地域社会の新たな関係性が示されている。すなわち、コミュニティの貴重な財産である自然資源を保全するため、パラオの住民や政府・自治体は観光客に対して適切な振る舞いが必要なことを説明し、自発的に取り組むよう求めている。観光客もまた、魅力ある自然の保全に寄与することで、パラオの社会や環境への貢献意識を満足させることができる。

4章で紹介したガラパゴスのケースでは、漁民をはじめとする島民は、以前は乱獲等により生態系を傷つけていた。しかし、島民が観光ビジネスの主要な担い手となることで自然資源の稀少性を認識し、その保全にプライドを持って取り組むようになった結果、過剰利用が減少している。対立関係にあった行政や自然保護組織と住民との関係性に生じた変化が見てとれる。

また、8章で紹介したコペンハーゲンやベルリンでは、地域住民の観光受容力を高めるため、行政やDMOが事業者に依頼して観光客と住民がともに利用できる施設やサービスを整備するなど、さまざまな形でWin-Winの関係づくりが続いている。

3　持続可能な地域観光のあり方を共有

最後のポイントは、地域の観光の将来像を描くことである。そもそも、オーバーツーリズム対応は、観光振興に取り組む地域の最終目標ではない。大切なことは、地域にとって理想的な観光地像を描き、その理想にいかに到達するかである。固有資源や観光地のイメージは地域の貴重な資産であるがゆえに、それを保全する手段として的確なオーバーツーリズム対応が重視される。

将来像を描くうえで重要なことは、主体的に関係者間で合意を形成することである。住民にとって望ましい観光（地）とは何か、そのあり方をどのように規定し、事業者や観光客の共感をいかに得るか、将来像と現実とのギャップをどう埋めるか、そのための手段やコストをどうするか、等のテーマが考えられる。

地域が理想とする将来の観光地像は、前項で述べた関係主体間で共有されることで、より効力を発揮する。以前、アジアの若いインバウンドとの会話で「オーバーツーリズムと言われると、迷惑がられているようでいい気持ちがしない。容量不足（オーバーキャパシティ）ならば、受け入れ側が責任を持って容量を広げて迎えてほしい」「せっかく訪れたのに、混雑がひどくてゆっくり観光できない自分たちこそ、オーバーツーリズムの最大の被害者だ」と言われたことがある。このような場合に、住民が「いたずらにキャパシティを増やすことは、地域本来の観光地像と相いれない」旨を真摯に説明して観光客に納得してもらうことができれば、オーバーツーリズムのダメージを抑えることができよう。同様に、事業者に対して、観光資源の過剰利用や大量の送客を避けたり、観光客へのマナー啓発活動を求める場合にも、地域が描く持続可能な観光地像は説得力を持つであろう。

すでに一部の観光地では、地域主導で望ましい観光地像とそこに至る道筋を描く取り組みが始まっている。大分県由布市の場合、2008年のリーマンショックを機に、外部の観光事業者の参入が加速し、湯治場として発展した街のイメージの希薄化、相次ぐ宿泊施設の建設と競争激化、日帰り客の増加や混雑等が深刻化した。これらに対応するため、由布市観光基本計画（2015年）では、将来の観光地像として「懐かしき未来の創造」を描き、「住んでよし、訪れてよし、原点回帰のまちづくり」を目指している。

また沖縄県南城《なんじょう》市では、琉球王朝最高の聖地である「斎場御嶽《せーふぁうたき》」をはじめとする伝統や文化的背景を重んじる観光地像を描く。南城市の観光振興計画では「観光客は市全体にとって大切な存在」としつつ、「いかに観光が地域住民を幸せにしていくか」を考え、「地域に住む人々が地域資源に誇りを持ち、観光収入で豊かさを感じる」ことの重要性を指摘している。*1

このような姿勢は、地域の個性や住民の郷土意識を育み、観光資源の過剰利用＝オーバーツーリズムを回避しつつ、観光振興を図るうえで不可欠である。観光がもたらす問題に対して機動的に対応する一方、こうした長期的視野にたった取り組みを行うことの重要性を改めて確認することが望まれる。

*1　第2次南城市観光振興計画「持続可能な観光まちづくりを目指して」2018年3月

おわりに

本書を執筆するきっかけとなったのは、筆者が所属する「日本総合研究所」のウェブサイト（後日、紀要「Japan Research Review」に所収）に掲載された論考「求められる観光公害（オーバーツーリズム）への対応」（２０１８年10月）である。執筆当時、オーバーツーリズムに関する参考文献はまだわずかで、「持続可能な観光」など類似概念に関する研究書を参照しつつ、細かな事例調査や現地での聞き取りを積み上げることで、オーバーツーリズムの概要と対策の方向性を抽出すべく悪戦苦闘した記憶がある。

幸い、同論考は多くの方にご覧いただき、お問い合わせ等を寄せられることが増えた。そのなかに学芸出版社編集部からの申し出があり、前記をもとに、具体例や新しい動きを大幅に加筆して本書刊行の運びとなった。筆者にとって、共著はともかく単著の執筆は初めてであったため、果して１人で書ききれるか不安も大きく、着手に際して逡巡があった。今、原稿を通読して強く安堵するとともに、企画して下さった学芸出版社と担当して下さった編集者、逡巡する筆者の背中を押し執筆環境を整えて下さった日本総合研究所と上司・同僚に深く感謝したいと思う。

また、本書は現地事情を知る多くの方々へのインタビューや資料提供の上に形となった。本文でＩＣＴの進歩がオーバーツーリズム対策の突破口となる可能性について述べたが、インタビューにあたっても、海外とスカイプをつないで現地の担当者からいろいろと教えていただいたりもした。また、筆者にオーバーツーリズムについて取材するため来社されたメディア関係者から、逆に現地事情や事実関係・背景など貴重な情報を教えていただく機会も少なくなかった。なかには、インバウンド側である海外メディアの記者から、日本のオーバーツーリズム対応について忌憚ない意見が寄せられたこともある。これらお世話になった方々すべてにも、篤く御礼を申し上げる。

最後に、本書を母に捧げる。著名な歌人にちなむ私の名が本の背表紙に記されることを、母は長年心待ちにしていたが、力及ばず、なかなかその望みを叶えることができなかった。母と私の郷里である京都から世に出た初の著書、そして今回幸運にも実現した増補改訂版を、心からの愛と感謝をこめて母に贈りたいと思う。

2024年8月

高坂晶子

主要参考文献

・恩納村「サンゴのむらづくりに向けた行動計画」2018年7月
・観光立国推進閣僚会議「観光ビジョン実現プログラム2018」
・観光庁「平成30年度観光の状況」及び「令和元年度観光施策」（観光白書2019年版）
・観光庁「持続可能な観光先進国に向けて」2019年
・京都市産業観光局「京都観光振興計画2020―世界があこがれる観光都市へ」2014年
・京都市産業観光局「京都観光総合調査」平成30年版、2019年
・国際連合「総会・第70会期　2017年開発のための持続可能な観光の国際年に関する決議（2015年12月22日）」2016年2月
・国際連合世界観光機関（UNWTO）「世界観光倫理憲章」1999年
・国際連合世界観光機関（UNWTO）「責任ある旅行者になるためのヒント」2017年
・国際連合世界観光機関（UNWTO）「観光と持続可能な開発目標（日本語版）」2018年
・国際連合世界観光機関（UNWTO）「オーバーツーリズム（観光過剰）？」2018年
・国際連合世界観光機関（UNWTO）「International Tourism Highlights」2019年日本語版（暫定版）
・国土交通省 国土交通政策研究所「持続可能な観光政策のあり方に関する調査研究Ⅰ」2018年4月
・国土交通省 国土交通政策研究所「持続可能な観光政策のあり方に関する調査研究Ⅱ」2019年7月
・国土交通省総合政策局環境政策課「環境と観光の両立のための持続可能な観光客受入方法に関する調査業務報告書」2019年
・中央公論編集部「特集・「観光公害」を克服せよ」『中央公論』2018年6月号
・藤稿亜矢子『サステナブルツーリズム』晃陽書房、2018年
・豊島淳子、灘岡和夫「日本のサンゴ礁域における観光業と漁業者の利害調整過程に関するケーススタディと生態系サービスへの支払い（PES）の活用可能性の考察」『日本サンゴ礁学会誌』18巻、2016年
・西原弘・伊藤秀三・松岡數充「ガラパゴス諸島、世界自然遺産第1号登録地の栄光と挑戦」『地球環境』13号、2008年
・日本ガラパゴスの会『ガラパゴスのふしぎ』ソフトバンククリエイティブ、2010年
・日本エコツーリズム協会「ECOツーリズム」21巻3号、2019年
・日本交通公社「特集・指標を活用した持続可能な観光地の管理・運営」『観光文化』216号、2013年1月
・日本交通公社「特集・入山料を問う」『観光文化』226号、2015年7月
・日本交通公社「特集・持続可能な観光」『観光文化』235号、2017年10月
・日本交通公社「特集・観光客急増で問われる地域の〝意思〟」『観光文化』240号、2019年1月
・原田由紀子、浪川珠乃、新保輝幸、木下明、婁小波「沿岸域の多面的利用管理ルールに関する研究」『沿岸域学会誌』22巻2号、2009年
・吉田正人、筑波大学世界遺産専攻吉田ゼミ『世界遺産を問い直す』山と渓谷社、2018年

高坂晶子（こうさか・あきこ）

株式会社日本総合研究所調査部主任研究員。1984年慶應義塾大学法学部卒業。1989年同大学院博士課程を満期取得退学。1990年、株式会社日本総合研究所に入社、調査部にて調査研究業務に従事。主な研究テーマは地域活性化、観光振興。最近のレポートは「コミュニティベースのオーバーツーリズム（CBOTA）対応の在り方」「ポストコロナのMICE戦略」「ユニバーサル・ツーリズムの普及・定着に向けて」ほか。

オーバーツーリズム 増補改訂版

観光に消費されないまちのつくり方

2024年9月15日 初版第1刷発行

著者	高坂晶子
発行所	株式会社学芸出版社 京都市下京区木津屋橋通西洞院東入 電話075-343-0811　〒600-8216
発行者	井口夏実
編集	宮本裕美
装丁	藤田康平（Barber）
DTP	梁川智子
印刷・製本	モリモト印刷

ISBN978-4-7615-2906-2